經典人際關係作家
戴爾卡內基
II

如何停止憂慮，開創人生？

HOW TO
STOP WORRYING
AND START LIVING

戴爾・卡內基 Dale Carnegie —— 著　鄭鵬 —— 譯

本書獻給一位不需要讀它的人。

洛威爾·湯瑪斯（Lowell Thomas）

HOW TO WIN FRIENDS
AND INFLUENCE PEOPLE

The January number of "The Reader's Digest" has just devoted 10 pages to this volume—because, in their words, "From Mr. Carnegie's extensive reservoir of experience has come the wealth of anecdote and common sense lessons in human relations in which HOW TO WIN FRIENDS AND INFLUENCE PEOPLE abounds."

JOHN D. ROCKEFELLER, Sr. once said: *"The ability to deal with people is as purchasable a commodity as sugar or coffee. And I will pay more for that ability than for any other under the sun."*

Wouldn't you suppose every college would conduct practical courses to develop this "highest-priced ability under the sun?" To our knowledge, none has.

How to develop that ability is the subject of Dale Carnegie's amazing new book.

A few years ago Chicago University and the United Y.M.C.A. Schools made a survey to find out the prime interest of adults. The survey took two years, cost $25,000. It indicated that their first interest is health—and their second, how to understand and get along with *people;* how to make people like you; how to win others to your way of thinking.

Wouldn't you suppose that after the members of this survey committee had decided to *give* such a course, they could readily have found a practical textbook? They searched diligently—yet could find none suitable.

The book they were looking for was published on Nov. 27, and became an overnight best seller. 25,000 copies were sold last week alone. It is the most popular non-fiction book in America today!

A New Book—and the Man Behind It

It is called *How to Win Friends and Influence People*—and is written by the one man who is perhaps better qualified to write it than anyone else.

Dale Carnegie is the man to whom the big men of business come for practical guidance on the subject of getting along with people, dealing with them successfully, winning others to their own way of thinking. During the last 24 years he has trained more than 15,000 business and professional men and women—among them some of the most famous in the country.

When he conducts his course on Public Speaking and How to Influence People in the ballroom of the Hotel Commodore or The Pennsylvania, or the Hotel Astor (the second largest hall in New York) the place is packed to capacity. Large organizations—such as The New York Telephone Co., Westinghouse Electric and Manufacturing Company, and many others listed elsewhere on this page—have had this training conducted by Mr. Carnegie in their own offices for their members and executives.

This new book, *How to Win Friends and Influence People,* grew and developed out of that vast laboratory of experience. As you can judge from the panel at the top of this advertisement, it is as practical as 24 years of actual successful experience with the problems of thousands of people in all walks of life can make it.

Consider the Case of Michael O'Neil

Michael O'Neil lives in New York City. He first got a job as a mechanic, then as a chauffeur.

When he got married he needed more money. So he tried to sell automobile trucks. But he was a terrible flop. He suffered from an inferiority complex that was eating his heart out.

On his way to see any prospect, he broke out into a cold sweat. Then he could get up enough courage to open the door, he often had to walk up and down in front of an office half a dozen times.

LOWELL THOMAS

Most famous news commentator in the world, says about Dale Carnegie: "I have known him for 20 years. This man, by inspiring adults to blast out and smell some of their hidden ores, has created one of the most significant movements in adult education. He is indeed a wizard in his special field."

THIS IS A BIG BOOK OF THIRTY-SEVEN CHAPTERS, INCLUDING:

The Big Secret of Dealing with People
Six Ways to Make People Like You Instantly
An Easy Way to Become a Good Conversationalist
A Simple Way to Make a Good First Impression
How to Interest People
Twelve Ways to Win People to Your Way of Thinking
A Sure Way of Making Enemies—and How to Avoid It
The Safety Valve in Handling Complaints
How to Get Cooperation
A Formula That Will Work Wonders for You
The Movies Do It. Radio Does It. Why Don't You Do It?
Nine Ways to Change People Without Giving Offense or Arousing Resentment
How to Criticize—and Not Be Hated for It
How to Spur Men on to Success
Making People Glad to Do What You Want
Letters That Produced Miraculous Results
Seven Rules for Making Your Home Life Happier

When he finally got in, he would invariably find himself antagonizing, arguing. Then he would get kicked out—never knowing quite why.

He was such a failure he decided to go back to work in a machine shop. Then one day he received a letter inviting him to attend the opening session of a Dale Carnegie course.

"It may do you some good, Mike. God knows you need it!"

He didn't want to go—he was afraid that he would be out of place—that there would be a lot of college men. But his despairing wife made him, saying, "It may do you some good, Mike. God knows you need it."

He went to the meeting, and other meetings of the course. He lost his fear. He learned how to talk charmingly and convincingly, how to make people like him at once, how to win friends and influence others.

Today Michael O'Neil is a star salesman for one of the country's largest manufacturers of motor trucks. His income has mounted and skyrocketed. Last year at the Hotel Astor, he stood in front of 2500 people and told a rollicking story of his achievements. Few professional speakers could have equalled his confidence—or his reception.

Michael O'Neil is a salesman—but his problem was exactly the same as that of thousands in other fields—the fundamental one of *getting along with people.* The way it was solved is just one example of what Dale Carnegie's help has meant to more than 15,000 people in all types of endeavor. *What Dale Carnegie has done for them he can do for you.* Look at the chapter headings. They indicate the amount of hard-hitting, priceless information Dale Carnegie's book contains. But the subject is so intensely important that we say, look at this book without obligation. Then decide whether or not you want to own it.

Only $1⁹⁶

If you decide to keep it!

DALE CARNEGIE

Dale Carnegie is the man the men of business come to for practical instruction in getting along with people. During the last 24 years, he has trained more than 15,000 business and professional men—more than any other living man.

Large organizations such as:

Westinghouse Electric & Manufacturing Co.
New York Telephone Co.
Bell Telephone Co. of Pennsylvania
American Institute of Electrical Engineers, New York
McGraw-Hill Publishing Company, New York
Brooklyn Chamber of Commerce
Philadelphia Chamber of Commerce
Philadelphia Electric Co.
Philadelphia Gas Works Co.
Carrier Engineering Corporation
Philadelphia Association of Life Underwriters

have had this training conducted in their own offices for their members and executives.

This new book is a direct result of Dale Carnegie's experience, the *only* working manual of its kind ever written to help people solve their daily problems in human relationships.

SEND NO MONEY

Try Dealing THIS WAY With People —for Just FIVE Days!

This book has been published for only a short time. Yet it is already a best seller. The presses are now running continuously to turn out 5,000 copies each day.

When you get your copy simply read it; there are no "exercises" to be practiced. Then try for five days Dale Carnegie's simple method of dealing with people. Judge for yourself, in your daily social or business life, how easily whatever you do, say, or write can win the friendship and the hearty cooperation of others—instead of arousing resentment, friction, and either a negative response or no action at all.

It is not necessary to send any money now. You may pay for "How to Win Friends and Influence People" when it is delivered—with the definite understanding that its price of only $1.96 will be refunded to you if you wish it. If this book does what we claim, it will mean more to you than ANY book you have ever read. If it doesn't, we do not want you to keep it. Mail this coupon at once.

SIMON and SCHUSTER, Dept. 622, 386 Fourth Ave., New York

SIMON and SCHUSTER, Publishers
Dept. 622, 386 Fourth Ave., N. Y. C.

Please send me How to Win Friends and Influence People. I will pay postman only $1.96 plus few cents postage charges. It is understood that I may read it for 5 days and return it for refund if I then feel that it does not in every way live up to the claims made for it.

Name.....................................

Address..................................

City...............State..............
☐ Check here if you prefer to enclose $1.96 plus 4c New York Sales Tax WITH this coupon, in that case WE will pay the postage charges. The same refund privilege applies of course.

NOTE! If resident of New York City add 4c for City Sales Tax.

圖片來源：Retro AdArchives/Alamy Stock Photo

| 系列語 |

　　前頁圖是本書原著者戴爾·卡內基的成名著作《如何贏得友誼，影響他人》於1936年首版上市時的平面廣告，當然，那是個還沒有數位媒介及網路傳播技術的世界，美國的平面媒體廣告仍深具影響力。

　　依據一本研究卡內基最全面翔實的傳記《自助救世主戴爾卡內基》（*SELF-HELP MESSIAH Dale Carnegie and Success in Modern America*）作者史帝文·華茲（Steven Watts）的敘述，這則廣告「後來被譽爲『美國歷史上最偉大的100個廣告』之一，……由著名文案撰寫人維克多·施瓦布（Victor O. Schwab）操刀……廣告列舉了數以千計的受益者，並堅稱『戴爾·卡內基爲他們所做的，他也能爲你做』，聲稱這本書『對你的意義將超過你讀過的任何一本書』。」廣告還附上了可直接寄給出版商的優惠券，上面寫著「請寄給我《如何贏得友誼，影響他人》。……我可以閱讀5天，如果覺得這本書在各方面都不符合我的要求，我可以退貨退款。」

　　傑出的廣告助攻加持，《如何贏得友誼，影響他人》上市不久即獲得轟動式的成功，出版首年再版十餘刷次，雄踞著名的《紐約時報》非文學書暢銷榜超過百週，遠超過卡內基本人及出版商的預期，而華麗的銷售數據可能還不足以說明這本書有多麼膾炙人口，華茲在傳記中寫了這麼一段精彩故事，「作者對這本書吸引人的廣度和數量越來越感到驚訝。『有一天，我的出版商在同一封郵件中收到了兩份訂單，』卡內基笑著告訴記者，『一份來自一所神學院，他們想要50本給牧師學生。另一份來自巴黎一家高級妓院老闆娘。她需要9本給她的姑娘們。我是你見過的唯一一位在兩個如此不同領域都寫了一本被視爲教科書的作家』。」

　　暢銷的產品往往反映了時代精神，極暢銷的產品可能解決了時代的焦慮，超級暢銷的產品則不但完成了前兩者的境界，還會製造出「現象級」的交互副產品——相信它的產品商開始追隨模仿，反對它的人士對其反諷批判。當信者愈衆就引來愈多的嘲諷與評議，而更多的異見又反證了這個產品已形成多麼強大的集體意識。

有個著名的嘲諷來自小說家辛克萊爾・路易斯（Sinclair Lewis），他說卡內基的建議是「微笑、點頭並假裝對別人的愛好感興趣，只是為了從他們身上獲取利益。」

一位學人在批評卡內基著作裡有關「真誠問題」的文章中則推論這位暢銷作家的動機源於：「（卡內基）從一位貧窮的農場男孩到一個成功講師和作家的這番經歷，使他相信只有在你願意否認自己最強烈本能、掩飾內心幽微秘境、更享受於『溝通』，而非談論什麼事的狀態下，你才得以生存，更才可能成功……，對於卡內基來說，生活不是一個需要解決的問題或一個值得享受的經歷，而是一種需要忍受的狀態。……（我們）每天早晨下床的日子已足夠艱難。」

但不論如何，這本超級暢銷、風格口語、輕快易讀的書讓卡內基的成人教育事業隨之熱火朝天，他的人際主張及敘事方法，甚至到今天仍在網路世界不斷被後繼的讀者引用。甚至連這本書的書名本身也經常成為一種「直效表達格式」（如何……並怎樣……），我們可以看到名叫〈如何贏得朋友，影響國家：創意經濟的軟實力資源〉、〈如何贏得朋友，影響他人：氣候科學家對他們與政府官員的關係和影響力〉這樣的學術文章；老

愛對決「成功學」的幽默作家們則順手寫出《如何低俗說話，影響他人》，《如何不必做什麼就取得商業成功》（*How to Succeed in Business Without Really Trying*，也是一本暢銷書，據其改編的音樂劇還成了百老匯的名劇碼之一）。

這些我們姑且稱為「卡內基現象」的文化產品遺跡還有很多：已故老牌演員亨利・方達（Henry Fonda）在主演的電影《華麗的笨蛋》（*The Magnificent Dope*）中，飾演一位參加類似「誠徵全天下最大輸家，並接受我們改造」比賽中勝出的角色，但他抗拒履行這項比賽之後的類卡內基訓練，甚至還對原想藉此牟利的主辦者女友反向改造，兩人最後另奔淳樸人生而去。另一部改編自漫畫《養大父親》（*Bring Up Father*）的系列喜劇電影《吉格與瑪吉進社會》（*Jiggs and Maggie in Society*）中，意欲打入上流的女兒瑪吉想勸流連酒吧的父親吉格改頭換面，於是請人勸他報名卡內基課程——劇中這位說客正由卡內基本人同名客串出演。只可惜，他在電影裡的遊說沒有成功。

「吉格」沒去上卡內基的課，但為了撰寫《幫朋友問問：三個世紀以來關於生活、愛情、金錢和其他迫切問題的建議》（*Asking for a Friend: Three Centuries of Advice on Life, Love,*

Money and Other Burning Questions from a Nation Obsessed）一書的作者潔西卡・韋斯伯格（Jessica Weisberg），倒是決定親身體驗一次這門歷久不衰的人際教育。上課前幾週，活在21世紀的潔西卡才第一次讀了《如何贏得友誼，影響他人》，她還抱怨「……費了好大勁才讀完。卡內基的思維就像黃金獵犬把網球丟在你腳邊一樣容易預測。他的偉大頓悟是，當你對別人好的時候，別人也更有可能對你好。我的幼稚園老師也講過類似道理。」

實地考察了卡內基教學以及因此來求助的幾位課上白領同學後，潔西卡引述一位商學院教授的說法對照：「如果你今天去商學院學習，他們會告訴你，（你）不需要一支永久性的勞動力隊伍」，「……與卡內基的時代相比，今天的企業忠誠度更加短暫」；「卡內基將雇員與雇主視為神聖的共生紐帶。……在當今的經濟環境中，工作的結構卻更像是一連串的一夜情。」

可是另一方面，隨著愈來愈多的自由工作者出現，潔西卡也承認「卡內基關於情商和保持正面積極心態的觀點，以現代自由職業市場的不確定性而言，也許比以往任何時候都更加貼切。……現代工作者必須易於合作，樂於接受變化。」

　　21世紀的潔西卡用《幫朋友問問》（而不是「贏得朋友」）
檢驗了美國近代以給人建議而致富的自助產業，也讓我們因此
回看了卡內基時代的卡內基如何捕捉美國人心。

　　二次世界大戰前夕的美國深陷衰退與失業中，《財星中小企
業》（FORTUNE Small Business）雜誌的撰述人彼得‧卡博納
拉（Peter Carbonara）說，「卡內基並不是一位偉大的作家，
但他了解他的讀者群——推銷員、辦公室職員和其他在大蕭條
中苦苦掙扎的資本主義步兵。」而卡內基許給這些人希望，透過
學習他實證提煉的人際處理基本技巧，你就可以獲致成功、擺
脫困境，「他的基本訊息是：保持愉快、外向和積極，世界也會
以同樣的方式回應。」

　　二戰後的美國則高速邁向商業繁榮，經濟需求之外開始出現
要處理更多個人內在問題的社會。那是著名戲劇《推銷員之死》
打入中產階級人心、社會學名著《孤獨的人群》（The Lonely
Crowd）成爲暢銷書的年代。

　　這讓了解自己讀者與不間斷接觸課堂成人學員的卡內基於
1948年出版了另一經典作品《如何停止憂慮，開創人生》。著
有《情感實驗室》（The Affect Lab: The History and Limits

of Measuring Emotion）一書的格蘭特・博爾默（GRANT BOLLMER）評論，《如何停止擔憂，開創人生》「超越了商業關係，轉向避免個人焦慮、擔憂和疲勞的策略，建議積極思考將幫助人們實現他們的願望。……然而，本書並不專注於那些（已經因為精神問題）躺在醫院床上的人，而是暗示那些不遵從積極、有韌性思考的指令的人最終會進入精神醫院。」

　　正如卡內基傳記的作者華茲的分析，本系列兩本書正好都迎上了當下美國人最需要的自助技能；這位「美國現代史上最受歡迎和最有影響力的人物之一」，透過《如何贏得友誼，影響他人》為這個「被經濟匱乏和過時的成功原則所困擾的時代提供了一本值得信賴的指南」，而他的《如何停止擔憂，開創人生》為這個「被意想不到的繁榮危機所困擾的時代提供了一本舒緩的治療手冊。」

　　終究，這兩本暢銷書的「現象級」現象與已故的卡內基本人，還有那些年代的美國皆已成為遺產；華茲說，「無論對卡內基的影響力有任何批判性的評價，他對現代美國生活的巨大影響都是毋庸置疑的。」

　　卡內基的著作每隔一段時間就會理所當然地被選入某份「近百年最有影響力書單」，《衛報》認為「對更好未來的渴望仍然是美國社會政治景觀的一個不變特徵。」在大蕭條的深處，卡內基解決了這種迫切需求。《時代》雜誌則說，「沒有多少人不想被人喜歡或有影響力」也許就是卡內基成為經典的主要原因，他寫出了「……第一批重要的自助書籍之一，為出版業最可靠、最賺錢的類型之一鋪平了道路。」

　　《幫朋友問問》一書幫助我們記起：可能是全世界最有名的投資者巴菲特（Warren Buffett）曾對一個紀錄片攝製組說：「在我的辦公室裡，你不會看到我在內布拉斯加大學獲得的學位，也不會看到我在哥倫比亞大學獲得的碩士學位，但你會看到我從戴爾卡內基課程中獲得的證書。」

　　《克里姆林宮的異端者：戈巴契夫》（*Gorbachev: Heretic in the Kremlin*）一書則讓我們知道這位蘇聯最後一位領導者在一場冷戰年代與美國人的尖銳談判後，助手建議他閱讀卡內基了解如何贏得朋友。這本書匆忙被譯為俄文後，戈巴契夫在下一回談判中即改變了作風與策略。

　　說到前蘇聯，一篇俄羅斯研究文章則挖出了躺在基輔烏克

蘭安全局檔案館（HDASBU）的官方刊物《蘇聯國家安全局（KGB）文集》（*KGB SSSR*）裡一則舊事，KGB曾明確引述了他們如何藉由採用了資本主義者卡內基《如何贏得友誼，影響他人》的策略，挽救一位「沉迷於轉賣電子影音產品的理工科學生」的前途──他們了解這位學生可能很難被勸服認錯，需要先找出他這麼做的背後原因，而「憑藉來自美國的這一智慧」終於讓那位年輕人悔悟自己的所為「卑鄙、投機、混蛋。」

……當然還有好多好多。卡內基課堂上那些名人非名人學員見證已被卡內基寫進書中，他總是一開始就對讀者強調，他的書要兌現於實踐，讀它是為了行動，可操作性的價值是他給讀者的許諾與祈求讀者親力自助的激勵。

我們現在就能再由本系列兩書一同與千萬卡內基支持者重讀他們的行動指南。也可能如許多卡內基批評者一樣不得不理解及同意它真的對許多人有用。

就像一位卡內基教育機構的經理人曾在採訪時說的，「卡內基如此古老，幾乎就像是新的一樣。」

那篇報導的標題上說：卡內基品牌仍然在贏得朋友，影響人們。

| 參考資料 |

Parker, G.T. (1977). How to win friends and influence people: Dale Carnegie and the problem of sincerity. *American quarterly*, 29 5, 506-18 .

Watts, S. (2013). *Self-Help Messiah: Dale Carnegie and Success in Modern America*. Othe Press.

Weisberg, J. (2018). *Asking for a Friend: Three Centuries of Advice on Life, Love, Money and Other Burning Questions*. Nation Books.

Bollmer, G. (2023). *The affect lab: The history and limits of measuring emotion*. University of Minnesota Press.

Miles, Simon.(2021). The Problems of Perestroika: The KGB and Mikhail Gorbachev' s Reforms. *Slavic Review.*

系列語

我想感謝來自美國西北部的Villa Stiles小姐，對於她給予我在此書及另本著作《如何贏得朋友與影響他人》（*How to Win Friends and Influence People*）的協助，我心房的一角永遠留給她。

目錄

第4部 七種方法,培養平靜與快樂的心態

第5部 完美的解憂法

第6部 如何避免因別人的批評而煩憂

第7部 精力充沛,神采高昂,遠離疲勞與擔憂的六種方法

第8部「我如何克服擔憂」──31篇真實的告白

Preface

序言
這本書如何寫成與爲何而寫

1909年，我是紐約最不快樂的小夥子之一。我以賣卡車爲生。我不知道是什麼讓卡車跑起來，我也根本不想知道。我鄙視我的工作。

我厭惡自己住的那間西五十六街上廉價傢俱房間——一個到處都是蟑螂的地方。我仍然記得我有一堆領帶掛在牆上；當早晨我伸手去拿一條新領帶時，蟑螂就會四散而逃。我厭惡不得不在可能也到處是蟑螂的廉價、骯髒餐廳裡吃飯。

每晚我都帶著一陣頭痛回到我孤獨的房間，這種頭痛是由失望、煩惱、苦澀和反抗感所孕育和滋養的。我在反抗，因爲我在大學時期曾滋養的夢想已經變成了噩夢。這就是生活嗎？這就是我曾經如此熱切期待的人生冒險嗎？

這就是生活對我的所有意義嗎——做著我厭惡的工作，和

蟑螂共處，吃著劣質食物，而且對未來沒有任何希望？我渴望有閒暇去閱讀，並寫作我在大學時期夢想要寫的書。

我知道，離開這份我厭惡的工作，對我才是得到所有而無所損失。我並不在乎賺很多錢，但我對過豐富的生活很感興趣。簡而言之，我已經來到了「盧比孔河」（西方歷史典故，凱撒 [Gaius Iulius Caesar] 率軍渡過盧比孔河作戰，之後因此開啓了羅馬帝國時代）——這是大多數年輕人在開始人生時都會面臨的決定時刻。我也做出了我的決定——這個決定徹底改變了我的未來。它使我餘生快樂且有意義，超越了我曾最美好的夢想。

我的決定是這樣的：我將放棄我厭惡的工作；而且，由於我在密蘇里州沃倫斯堡的州立師範學院花了四年時間學習，爲的是準備成爲一名教師，我打算在夜間部學校教授成人課程來謀生。

那麼，我就可以利用白天來閱讀書籍，準備講座，寫小說和短篇故事。我希望「爲寫作而生活，爲生活而寫作。」

但，晚上我應該教什麼科目給成年人呢？

當我回顧並評估自己的大學訓練時，我發現我在公開演講中

所獲得的訓練和經驗，對我在商業和生活中的實際價值，超過了我在大學中學習的所有其他事物的總和。為什麼呢？因為它消除了我的膽怯和自信心不足，並給予我與人打交道的勇氣和自信。它也明確地表明，領導權通常會落在能夠站出來表達自己想法的人身上。

我曾申請在哥倫比亞大學和紐約大學的夜間延伸課程中擔任公共演講的教職，但這些大學決定他們自己繼續辦理，不需要我協助。

當時我感到很失落，但現在我感謝上帝他們拒絕了我，因為我開始在YMCA（基督教青年會）夜校教書，我必須展示具體的成果出來（而且要快）。那真是一個挑戰！

這些成年人來上我的課，並不是因為他們想要獲得大學學分或社會聲望。他們來的唯一原因是：他們想解決自己的問題。他們希望能在商業會議上站起來說幾句話，而不要因為害怕而昏倒。業務銷售員們則希望能夠不必先繞著街區走三圈以鼓起勇氣拜訪一個棘手的客戶。

他們希望培養優雅和自信。他們希望在商業上取得領先。他們希望為家庭賺取更多的錢。而且由於他們來上課的學費是分

期付款——如果他們沒有得到想要的，他們就會停止付款；由於我領的不是薪水，而是學費的分潤，如果我想有飯吃，就必須實際一點。

當時，我覺得我在一種不利的形勢下教學，但現在我意識到我得到的是無價的訓練。我必須激勵我的學生。我必須幫助他們解決問題。我必須讓每一堂課都鼓舞人心，讓他們想要繼續來上課。

這份工作很令人興奮。我熱愛它。我對這些商業人士如何迅速地建立自信，以及他們如何迅速地獲得升職和加薪感到驚訝。這些課程的成功遠超出了我最樂觀的期望。

在三個季度內，原本拒絕支付我每晚五美元薪水的YMCA，開始以百分比的方式支付我每晚三十美元。起初，我只教授如何公開演講的能力，但隨著時間推移，我發現這些成年人也需要贏得朋友和影響他人的能力。

由於我找不到一本足夠好的人際關係教科書，所以我自己寫了一本。它的創作方式並不尋常——更直觀說，根本是以非常規方式書寫。它是從這些課堂成年人的經驗中逐漸發展和演變出來的。我將它命名為《如何贏得朋友並影響他人》（*How to*

Win Friends and Influence People）。

由於那本書是我爲自己的成人課程而撰寫的教科書（而且我之前還寫過四本沒有人聽過的書），所以我從未想過它會大賣：我可能是現在最驚訝的在世暢銷作者之一。

再隨著年歲增長，我意識到這些成年人的另一個最大問題就是「擔憂」（worry）。我大部分的學生都是商業人士──執行長、銷售員、工程師、會計師，來自各領域各專業，他們大多數都有問題！班上也有女性──女性商業人士和家庭主婦。她們也有問題！顯然，我需要的是一本如何克服擔憂的教科書──所以我又試著去找一本。

我去了位於第五大道和第四十二街的紐約偉大的公共圖書館，令我驚訝的是，這個圖書館在「擔憂」這個主題下只列出了二十二本書。我也注意到，令我感到有趣的是，它在「蠕蟲」這個主題下列出了一百八十九本書。關於蠕蟲的書籍幾乎是關於擔憂的書籍的九倍！這不令人驚訝嗎？既然擔憂是人類面臨的最大問題之一，你會認爲，每一所高中和大學都應該開設一門「如何停止擔憂」的課程，對吧？然而，我從未聽說過全美的任何一所大學有這樣的課程。難怪大衛・西伯里（David

Seabury，著名心理學家）在他的書《如何成功地擔憂》（*How to Worry Successfully*）中說：「我們以『一個書呆子被要求去跳芭蕾舞』的準備來面對生活的壓力。」

結果呢？我們醫院的床位上有超過一半都是患有神經和情緒問題的人。

我瀏覽了紐約公共圖書館書架上那二十二本關於擔憂的書籍。此外，我購買了我能找到的所有關於擔憂的書籍；然而，我卻無法找到一本我可以在我為成人開設的課程中使用的教材。所以，我決定自己寫一本。

七年前我開始為寫這本書做準備。怎麼做呢？透過閱讀各個時代哲學家對於憂慮的見解。我還閱讀了從孔子到邱吉爾的數百本傳記。

我還採訪了許多各行各業的知名人士，比如職業拳擊手傑克・鄧蒲賽（Jack Dempsey）、傑出的軍人奧馬爾・布雷德利將軍（Omar Bradley）與馬克・克拉克將軍（Mark Clark）、企業創辦人亨利・福特（Henry Ford）、小羅斯福總統的夫人愛蓮娜・羅斯福（Eleanor Roosevelt）和著名的新聞工作者桃樂西・迪克斯（Dorothy Dix）。但這還只是開始。

　　我也做了一些遠比訪談和研讀更重要的事情。我在一個專門爲了克服擔憂的實驗室工作了五年，這個實驗室就在我們自己的成人課程中進行。據我所知，這是目前世界上第一個，也是唯一的這種實驗室。

　　這就是我們做的工作。我們給學生一套關於如何停止擔憂的規則，並要求他們在自己的生活中應用這些規則，然後向班上講述他們獲得的成果。其他人則報告了他們過去使用過的技巧。

　　由於這本書的寫作經驗，我想我應該是地球上聽過最多「如何克服擔憂」演講的人。此外，我還閱讀了數百篇其他的「如何克服擔憂」的演講——這些演講是通過郵件寄給我的——這些演講在我們全球的課程中獲得了獎項。因此，這本書並非來自象牙塔。它也不是關於「可能如何克服擔憂」的學術推敲。相反，我試圖寫一份快節奏、簡潔、有據可查的報告，直指成千上萬的成年人如何克服擔憂。有一點是肯定的：這本書是實用的。你可以深入研究它。

　　「科學，」法國哲學家瓦萊裡（Valéry）說，「就是一系列成功的配方。」這就是這本書的內容：一系列經過時間考驗的成功配方，用以擺脫我們生活中的煩惱。然而，讓我提醒你：你

在這裡不會找到任何新的東西，但你會發現很多通常未被應用的東西。說到這一點，你我並不需要被告知任何新的事物。我們已經知道足夠多的事情來過上完美的生活。我們都讀過一些黃金法則和登山寶訓。我們的困擾不是無知，而是無為。

這本書的目的是重新闡述、舉例說明、精簡、通透，並致敬許多古老且基本的真理——而且要踢你的脛骨，讓你採取行動去應用它們。

你拿起這本書並不是為了閱讀它被如何寫出來。你是在尋找行動方案。好的，我們開始吧。

接下來請閱讀這本書的第1部和第2部，如果到那時你並未感覺自己已獲得新的力量和新的靈感以停止擔憂並享受生活——那請把這本書丟掉。對你來說，它沒有任何好處。

戴爾・卡內基

DALE · CARNEGIE

九個建議：
如何充分利用這本書？

1）如果你希望從這本書中獲得最大的收益，有個不可或缺的要求，一個比任何規則或技巧都更重要的基本要求。除非你達到這一基本條件，否則即使有上千條指引如何學習的規則也將收效甚微。

當然如果你具備天賦，那麼你可以在不閱讀任何有關「如何充分利用一本書的建議」的條件下創造奇蹟。

這個神奇的要求是什麼呢？就是：一種深深的、驅使人去學習的渴望，來自一種堅定的決心要停止擔憂，開始生活。

您如何能培養出這樣的渴望呢？請不斷提醒自己這些原則對您有多麼重要。想像一下，掌握這些原則將如何幫助您過上更豐富、更快樂的生活。一再對自己說：「我的內心平靜、我的快樂、我的健康，甚至可能是我的收入，從長遠來看，大部分都將依賴於應用這本書所教導的古老、明顯和永恆的真理。」

2）首先快速略讀每一章節，獲得全面的概覽。此時你可能會被誘惑著急於繼續往下讀。但不要這麼做。除非你只是為了娛樂而閱讀。但如果你閱讀的目的是希望停止擔憂並開始生活，那麼就在速覽內文後回頭並徹底地重新閱讀每一章。長遠看，這將讓你省時有效。

3）在閱讀過程中，經常停下來思考你正在閱讀的內容。問問自己如何以及何時可以應用每一個建議。這種閱讀方式將比像鞭炮追逐兔子般急速閱讀更有助於你。

4）拿著紅色蠟筆、鉛筆或筆閱讀；當你遇到覺得可以使用的建議時，就在旁邊劃一條線。如果是極重要的建議，那麼就在每句話下劃線，或者用「XXXX」標記。標記和劃線書籍會使其變得更有趣，並且更容易快速回顧。

5）我認識一位女士，她在一家大型保險公司擔任辦公室經理已有十五年。她每個月都會閱讀公司發出的所有保險合約。是的，她月復一月，年復一年地閱讀著相同的合約。為什麼呢？

因為經驗告訴她，那是她唯一能清楚記住他們公司業務規約的方式。

我曾經花了近兩年時間寫一本有關公開演講的書；然而，我發現我不得不不時地重新審視它，以便記住我在自己的書中寫了什麼。我們遺忘的速度之快令人驚訝。

所以，如果你想從這本書中獲得真正的、持久的益處，不要以為隨便瀏覽一遍就足夠了。在仔細閱讀過後，你應該每個月花幾個小時來回顧它。每天都把它放在你的桌子前面。經常翻閱它。不斷地讓自己對還有待改進的豐富可能性留下深刻的印象。請記住，只有通過不斷的回顧和應用，這些原則的使用才能變得習慣性和無意識。

你別無他法。

6）作家蕭伯納曾經說：「如果你教一個人任何事，他永遠學不會。」蕭伯納是對的。學習是一個主動的過程。我們通過實踐來學習。所以，如果你渴望掌握你在這本書中學習的原則，就要對它們採取行動。把握每一個機會應用這些規則。如果你不這麼做，你會很快忘記它們。只有被使用的知識才會留在你

的腦海中。

你可能會發現要時時刻刻都適用這些建議是困難的。我知道，因爲我寫了這本書，然而我經常發現我很難將我在這裡所主張的一切都應用起來。所以，當你閱讀這本書時，請記住你不僅僅是在嘗試獲取資訊。你正在嘗試形成新的習慣。沒錯！你正在嘗試一種新的生活方式。

那將需要時間、堅持以及每日的努力。

所以，經常參考本書章節。將此視爲征服擔憂的工作手冊；當你面臨一些棘手的問題時 —— 不要慌亂。不要做理所當然的事、衝動的事。那通常是錯的。相反，參照到這些頁面並回顧你已經劃線的段落。

然後，試試這些新方法，看它們如何爲你創造奇蹟。

7）每次你違反本書所倡導的原則，就給你的家庭成員一枚硬幣。他們會讓你破產的！

8）請翻到這本書的第22章，閱讀華爾街銀行家漢威（H. P. Howell）和富蘭克林（Ben Franklin）是如何糾正他們的錯

誤。爲何不試著使用他倆的技巧來檢查你對本書所討論的原則
的應用呢？如果你這麼做，將會產生兩種結果：

首先，您將會發現自己參與的是一個既引人入勝又無價的教
育過程。

其次，你會發現你停止擔憂並開始生活的能力將如同綠色的
月桂樹般茁壯並擴展。

9）保持寫日記的習慣——在日記中，你應該記錄這些原則
在實際應用中的勝利。要具體。寫下名字，日期，結果。保持
這樣的記錄將激勵你做出更大的努力；而當你在未來的某個晚
上偶然翻到這些條目時，你會發現它們多麼引人入勝！

| 摘要 |

如何充分利用本書的九個建議：

1）培養一種強烈深刻的願望，想精通克服憂慮的原則。

2）閱讀下一章節之前，請將每一章節讀兩遍。

3）在閱讀的過程中，請經常停下來問自己如何應用每一個建議。

4）劃出註記每一個重要的觀點。

5）每月複習這本書。

6）找任何機會應用這些原則。將這本書視為一本實用手冊，幫助您解決日常問題。

7）將這場學習變成一場生動的遊戲以增加樂趣，每次你違反書中原則時，就給某個朋友或家人一枚硬幣。

8）每週檢查一下你的進展。問問自己犯了哪些錯誤，有哪些進步，從中學到了哪些教訓，以便未來能有所改進。

9）請在此書的最後面保留一些日記，記錄你如何以及何時應用這些原則。

PART ONE

FUNDAMENTAL FACTS
YOU SHOULD KNOW ABOUT WORRY

第1部
「關於擔憂」：
你應該瞭解的基本事實

1

活在「當日艙」

Live in "Day-tight Compartments"

1871年的春天，一個年輕人拿起一本書，讀了其中的二十一個英文字，這些字對他的未來產生了深遠的影響。

一位在蒙特利爾綜合醫院就讀的醫學生，他對能否通過最後的考試感到擔憂，擔心以後自己該做什麼，去哪裡，如何建立自己的執業成就，如何謀生。

這位年輕的醫學生在1871年閱讀的二十一個英文字，幫助他成爲了他那一代最著名的醫生。他組織了世界聞名的約翰霍普金斯醫學院。

他成爲了牛津的皇家醫學教授 —— 這是英國帝國時期的醫學界最高榮譽。他被英國國王封爲爵士。當他去世時，需要兩大冊共1466頁的書才能記述他的一生。

他的名字叫做威廉·奧斯勒爵士（Sir William Osler）。以下是他在1871年春天讀到的二十一個字 —— 來自蘇格蘭作家托馬斯·卡萊爾（Thomas Carlyle）的二十一個字，幫助他過上了無憂無慮的生活：「我們的主要任務不是去看遠處模糊的事物，而是去做眼前清晰的事。」（原文爲：Our main business is not to see what lies dimly at a distance, but to do what lies clearly at hand.）

　　四十二年後的某個溫婉春夜，校園裡鬱金香盛開，這位威廉·奧斯勒爵士向耶魯大學的學生發表演說。他告訴那些耶魯學生，像他這樣在四所大學擔任教授並寫過一本熱銷書籍的人，也許是擁有「特殊品質的大腦」。他宣稱這不是真的。他說他的密友們都知道他的大腦只有「最平庸的品質」。

　　那麼，他的成功秘訣是什麼呢？他表示，這要歸功於他生活在「緊密的當日隔間」。這是什麼意思呢？

　　在耶魯演講幾個月前，威廉·奧斯勒爵士乘坐一艘龐大的海洋輪船橫越大西洋。在那裡，船長站在橋上，只需按一個按鈕——瞬間機器鏗鏘作響！船的各部立即被隔開，形成防水艙。「現在，你們每一個人，」奧斯勒博士對那些耶魯學生說，「都是比這艘偉大的輪船更奇妙的組織，並且要進行更長的航程。我想強調的是，你應該學會控制這機器，以『每日緊密隔間』的方式生活，這是確保航行安全的最確定方法。登上橋樑，確保至少大部分的防水壁都在運作中。按下一個按鈕，你會在生活的每一層面聽到，鐵門關閉，將過去——『已死的昨天』隔絕出去。再按下一個，用金屬幕門關閉，將未來——『未出生的明天』隔絕出去。

那麼，你就安全了——今天你是安全的！……關閉過去！讓死去的過去埋葬它的死者……封閉那些曾經照亮愚人走向塵土死亡的昨日……將明日的重擔加到昨日之上，再扛在今日，即使最堅強的人也會動搖。將未來像過去一樣緊緊封閉……未來就是今天……沒有明天。人類得救的日子就是現在。

浪費能量、精神困擾、神經質的憂慮都在困擾著那些對未來感到焦慮的人的步伐……因此，請緊閉前後的隔間門，並準備養成一種『日緊密隔間』生活的習慣。」

奧斯勒博士是不是想說我們不應該爲明天做任何準備？不，完全不是這樣。

但他在那次演講中確實接著說，爲明天做最好準備的方式，就是將你所有的智慧和熱情，都集中在今天的工作上，並且要做得出色。這是你唯一可以爲未來做準備的方式。

威廉‧奧斯勒爵士敦促耶魯的學生們以基督徒的禱告「賜給我們今天的日用糧」開始新的一天。

請記住，那個禱告只是求今日的餅。它並不抱怨我們昨天不得不吃的老麵包；也不會說：「哦，上帝，麥田區最近相當乾

燥，我們可能會再次遭遇乾旱 —— 那麼我明年秋天要怎麼得到麵包呢 —— 或者假設我失去了工作 —— 哦，上帝，那我怎麼能得到麵包呢？」

不，這個禱告教導我們只求今日的餅。今日的餅是你唯一可能吃的餅。

數年前，一位身無分文的哲學家在一個石頭遍地的國家漫遊，那裡的人們過著艱難的生活。有一天，一群人在山上圍繞著他，他發表了可能是有史以來最常被引用的演講。這篇演講包含了二十六個字，這些字已經在世紀之間迴響：「所以，不要為明天憂慮；因為明天會為自己的事情憂慮。一天的惡足以自負其憂。」

許多人拒絕接受耶穌的話語：「不要為明天憂慮。」他們將這些話視為完美的忠告，視為一種神秘主義。他們說：「我必須為明天擔憂。我必須投保以保護我的家人。我必須為我老年時節省錢。我必須計劃和準備以取得成功。」

對！你當然必須這麼做。事實上，那些三百年前翻譯的耶穌話語，在今天的意義並不同於在詹姆斯王的統治時期。三百年

前，「思考」這個詞經常意味著焦慮。現代版本的《聖經》更準確地引述耶穌的話語：「對於明天，不要有任何焦慮。」

是的，儘可爲明天著想，你要謹愼思考、計劃和準備。但不要擔心。

在第二次世界大戰期間，美國的軍事領導人爲明日做了規劃，但他們卻無法承受任何焦慮。「我已經爲最優秀的人提供了我們擁有的最好的裝備」，美國海軍總司令艾爾內斯特・金恩（Ernest J. King）說，「並給他們分配了看似最明智的任務。這就是我能做的所有事情。」

「如果一艘船已經沉沒，」金恩接著說，「我無法將它撈起。如果它將要沉沒，我也無法阻止。我可以更好地利用我的時間來解決明天的問題，而不是爲昨天的事情煩惱。此外，如果我讓那些事情困擾我，我撐不了太久。」

無論在戰爭還是和平時期，良好思考與糟糕思考之間的主要差異在於：良好思考處理原因和結果，並導致邏輯性、建設性的計劃；而糟糕思考常常導致緊張和神經崩潰。

我有幸訪問了阿瑟・海斯・蘇茲伯格（Arthur Hays Sulzberger），他是世界上最著名的報紙之一，《紐約時報》的發行

人（1935至1961年）。蘇茲伯格告訴我，當第二次世界大戰在歐洲爆發時，他感到非常震驚，對未來充滿擔憂，以至於他幾乎無法入睡。他經常在深夜起床，拿起一些畫布和顏料，看著鏡子，試圖畫出自己的肖像。他對繪畫一竅不通，但他還是畫了，以此來分散他的憂慮。蘇茲伯格跟我說，直到他將教堂聖歌中的五個字作為他的座右銘，他才能消除他的憂慮並找到內心的平靜：「一步足矣。」——

> 領導，慈祥的光明……
> 保護我的腳步：我不求見證
> 遙遠的景色；我只需一步足矣。

大約在同一時間，在歐洲的某個地方，一位身穿制服的年輕人也在學習同樣的課題。他名叫泰德‧本傑米諾（Ted Bengermino），來自美國馬里蘭州的巴爾的摩——他已經因為擔憂到得了一級戰鬥疲勞症。

「在1945年四月，」本傑米諾寫道，「我一直擔憂到醫生稱之為『痙攣性橫結腸』的病症發展——一種產生劇烈疼痛的狀

況。如果戰爭沒有在那時結束，我確信我會有一次徹底的身體崩潰。

「我完全精疲力竭。我是94步兵師的非委任軍官，負責墓地登記。我的工作是幫助設立並維護所有在行動中陣亡、失蹤和住院的男子的記錄。我還必須幫助挖掘在激戰中被迅速埋在淺墓中的盟軍和敵軍士兵的屍體。

「我必須收集這些男子的個人物品，並確保它們被送回給那些會非常珍視這些個人物品的父母或最親近的親人。我一直擔心我們可能會犯下尷尬且嚴重的錯誤。我擔心我是否能夠熬過這一切。我擔心我是否能活著抱上我唯一的孩子——那個我還未見過的十六個月大男孩。我非常擔憂和疲憊，以致減輕了約15公斤。

我當時緊張得幾乎要失去理智。我看著自己的雙手，它們幾乎只剩下皮和骨頭。我對於自己會以身體殘廢的狀態回家的想法感到恐慌。我崩潰了，像個孩子一樣哭泣。我如此震驚，每次獨處時都會淚眼汪汪。在「阿登戰役」（Battle of the Bulge，也稱「突出部之役」，二戰晚期的著名戰役）開始後不久的一段時間裡，我經常哭泣，幾乎放棄了再次成為正常人的

希望。

「我最後來到了一個軍隊的診所。一位軍醫給了我一些完全改變我人生的建議。在對我進行了徹底的身體檢查後，他說我的困擾是心理上的。『泰德』，他說，『我希望你把你的生活想像成一個沙漏。你知道沙漏上部有數千顆沙粒；它們都會慢慢地、均勻地通過中間的狹窄脖子。

無論你我做什麼，都無法讓超過一粒沙子通過這個狹窄的頸部而不損壞沙漏。你我和其他每個人都像這個沙漏一樣。

當我們在早晨開始時，有數百項任務我們覺得我們必須在那天完成，但是如果我們不一次處理一項任務，並讓它們慢慢平穩地通過一天，就像沙粒通過狹窄的沙漏頸部一樣，那麼我們必定會破壞我們自己的身體或精神結構。』

「自從那位軍醫在那個難忘的日子給我這種哲學以來，我一直在實踐它。一粒沙子一次……『一次只做一件事。』這個建議在戰爭期間救了我的身心，在我現在的職位上也對我有所幫助，我現為 Adcrafters 公司的公共關係和廣告總監。我在事業上出現了與戰爭期間相同的問題：一次必須完成許多事情——而且時間很緊迫。我們的庫存量很低。我們必須處理新的表

格，新的庫存安排，位址變更，開設和關閉辦公室等等。

「與其變得更緊張焦慮，我記起了醫生對我說的話。『一次只處理一粒沙，一次只做一件事。』我反覆對自己說這些話，以更有效的方式完成了我的任務，並且我在沒有那種幾乎在戰場上摧毀我的混亂和糾結的感覺下完成了我的工作。」

當代社會生活最令人震驚的事情之一，就是曾有段時間，美國醫院有一半床位都保留給那些因爲累積太多過去和對明日恐懼而崩潰的神經和精神病患者。然而，這些人中的大多數本可以避免住院——本可以過上快樂、有用的生活——只要他們留意到耶穌的話：「不要爲明天憂慮」；或者是威廉‧奧斯勒爵士的話：「活在緊密的日間艙裡。」

你我此刻正站在兩個永恆的交匯點：一個是無窮無盡的過去，另一個是衝向記錄時間最後一個音節的未來。我們無法可能生活在這兩個永恆中的任何一個，哪怕只有一瞬間。但是，如果我們試圖這麼做，我們可能會毀壞我們的身體和心靈。

那麼，讓我們滿足於生活在我們唯一可能生活的時間：從現在到睡覺時間。作家羅伯特‧路易士‧史蒂文生（Robert Louis Stevenson）寫道：「任何人都可以承受他的負擔，無論多

麼艱難，直到黃昏。」「任何人都可以做他的工作，無論多麼艱難，只要一天。任何人都可以甜蜜，耐心，充滿愛心，純潔地生活，直到太陽下山。而這就是生活真正的意義。」

是的，這就是生活對我們的所有要求；但是，一位來自密西根州薩吉諾的雪茲夫人，卻被逼到絕望邊緣，甚至瀕臨自殺，才學會只專注活到睡前這個道理。「1937年，我失去了我的丈夫」，雪茲夫人在向我講述她的故事時說。「我非常沮喪，幾乎一無所有。我寫信給我的前雇主，堪薩斯城的Roach-Fowler公司的羅奇（Leon Roach）先生，並回復我的舊職。

「我以前是靠向鄉村和城鎮學校董事會銷售世界知識主題的書籍維生。兩年前，當我丈夫生病時，我賣掉了我的車；但我設法湊足了一些錢作為二手車的首付款，然後再次開始銷售書籍。

「我原本以為重新上路會有助於緩解我的抑鬱症；但獨自開車和獨自用餐的壓力幾乎讓我無法承受。有些地方的產值並不高，我發現即使車款再少，我也很難支付得起。

「在1938年的春天，我在密蘇里州的凡爾賽工作。那所學校條件惡劣，道路破舊；我感到如此孤獨和沮喪，甚至有一度考

慮自殺。成功似乎是不可能的。我沒有活下去的理由。

「我每天早上都害怕起床面對生活。我對一切都感到恐懼：害怕我無法支付汽車分期付款；害怕我無法支付房租；害怕我沒有足夠的食物吃。我擔心我的健康狀況正在惡化，而我又沒有錢去看醫生。阻止我自殺的只有兩個想法，一是我妹妹會深感痛苦，二是我沒有足夠的錢支付我的葬禮費。

「有一天，我讀到一篇文章，它讓我擺脫了沮喪，給了我繼續生活的勇氣。我將永遠感激那篇文章中的一句鼓舞人心的話。它說：『對於一個智者來說，每一天都是新的生活。』我將這句話列印出來，貼在我的汽車擋風玻璃上，每次開車我都能看到它。我發現專注活在當下並不那麼困難。」

「我學會忘記昨天，不去想明天。每個早晨我對自己說，『今天是新的生活。』……

「我已成功克服了對孤獨的恐懼，對想多要什麼的恐懼。我現在很快樂，相當成功，並對生活充滿熱情和愛。我現在知道，無論生活給我什麼，我再也不會害怕。我現在知道，我不必懼怕未來。

「我現在知道我可以過一天算一天的生活 —— 並且『對於智

者來說，每一天都是新的生活。」

你認為以下的詩句是誰寫的呢：

快樂的人，只有他獨享快樂，

他，是個能稱今天是自己的人：

他，內心安定，可以說：

明天，你盡情使壞吧，因為我已經活過今天。

聽起來很現代，不是嗎？然而，它們是在基督出生的三十年前，由羅馬詩人賀拉斯（Horace）所寫的。

我所知道的關於人性最悲哀的事情之一，就是我們都傾向於推遲生活。我們都在夢想著地平線上的某個神奇的玫瑰花園，而不是享受今天在我們窗外盛開的玫瑰。

我們為何如此愚蠢 —— 如此悲劇性的愚蠢呢？

「多麼奇怪啊，我們這小小的人生過程！」加拿大作家史蒂芬·利考克（Stephen Leacock）寫道。「孩子說，『等我長大了。』但那是什麼呢？大男孩說，『等我成年了。』然後，成年後，他說，『等我結婚了。』但結婚又是什麼呢？思緒轉到『等

我能退休了。』後，當退休來臨時，他回顧過去走過的路；一陣冷風似乎掠過；不知怎的，他似乎錯過了一切，一切都消失了。我們常常遲來的認識到，生活就在每一天每一小時的細節中。」

已故的底特律商人愛德華·伊凡斯（Edward S. Evans）在他明白生活就是「活在每一天每一小時的細節中」之前，幾乎因爲擔憂而喪命。在貧窮中長大的伊凡斯，第一次賺錢是通過賣報紙，然後在雜貨店擔任店員。

後來，家裡有七個人依賴他的生計，他找到了一份助理圖書館員的工作。儘管薪水微薄，他卻不敢辭職。八年過去了，他才鼓起勇氣自立門戶。但一旦他開始，他就將借來的五十五美元的初始投資，建立起自己的木製運輸機械相關業務，每年賺取兩萬美元。然後，霜凍來了，一場致命的霜凍。

他還曾爲朋友背書一張大額支票──然後那位朋友破產了。緊接著，另一場災難接踵而來：他將所有的錢存入的銀行倒閉了。他不僅失去了他所有的錢，還欠下了一萬六千美元的債務。他的神經無法承受這一切。「我無法睡覺或吃東西，」他告訴我。「我變得奇怪地病了。憂慮和無盡的憂慮，」他說，

「有一天,當我走在街上,我昏倒在人行道上。我再也無法走路。我被安置在床上,我的身體長滿了癤子。這些癤子向內生長,以至於躺在床上都是痛苦。我每天都變得更虛弱。最後,我的醫生告訴我,我只剩下兩個星期的生命了。我被震驚了。我起草了我的遺囑,然後躺在床上等待我的結局。現在掙扎或擔憂都沒有用了。

「我放棄了,鬆手了,然後去睡覺。幾週來,我沒法連續睡兩個小時;但現在,隨著我的塵世煩惱接近尾聲,我睡得像個嬰兒。我那令人力竭的疲憊開始消失。我的食慾回來了。我開始增加體重。

「幾週後,我能夠靠著拐杖行走。六週後,我能夠回去工作了。我曾經一年賺兩萬美元;但現在我很高興能找到一份每週三十美元的工作。我找到了一份賣汽車運輸時用來固定輪胎的塊狀物的工作。我現在學到了我的教訓。對我來說,再也不用擔心了 —— 對過去發生的事情再也不感到遺憾 —— 對未來再也不感到恐懼。我將所有的時間、精力和熱情都投入到賣這些塊狀物上。」

後來,伊凡斯的事業迅速再起。短短幾年間,他就成為了

公司的總裁——伊凡斯產品公司。該公司已在紐約證券交易所上市多年。如果你曾經飛越格陵蘭，你可能會降落在伊凡斯機場——一個以他的名字命名的飛行場。然而，如果伊凡斯沒有學會活在「當日艙」中，他可能永遠不會取得這些勝利。

你可能會記得〈愛麗絲夢遊仙境裡〉的「白皇后」曾說過：「規則就是明天和昨天有果醬，但今天永遠沒有果醬。」我們大多數人都是這樣——對昨天的果醬耿耿於懷，對明天的果醬憂心忡忡——而不是現在就把今天的果醬厚厚地塗在我們的麵包上。

即使偉大的法國哲學家蒙田也犯了這個錯誤。他說：「我的生活充滿了可怕的不幸，其中大部分從未發生過。」我的生活也是如此—你的也是。

「想一想，」中世紀的詩人但丁說，「這一天將永不再來。」生命以驚人的速度在流逝。我們正以每秒十九英里的速度在空間中疾馳。今天是我們最寶貴的擁有。它是我們唯一確定的擁有。」

那也是作家及主持人洛威爾‧湯瑪斯（Lowell Thomas）的哲學。我最近在他的農場度過了一個週末；我注意到他將聖

經的〈詩篇｜118〉的這句話框起來掛在他的廣播工作室的牆上，他經常會看到它們：

這是主所創造的一天；我們要在其中歡愉喜樂。

作家約翰・羅斯金（John Ruskin）的書桌上有一塊簡單的石頭，上面刻著一個字：今天。雖然我的書桌上沒有石頭，但我在鏡子上貼了一首詩，每天早上刮鬍子時都能看到 —— 這首詩是奧斯勒爵士一直放在他書桌上的 —— 這首詩是由著名的印度劇作家，卡利達薩（Kalidasa）所寫的：

—向黎明致敬—

看著今天！

因為這就是生命，生命的真諦。

在它短暫的歷程中，

對你存在的所有真相和現實撒謊：

成長的喜悅

行動的光榮

美的輝煌，

昨天只是一個夢想

而明天只是一個幻象，

但今日若活得美好，則每個昨日都將成為幸福的夢想

每個明日都是希望的異象。

好好看著這一天吧！

這就是對黎明的問候。

所以，關於擔憂，你應該首先瞭解的規則一是：如果你想要將它從你的生活中排除，就要像奧斯勒爵士那樣 —— **將過去和未來的鐵門關上。活在當日艙。**

現在，何不問問自己這些問題，並把答案寫下來呢？

1. 我是否傾向於推遲現在的生活，以擔憂未來，或渴望遠方的「神奇玫瑰花園」？

2. 我是否有時會因為對過去已經結束的事情感到遺憾，而使現在變得痛苦？

3. 我是否每天早上都充滿決心去「把握每一天」—— 充分利用這二十四小時？

4. 我是否可以透過「過當日的生活」來獲得更多的人生價值?

5. 我應該何時開始做這個?下週? ⋯⋯明天? ⋯⋯今天?

2

解決憂慮處境的神奇公式

A Magic Formula for
Solving Worry Situations

　　您是否想要一個快速且萬無一失的憂慮處境應對方法——一種可以立即開始使用的技巧，甚至在您繼續讀完這本書前就開始使用？

　　那麼，讓我告訴你威利斯·開利（Willis H. Carrier）的方法，他是一位傑出的工程師，開創了空調行業，並領導著世界著名的開利公司，位於紐約的雪城。這是我聽過如何解決擔憂問題的最佳技巧之一，我是與開利先生一起在紐約工程師俱樂部共進午餐時，親自從他那裡得到的。

　　「當我還是個年輕人的時候，」開利先生說，「我在紐約州布法羅的布法羅鍛造公司工作。我被分配到一個任務是在密蘇里州水晶城的匹茲堡板玻璃公司一間工廠安裝一具燃氣清潔裝置，這個工廠的造價高達數百萬美元。該裝置的安裝目的是為了清除燃氣中的雜質，使其可以在不損傷引擎的情況下燃燒。」

　　這種清潔氣體的方法是新的。它之前只測試過一次，而且是在不同的條件下。在我於密蘇里州水晶城工作時，出現了預料之外的困難。裝置的確發揮了一定的效果，但不足以達到我們所要的保證。

　　「我對自己的失敗感到震驚。就好像有人猛地打了我一下

頭。我的胃，我的內臟，開始扭轉翻騰。有一段時間，我擔憂得無法入睡。

「最後，常識提醒我，擔憂並不能讓我有所進展；因此，我找到了一種不用擔憂就能解決問題的方法。這種方法運作得極爲出色。我已經使用這種抗憂慮技巧超過三十年了。它很簡單。任何人都可以使用。它包含三個步驟：

步驟一。我無畏且誠實地分析了情況，並找出了這次失敗可能導致的最壞結果。沒有人會將我關進監獄或射殺我，這是肯定的。確實，我可能會失去我的職位；而且也有可能我的雇主將不得不移除機器，並且損失我們投資的兩萬美元。

步驟二。在弄清楚可能發生的最壞情況後，我調整自己的心態，必要時接受它。我對自己說：這次的失敗將對我的紀錄造成打擊，可能意味著我會失去工作；但如果眞的如此，我總是可以找到另一個職位。

情況可能會更糟糕；至於我的雇主們，他們明白我們正在嘗試一種新的煤氣清潔方法，如果這次經驗讓他們損失二萬美元，他們也能承受得起。

他們可以把它積累於日後研究，因爲這本是一個實驗。

明白了可能發生的最糟糕情況，並且讓自己接受它（如果需要的話）之後，一件極其重要的事情發生了：我立刻放鬆下來，並感到一種我幾天來都未曾經歷過的平靜。

步驟三。從那時起，我平靜地將我的時間和精力投入到嘗試改善我已經心理接受的最壞情況。

「我現在試圖找出方法和手段，以減少我們面臨的兩萬美元損失。我進行了幾次測試，最終發現如果我們再花五千美元購買額外的設備，我們的問題就能得到解決。後來我們做到了這一點，公司不是損失了兩萬，還賺了一萬五千。

「如果我一直擔憂下去，我可能永遠無法做到這一點，因為擔憂的最壞特點就是它會破壞我們的專注力。當我們擔憂時，我們的思緒會在這裡、那裡、各處跳躍，我們失去了所有的決定權。然而，當我們強迫自己面對最壞的情況並在心理上接受它，我們就消除了所有這些模糊的想像，並將自己置於能夠專注於我們問題的位置。

「以上我說的這件事發生在許多年前。它的效果如此出色，使我從此以後一直使用它；結果，我的生活幾乎完全沒有煩惱。」

那麼，從心理學的角度來看，開利先生的神奇公式爲何如此寶貴且實用呢？因爲當我們被憂慮所蒙蔽，迷失在灰色的雲層中時，這個公式能將我們牢牢地拉回到地面上。我們知道自己站在哪裡。如果我們腳下沒有穩固的地面，我們又怎能期望能夠思考清楚任何事情呢？

應用心理學之父威廉・詹姆斯（William James）教授已在1910年去世。但如果他今天還活著，並且能聽到這個面對最壞情況的公式，他會熱烈地贊同它。我怎麼知道呢？因爲他告訴他的學生：「願意接受它就是這樣……願意接受它就是這樣，」他說，因爲「……接受已經發生的事情是克服任何不幸後果的第一步。」

這個觀點也被林語堂在他廣爲人知的書籍《生活的藝術》中表達出來。這位中國哲學家說：「眞正的內心平靜，來自於接受最壞的情況。在心理學上，我認爲，這意味著能量的釋放。」

就是這樣，沒錯！從心理學的角度來看，這意味著新的能量釋放！當我們接受了最壞的結果，我們就沒有什麼可以失去的了。這也自然就意味著──接下來我們可以爭取各種想要的東西！「在面對最壞的情況後，」就像開利的說法，「我立刻放鬆

下來，感到一種我幾天都未曾經歷過的平靜。從那時起，我能夠思考。」

這很合理，不是嗎？然而，數百萬人因爲拒絕接受最壞的情況，拒絕嘗試改善它，拒絕從廢墟中挽救他們能得到的東西，而讓他們的生活陷入憤怒的混亂中。

他們並未嘗試重建他們的財富，反而投入了一場與經驗的激烈且「暴力的競爭」──最終成爲那種被稱爲「憂鬱症」的沉思固執受害者。

您是否想看看有人如何採納開利的神奇公式，並將其應用於自己的問題？好吧，這裡有一個例子，來自我課堂中的一位紐約油商。

「有天我被勒索了！」這位學生開始說。「我不敢相信這是真的──我不敢相信這種事情會在電影情節外發生──但我真的被勒索了！事情是這樣的：當時我的石油公司有一些運送卡車，也雇用一些司機。那時，戰爭（二戰期間）的規定被嚴格執行，我們向任何一位客戶運送的石油量都被限制。

「那時我並不知道，似乎我們有些司機已經在向公司的常客少送油，然後將剩餘的油賣給他們自己的客戶。

「我開始對這種非法交易有察覺，是因為某天一位自稱為政府檢查員的男子來找我，並索要封口費。

「他已經取得了我們的司機行為的檔案證據，並且威脅如果我不吐錢出來，他就將這些證據交給地區檢察官辦公室。

「「我當然知道，至少就我個人而言，我沒有什麼需要擔心的。但我也知道，法律規定公司需對其員工的行為負責。更重要的是，我知道如果此案件上了法庭，並在報紙上公開，那麼負面的宣傳將會毀掉我的生意。

「而我對我的事業感到驕傲——它是我父親二十四年前創立的。

「我擔心得快要生病了！連續三天三夜我都沒有吃飯也沒有睡覺。我一直在瘋狂地打轉。我應該付這筆五千美元，還是我應該告訴這個男人滾去做他該死的事情？無論我嘗試做出什麼決定，結果都是一場惡夢。

「然後，在某個星期日的晚上，我偶然拿起了我在卡內基公共演講課程中獲得的《如何停止擔憂》的小冊子。我開始閱讀它，並讀到了關於開利先生的故事。上面說要『面對最壞的情況』。所以我問自己，『如果我拒絕付款，而這些勒索者將他們

的記錄交給地區檢察官，那麼最壞的情況會是什麼？』

「答案是：『我的生意破產——那是最糟糕的事情。我不會被關進監獄。最多可能發生的就是我會因為公眾的關注而破產。』

「於是我對自己說，『好吧，生意已經毀了。我心理上接受了這個事實。接下來會發生什麼呢？』

「嗯，我的生意已經毀了，我可能得找份工作。這也不壞。我對石油很瞭解——有幾家公司可能會很高興聘請我。……我開始感覺好一些。我已經陷入的憂鬱情緒已經持續了三天三夜，現在終於有些緩解了。我的情緒平靜下來了……令我驚訝的是，我竟然能夠思考。

「我現在已經清醒到足以面對第三步——改善最糟糕的情況。當我思考解決方案時，一個全新的角度呈現在我面前。如果我把整個情況告訴我的律師，他可能會找到我沒有想到的出路。

「我知道這聽起來很愚蠢，我之前甚至沒有想到這一點——但當然，之前我並沒有在思考，我只是在擔憂！我立刻決定，我將在早上第一時間去見我的律師——然後我上床睡覺，像塊木

頭一樣熟睡！

「結局怎麼了呢？嗯，隔天早上我的律師告訴我去見區域檢察官，並告訴他真相。我就是這麼做的。當我說完後，我驚訝地聽到檢察官說這個勒索詐騙已經進行了好幾個月，而那個自稱是『政府特工』的人其實是警方通緝的罪犯。在我煎熬了三天三夜，不知道是否應該把五千美元交給這個專業的騙子之後，聽到這一切真是太解脫了！

「這次經驗給了我一個持久的教訓。現在，每當我面臨一個迫在眉睫的問題，威脅著讓我擔憂，我就使出我所稱的『老開利公式』。」

如果你認為開利陷入麻煩了——那你還沒有聽過真正的麻煩事。這是麻薩諸塞州溫徹斯特的厄爾・哈尼（Earl P. Haney）的故事。1948年11月17日，他在波士頓的斯塔特樂酒店親自向我講述他的故事。

「回到二〇年代，」他說，「我當時擔憂得胃潰瘍開始侵蝕我的胃壁。有個晚上，我出現了嚴重的出血。我被緊急送到與芝加哥西北大學醫學院附屬醫院。我的體重從80公斤下降到40

公斤。我病得很重，甚至被警告不要舉手。

「三位醫生會診我，包括一位著名的胃潰瘍專家，都說我的病例『無法治癒』。我每天靠著鹼性粉末和每小時一湯匙的半牛奶半奶油維生。護士每天晚上和早上都會將一根橡膠管插入我的胃中，並抽出內容物。

「這種情況持續了好幾個月……最後，我對自己說：『看看這裡，哈尼，如果你除了漫長的死亡外，沒有其他可以期待的事情，那你最好好好利用剩下的一點時間。你一直都希望在生命結束前能環遊世界；如果你真的要實現它，那就必須現在就行動。』

「當我告訴我的醫生我打算環遊世界，並且每天自己抽胃兩次時，他們感到震驚。絕對不可能！他們從未聽說過這樣的事情。他們警告我，如果我開始環遊世界，我將會被海葬。『不，我不會的，』我回答。『我已經向我的親戚承諾，我將會在內布拉斯加州的布羅肯保家族墓地裡安葬。所以，我將帶著我的棺材去。』

「我安排了一個棺材，將其放上船，然後與輪船公司達成協議——如果我死亡——將我的遺體放入冷凍艙，並將其保持

在那裡，直到郵輪返回家鄉。我帶著波斯先哲老奧馬（Omar Khayyám）的精神出發了我的旅程：

啊，好好利用我們還能花費的一切吧，

在我們降臨塵土之前；

塵歸塵，土歸土，躺在塵土之下

無酒，無歌，無唱者，── 無所終！

「當我在洛杉磯登上輪船S.S. President Adams號，並駛向東方時，我感到好多了。我逐漸棄用了我的鹼性粉末和胃泵。我很快就開始吃各種食物 —— 甚至是那些據說會殺死我的奇特的當地混合物和煮食。隨著時間的推移，我甚至抽起了長長的黑雪茄，並喝起了雞尾酒。我比過去幾年更加享受自己！我們遇到了颱風和暴風雨，這本應讓我嚇得躲進棺材 —— 但我對所有這些冒險都感到極度興奮。

「我在船上玩遊戲，唱歌，結交新朋友，熬夜到半夜。當我們到達中國和印度時，我意識到我在家鄉面對的商業煩惱與東方那時的貧窮和飢餓相比簡直就是天堂。我停止了所有無謂

的擔憂，感覺很好。當我回到美國時，我增加了九十磅，我幾乎忘記我曾經有過胃潰瘍。我從未感覺過這麼好。我回到商業界，從此沒有生病過。」

哈尼告訴我，他現在意識到他在無意識中使用了與開利一樣的原則來克服擔憂。

「首先，我問自己，『可能發生的最糟糕的事情是什麼？』答案是死亡。

「其次，我已經做好準備去接受死亡。我必須這樣做。我別無選擇。醫生說我的病情已經無望了。

「第三，我試圖通過在我剩下的短暫時間內從生活中獲得最大的享受來改善這種情況……如果，……」他繼續說，「如果我在登上那艘船後還繼續擔憂，我毫不懷疑我會在棺材裡走完回程。但我放鬆了——我忘記了所有的煩惱。這種心境的平靜給了我一種新的能量爆發，實際上救了我的生命。」

所以，本書第二條規則是：如果你有煩心的問題，試著運用開利的魔法公式，做以下這三件事——

1. 問自己,「最壞的情況會是什麼?」

2. 如果必要,請準備接受它。

3. 然後冷靜地進行改善最糟糕的部分。

3

擔憂可能對你造成
什麼影響

What Worry May Do to You

不懂如何對抗憂慮的人，壽命往往短暫。

──阿萊克西斯・卡雷爾 醫師（DR. ALEXIS CARREL）

許多年前的一個晚上，我的鄰居敲響了我的門鈴，並敦促我和我的家人接種天花疫苗。他只是在紐約市各地敲門鈴的數千名志願者之一。

受驚的人們排隊等待數小時以接種疫苗。接種站不僅在所有醫院開放，還在消防局、員警分局以及大型工業廠房開放。超過兩千名醫生和護士日夜不停地為人群接種疫苗。而這一切熱切氛圍的原因是什麼呢？

當時在紐約市，有八人患有天花，其中兩人已經死亡。也就是在接近八百萬紐約市人口中，已有兩人死於此病。

現在，我已在紐約生活了很多很多年；然而從未有人按過我的門鈴，來警告我要小心「擔憂」這種情緒疾病 ── 一種在同一時期內，造成的傷害比天花多出萬倍的疾病。

沒有任何一個門鈴按鈕曾經警告過我，現在生活在美國的每十個人中就有一個人會因為擔憂和情緒衝突而導致神經崩潰 ── 在絕大多數情況下都會演變至此。所以，我寫下這一

章，就是為了敲響你的門鈴，並向你發出警告。

　　獲得諾貝爾醫學獎的偉大學者，阿萊克西斯‧卡雷爾醫生（Dr. Alexis Carrel）曾說：「不知如何對抗煩惱的人會早逝。」同樣的，家庭主婦、獸醫和磚瓦工也是如此。

　　幾年前，我與桑塔菲鐵路公司的醫療行政人員之一，戈柏醫生（Dr. O. F. Gober），一起開車遊覽德克薩斯和新墨西哥度假。他的確切職稱是「灣區、科羅拉多和桑塔菲醫院協會首席醫生」。

　　我們開始討論擔憂的影響，他說：「所有來找醫生的病人中有七成，如果能夠擺脫自己的恐懼和擔憂，他們就能自我治癒。別以為我是說他們的疾病是想像出來的，」他說。「他們的疾病就像劇烈的牙痛一樣真實，有時甚至比牙痛嚴重一百倍。我指的是像神經性消化不良、某些胃潰瘍、心臟疾病、失眠、某些頭痛，以及某些類型的麻痺等疾病。」

　　「這些疾病是真實的。我知道我在談論什麼，」戈柏醫生說，「因為我自己曾經患有胃潰瘍長達十二年。」

　　「恐懼引發憂慮。憂慮使你緊張不安，影響你的胃部神經，實際上將你胃部的胃液從正常變為異常，並常常導致胃潰瘍。」

著有《神經性胃病》（*Nervous Stomach Trouble*）一書的約瑟夫‧蒙塔古博士（Dr. Joseph F. Montague）也說了類似的話。他說：「你得胃潰瘍並非來自你吃的東西。你得潰瘍是來自困擾你的事情。」

著名梅約診所的艾佛瑞斯醫生（Dr. W.C. Alvarez）說：「潰瘍的發作與緩解往往隨著情緒壓力的高低起伏。」

支持這個發表結果的背後基礎，是一項對在梅約接受胃部疾病治療的一萬五千名患者的研究。他們其中五分之四的人的胃病沒有任何物理基礎。恐懼，擔憂，憎恨，極度自私，以及無法適應現實世界——這些大多是他們胃病和胃潰瘍的原因。胃潰瘍可以殺死你。根據《生活》雜誌的說法，它目前在美國人致命疾病清單中排名第十。

我最近與梅約診所的哈羅德‧哈賓博士（Dr. Harold C. Habei）有過一些書信往來。他在美國產業醫生與外科醫生協會的年度會議上發表了一篇論文，表示他對平均年齡為44.3歲的176位企業高管進行了研究。他報告說，這些高管中有略多於三分之一的人患有三種與高壓生活有關的疾病——心臟病、消化道潰瘍和高血壓。

想想看——我們三分之一的企業高管在他們還未到45歲時，就已經因心臟病、潰瘍和高血壓而損害了他們的身體。成功的代價是什麼！而他們甚至還未取得成功！如果一個人用胃潰瘍和心臟病來換取事業的提升，他能被認為是成功的嗎？如果一個人得到了全世界——卻失去了他的健康，他會有什麼利益呢？即使他擁有整個世界，他一次也只能睡在一張床上，一天也只能吃三餐；而即使是個企業新員工也能做到這一點——而且那個人可能比高層主管睡得更熟，更能享受他的食物。坦白說，我寧願做一個無憂無慮、無責任的人，也不願在四十五歲時因為試圖經營一家鐵路公司或其他公司而損害我的健康。

有位全球最知名的香煙製造商人在加拿大的森林中尋求一點休閒時，因心臟衰竭突然去世。他累積了數百萬的財富，卻在六十一歲時猝然離世。他可能用他生命中的數年時間換取了所謂的「商業成功」。

在我看來，這位擁有數百萬財富的香煙公司高管，其成功程度還不及我父親的一半——一位來自密蘇里的農夫，他在八十九歲時去世，身無分文。

著名的梅約兄弟宣稱，我們醫院中超過一半的病床都被神經

問題的患者佔據。然而，當這些人的神經在驗屍時被高倍顯微鏡研究後，他們的神經在大多數情況下顯然與拳擊手傑克・鄧蒲賽的神經一樣健康。

他們的「精神問題」並非由身體神經的退化引起，而是由無用、挫折、焦慮、擔憂、恐懼、失敗、絕望等情緒引起。柏拉圖曾說：「醫生們最大的錯誤就是他們試圖治療身體而不試圖治療心靈；然而，心靈和身體是一體的，不應該分開治療！」

醫學界花了二千三百年的時間才認識到這個偉大的真理。我們現在正開始發展一種新型的醫學，稱為身心醫學——一種同時治療心理和身體的醫學。我們進行這種工作的時機已經非常成熟，因為醫學科學已經大致消滅了由病毒、細菌引起的可怕疾病——如天花、霍亂、黃熱病，以及其他數不清的瘟疫，這些疾病曾將無數人送入過早的墳墓。但是，醫學科學無法應對由擔憂、恐懼、憎恨、挫敗和絕望的情緒，而非細菌引起的心理和身體的破壞。這些情緒疾病造成的傷亡正在以災難性的速度增加和蔓延。每六個在第二次世界大戰中被徵召的美國年輕人中，就有一個因為精神病理原因被拒絕。

是什麼導致人類陷入瘋狂？沒有人知道所有的答案。但在許

多情況下，恐懼和擔憂很可能是促成因素。那些焦慮且困擾的人無法應對現實世界的嚴酷，於是他們與環境斷絕所有聯繫，退入自己創造的私人夢幻世界，這解決了他們的擔憂問題。

我桌上有一本由愛德華・波多斯基博士（Dr. Edward Po-dolsky）所著的書，名爲《停止擔憂，獲得健康》（*Stop Worry-ing and Get Well*）。以下是該書中的一些章節標題：

〈憂慮對心靈的影響〉

〈高血壓是由擔憂所引發的〉

〈風濕病可能由憂慮引起〉

〈為了你的胃，少操些心吧〉

〈憂慮可能如何導致感冒〉

〈擔憂與甲狀腺〉

〈憂心忡忡的糖尿病患者〉

另一本關於擔憂的重要書籍是由精神病學權威之一的卡爾・門寧格博士（Dr. Karl Menninger）所著的《人類對抗自我》（*Man Against Himself*）。門寧格博士的書不會給你任何關於

如何避免擔憂的規則；但它將給你一個驚人的啓示，那就是我們如何通過焦慮、挫敗、憎恨、怨恨、反抗和恐懼來摧毀我們的身體和心靈。你可能會在你家附近的公共圖書館找到一本。

憂慮可以使卽使最冷靜的人也生病。格蘭特將軍在美國南北戰爭的最後幾天就發現了這一點。故事是這樣的：北方的格蘭特已經圍攻李奇蒙一地九個月了。南軍李將軍的部隊則破破爛爛且挨著餓，他們已經被打敗，有些作戰單位成建制逃亡。其他人在他們的帳篷裡舉行祈禱會——大喊大叫，哭泣，並以爲看到了異象。結束的時刻已經接近。

李的部隊在李奇蒙放火燒毀了棉花和煙草倉庫，焚燒了軍械庫，並在夜晚的火焰熊熊中逃離了這座城市。格蘭特緊追不舍，從兩側和後方對南軍猛烈攻擊，而另一支北軍將領謝爾的騎兵則在前方阻擋他們，切斷鐵路線並虜獲補給車隊。

格蘭特這時因爲劇烈的頭痛而半盲，落在他的軍隊後面，並在一個農舍停下來。他在他的回憶錄中記錄道：「我花了一整夜的時間，將我的腳浸在熱水和芥末中，並在我的手腕和脖子的後部貼上芥末膏，希望到早上能被治癒。」

隔天早晨，他瞬間痊癒了。治癒他的並非芥末膏，而是一名

騎馬的郵差，他帶來了來自李的信，信中說他想要投降。

「當帶著訊息的軍官找到我時，」格蘭特寫道，「我還在痛苦地忍受著頭痛，但我一看到那張紙條的內容，我立刻就好了。」

顯然，使格蘭特生病的是他的憂慮、壓力和情緒。當他的情緒轉為自信、成就和勝利的色彩時，他立即痊癒了。

七十年後，美國小羅斯福總統內閣的財政部長亨利·摩根索（Henry Morgenthau）發現，擔憂可以使他病得頭暈目眩。他在日記中記錄，當時總統為了提高小麥價格，一天內購買了440萬石小麥時，他感到非常擔憂。他在日記中寫道：「當事情發生時，我真的感到頭暈。回家晚餐後我躺在床上兩個小時。」

如果我想看看擔憂對人們的影響，我不需要去圖書館或醫生那裡。我可以從我正在寫這本書的家裡的窗戶向外看；我可以看到，在一個街區內，有一棟房子的主人因為擔憂而導致神經衰弱——還有另一棟房子的男主人因為擔憂得到了糖尿病。當股市下跌時，他的血糖和尿糖就會上升。

當著名的法國哲學家蒙田被選為他的家鄉—波爾多的市長

時，他對他的市民說：「我願意將你們的事務放在我的手中，但不願放在我的肝和肺裡。」

我的這位鄰居將股市的事務深深地融入他的血液中—幾乎將自己送上黃泉。

如果我想要提醒自己擔憂對人的影響，我不需要看我的鄰居的房子。我可以看看我現在正在寫作的這個房間，並提醒自己這個房子的前一位主人是如何擔憂自己到提前走向墳墓的。

擔憂可能會讓你因風濕病和關節炎而坐上輪椅。一位全球公認的關節炎權威塞西爾博士（Russell L. Cecil）列出了四種最常見的引發關節炎的狀況：

1. 婚姻的破滅。

2. 財務災難與悲痛。

3. 孤獨與憂慮。

4. 長久以來的怨恨。

當然，這四種情緒狀況遠非關節炎的唯一原因。有許多不同種類的關節炎，其成因各異。但是，再次強調，引發關節炎的最常見狀況是塞西爾博士所列出的四種。例如，我有一位朋友

在經濟大蕭條期間受到重創，以至於瓦斯公司切斷了他家的瓦斯供應，銀行也收回了房屋的抵押權。他的妻子突然遭受了一次痛苦的關節炎攻擊，儘管有藥物和飲食的幫助，關節炎一直持續到他們的經濟狀況有所改善。

擔憂甚至可能導致蛀牙。麥貢尼格爾醫師（Dr. William I. L. McGonigle）在美國牙醫協會的一次演講中表示，「不愉快的情緒，如擔憂、恐懼、煩惱等，可能會打亂身體的鈣平衡，導致蛀牙。」麥貢尼格爾醫師講述了他的一位病人的經歷，這位病人一直擁有一口完美的牙齒，直到他開始為妻子突然的疾病擔憂。在她住院的三週期間，他有了九個蛀牙——這些蛀牙都是由擔憂引起的。

另外，您有沒有見過甲狀腺過度活躍的人？我見過，我可以告訴您他們會顫抖；他們會搖晃；他們看起來像是被嚇壞了的人——這差不多就是實際情況。甲狀腺，也就是調節身體的腺體，已經失去了平衡。它加速了心跳——整個身體就像是全開的爐火一樣猛烈燃燒。

如果這個問題不經由手術或治療來檢查，受害者可能會死亡，可能會「燒盡自己」。

不久前，我和一位患有此病症的朋友一起去了費城。我們諮詢了布蘭醫生，他是一位已經治療這種疾病三十八年的著名專家。以下是他在候診室牆上掛著的建議，書寫在一塊大木牌上。我在等待見面時，把它抄寫在信封的背面：

放鬆與娛樂：最能讓人放鬆和恢復活力的力量來自健康的宗教信仰、良好的睡眠、美妙的音樂，以及歡笑。對上帝懷有信念—學會良好的睡眠—熱愛好的音樂—看到生活中的趣味—然後健康和快樂將會是你的。

他向我的這位朋友提出的第一個問題是：「是什麼情緒困擾引發了這種狀況？」他警告我的朋友，如果他不停止擔憂，他可能會有其他併發症：心臟病、胃潰瘍或糖尿病。「所有這些疾病，」那位著名的醫生說，「都是親戚，是堂兄弟。」

當我訪問電影明星梅爾·奧布朗（Merle Oberon）時，她告訴我，她拒絕擔憂，因為她知道擔憂會破壞她在電影銀幕上的核心資產：她的美貌。

「當我開始嘗試闖蕩電影界時，」她告訴我，「我感到擔憂和害怕。我剛從印度來到倫敦，試圖找工作，在這兒我不認識

任何人。我是見過一些製片人，但沒有人雇用我；我手頭的一點錢也開始用盡。有兩個星期我只靠餅乾和水度日。我現在不只是擔憂。我餓了。我對自己說，『也許你是個傻瓜』。

「也許你永遠無法進入電影圈。畢竟，你沒有任何經驗，你從未演過戲 —— 除了一張相當好看的臉，你還能提供什麼呢？

「我走向鏡子。當我看向那面鏡子時，我看到了憂慮對我的容貌所造成的影響！我看到了它形成的皺紋。我看到了那焦慮的表情。所以我對自己說，『你必須立刻停止這種狀態！你不能擔心。你唯一能提供的就是你的容貌，而憂慮會毀掉它們！』」

幾乎沒有什麼事情能像擔憂那樣迅速地使女人變老、變得煩躁並破壞她的容貌。擔憂使表情變得糟糕。它讓我們緊緊咬住下巴，使我們的臉布滿皺紋。它形成了一種永久的皺眉。它可能使頭髮變灰，並且在某些情況下，甚至使它脫落。

它可能會破壞膚色，可能引發各種皮膚疹子、爆發和粉刺。

心臟病則是當今美國的頭號殺手。在第二次世界大戰期間，近三十萬名男性在戰鬥中喪生；但在同一時期，心臟病奪走了兩百萬平民的生命 —— 其中一百萬的死因是由於擔憂和高壓生

活引發的心臟病。

是的，心臟病正如卡雷爾醫師說的：「不知如何對抗憂慮的商人會早逝。」的主要原因之一。

「上帝或許會原諒我們的罪過，」哲學家威廉‧詹姆斯說，「但我們的神經系統永遠不會。」

這裡有一個令人震驚且幾乎難以置信的事實：每年自殺的美國人數比五種最常見的傳染病死亡人數還要多。

為什麼呢？答案大致上是：「擔憂。」

當中國殘忍的內戰軍閥想要折磨他們的囚犯時，他們會將囚犯的手腳綁起來，並在他們頭上放一個水袋，讓水不停滴落……滴落……滴落……日夜不停。這些不斷落在頭上的水滴最終變得如同錘子的敲擊聲——使人發瘋。

這種同樣的折磨方法在西班牙對異端審判時期以及希特勒統治下的德國集中營中都有使用。

憂慮就像是不斷滴落的水滴；而這種不斷的滴滴答答的憂慮，常常會把人逼到瘋狂和自殺的邊緣。

當我還是密蘇里的鄉下小子時，聽到著名的棒球選手及佈道者比利‧桑德（Billy Sunday）描述「下一個世界的地獄火」

時，我幾乎被嚇得半死。但他從未提及過，擔憂者可能在這裡和現在就要面對身體痛苦而燃燒的地獄火。

例如，如果你是一個長期擔憂的人，你可能有一天會遭受到人類所經歷過的最劇烈疼痛之一：心絞痛。

你熱愛生活嗎？你想要長壽並享有良好的健康嗎？這裡有你可以實現的方法。我再次引述卡雷爾醫師的話：「在現代城市的喧囂中保持內心的平靜的人，就能免疫於神經性疾病。」

您能否在現代城市的喧囂中保持內心的平靜？如果您是一個正常的人，答案是「可以」、「絕對可以。」我們大多數人比我們意識到的更強大。我們的內在資源可能從未被我們利用過。正如梭羅在他的不朽之作《瓦爾登湖》中所說：「我所知道的最鼓舞人心的事實莫過於人類有無疑的能力，可以通過有意識的努力提升他的生活……如果一個人自信地朝著他的夢想前進，並努力過他想像中的生活，他將在平凡的時刻遇到意想不到的成功。」

毫無疑問，讀這本書的許多讀者，和愛達荷州科達倫的哈薇（Olga K. Jarvey）一樣，都有著堅強的意志力和豐富的內在資

源。她在最悲慘的情況下發現，她能夠驅除憂慮。我堅信，只要我們運用這本書中討論的古老眞理，你我也能做到。以下是哈薇爲我寫下的她的故事：「八年半前，我被判定要死了──慢慢地，痛苦地死於癌症。全美最頂尖的醫學專家梅約兄弟也確認了這個判斷。

「我身處絕路，死亡的深淵在我面前張開！我還年輕，我不想死！在絕望中，我打電話給我的醫生，向他傾訴我心中的絕望。他有些不耐煩地責備我，『怎麼了，你沒有鬥志嗎？當然，如果你繼續哭泣，你會死的。是的，最糟糕的事情已經發生了。好吧──面對事實吧！別再擔心了！』

「然後就在那時那刻，我發了一個誓，『接下來就去做些什麼吧！』這是一個如此鄭重的誓言，以至於指甲深深地插入我的肉裡，冷汗直冒：『我不會再擔心！我不會再哭泣！如果心靈眞的能戰勝物質，我一定會贏！我要活下去！』

「在我這種惡化病例中，當時通常的 X 光照射量是每天 10 分半鐘，持續 30 天。他們讓我接受 X 光照射，每天 14 分半鐘，持續 49 天；儘管我的骨頭從我消瘦的身體中突出，就像荒山上的岩石，儘管我的雙腳像鉛塊一樣沉重，我並不擔心！我一次都沒

有哭泣！我微笑！是的，我實際上強迫自己微笑。

「我也沒那麼蠢，以為僅僅靠微笑就能治癒癌症。但我確實相信，樂觀的心態有助於身體抵抗疾病。無論如何，我經歷了癌症的奇蹟治療。多虧了那些有挑戰力的，帶動戰鬥情緒的話語：『面對事實：停止擔憂；然後做點什麼！』後來我在過去的幾年裡從未比現在更健康。」

我將以重複本章開頭的引言來結束這一章節：卡雷爾醫師說：「不知道如何對抗憂慮的人會早逝。」

先知穆罕默德的追隨者常常在胸部刺上《古蘭經》的經文。我則希望每一位讀這本書的人都能在胸部刺上這句話：「不知道如何對抗憂慮的人會早逝。」

卡雷爾是在說你嗎？

可能吧。

第1部摘要

「關於擔憂」：你應該瞭解的基本事實

規則一：如果你想避免煩惱，就像奧斯勒爵士那樣：活在「當日艙」。不要對未來煩惱。只需過好每一天，直到上床睡覺。

規則二：下次當大麻煩將你逼入絕境時，試試開利的神奇公式：

1. 問自己，「如果我無法解決我的問題，可能會發生最糟糕的情況是什麼？」

2. 心理上做好準備，必要時接受最壞的情況。

3. 然後冷靜地嘗試改善最壞的情況 —— 這已經是你心理上已經同意接受的。

規則三：提醒自己，過度擔憂對你的健康可能付出的代價是極高的。「不知道如何對抗憂慮的人會早逝。」

PART TWO

BASIC TECHNIQUES
IN ANALYZING WORRY

第2部

「分析你的擔憂」：
一些基本技巧

4

如何分析
並解決擔憂的問題

How to Analyze
and Solve Worry Problems

我有六位誠實的僕人，

(他們教會了我所有我所知道的)；

他們的名字是：什麼、為什麼和何時，

以及如何、何地與是誰。

——作家吉卜林，Rudyard Kipling

第1部第2章提及的開利神奇公式，能不能解決我們所有的憂慮問題呢？當然不能。

那麼，答案是什麼呢？答案是我們必須加強自己，透過學習問題分析的三個基本步驟，以應對各種不同的憂慮。這三個步驟分別是：

1. 獲取事實。

2. 分析事實。

3. 做出決定——然後根據該決定採取行動。

朋友們，這些步驟太明顯了嗎？是的，亞里士多德教過它，並且使用過它。如果我們要解決那些困擾我們、讓我們的日夜

變得如同地獄般的問題，你我也必須使用它。

讓我們來看第一條規則：獲取事實。爲什麼獲取事實如此重要呢？因爲除非我們擁有事實，否則我們根本無法嘗試智慧地解決我們的問題。沒有事實，我們只能在困惑中煩惱。

這可不是我的想法，那是已故的哥倫比亞學院院長赫伯特・霍克斯（Herbert Hawkes）的想法。他擔任院長二十二年來，幫助了二十萬名學生解決他們的煩惱；他告訴我，「困惑是煩惱的主要原因。」他是這樣說的：「世界上一半的煩惱是由於人們在擁有足夠的知識做出決定之前就試圖做出決定所引起的。例如，」他說，「如果我有一個問題必須在下週二下午三點面對，我拒絕在下週二到來之前甚至嘗試對它做出決定。在此期間，我專注於獲取所有與問題相關的事實。我不擔心，」他說。「我不爲我的問題煩惱。我不失眠。我只是專注於獲取事實。到了星期二的時候，如果我已經掌握所有事實，問題通常會自行解決！」

我問過霍克斯院長，這是否意味著他已經完全擺脫了擔憂。「是的，」他說，「我想我可以誠實地說，我的生活現在幾乎完全沒有擔憂。」

他繼續說：「我發現，如果一個人願意花時間以公正、客觀的方式去尋找事實，他的憂慮通常會在知識的光照下消散。」

讓我再重複一遍：「如果一個人願意花時間去公正、客觀地獲取事實，他的憂慮通常會在知識的光照下消散。」

但我們大多數人又是怎麼做的呢？

如果我們真的要去理會事實——正如發明家愛迪生嚴肅地說過，「人們會不擇手段地避免思考的勞動」——如果我們真的要去理會事實，我們就會像獵犬一樣追尋那些能支持我們既有觀點的事實——而忽視所有其他的！我們只想要那些能證明我們行為的事實——那些能方便地配合我們的一廂情願，並證明我們預設偏見的事實！

正如名作家安德列・莫洛亞（André Maurois）所說：「所有與我們個人願望相符的事物都顯得真實。所有不符的事物都會讓我們憤怒。」

那麼，我們是否會對於找不到解決問題的答案感到驚訝呢？如果我們一直堅持認為二加二等於五，那我們解決二年級的算術問題時，難道不會遇到同樣的困難嗎？

然而，在這個世界上，仍有許多人堅持認為二加二等於五，甚至可能是五百！他們這種堅持不僅讓自己的生活變得痛苦，也使他人的生活變得如地獄般。

我們能對此做些什麼呢？我們必須將情緒排除在我們的思考之外；正如霍克斯院長所說，我們必須以「公正，客觀」的方式確保事實。

當我們擔憂時，這並不是一件容易的事。擔憂時，情緒會高漲。但是，我找到了兩個有助於我們從問題中退後一步，以清晰客觀的方式看待事實的想法。

1. 當我試圖獲取事實時，我會假裝我並非為自己收集這些資訊，而是為了其他人。這幫助我冷靜、公正地看待證據。這也幫助我消除自己的情緒。

2. 當我試圖收集關於困擾我的問題的事實時，我有時會假裝自己是一位準備為議題的另一方辯護的律師。換句話說，我試圖獲得所有對我不利的事實 —— 所有對我的願望有損害的事實，所有我不願面對的事實。

然後，我會把我自己的立場和對方的立場都寫下來 —— 我

通常會發現，真相往往位於這兩個極端之間的某處。

這就是我想要表達的觀點。無論是你、我、愛因斯坦，還是美國最高法院，都不可能在未先瞭解事實的情況下，對任何問題做出明智的決定。愛迪生就明白這一點。在他去世時，他留有兩千五百本寫滿他所面臨問題的事實筆記本。

所以，解決問題的第一條規則是：獲取事實。讓我們效仿霍克斯所做的：在未能公正無定見地收集完所有事實前，我們甚至不要試圖去解決問題。

然而，即使我們獲得了世界上所有的事實，如果不去分析和解釋它們，這些事實對我們來說也沒有任何好處。

我從代價不菲的經驗中發現，把事實寫下來後分析起來要容易得多。實際上，僅僅將事實寫在一張紙上，並清楚地陳述我們的問題，就能大大幫助我們做出明智的決定。

正如工程師發明家查爾斯‧凱特林（Charles Kettering）所說：「清晰地陳述問題等於解決了一半的問題。」

容我向大家展示一下實際運作的情況。有句諺語說「一圖勝千言」，假設我給你看張圖片，展示一個人能如何將我們所談論的內容具體實踐出來。

讓我們來看看蓋倫‧利奇菲爾德（Galen Litchfield）的案例，我認識他好幾年了；他是亞洲地區最成功的美國商人之一。利奇菲爾德1942年時身處中國，當時日本侵略了上海。以下是他在我家做客時，向我講述的他的故事：

「日本人在轟炸珍珠港不久後，」利奇菲爾德開始說，「他們蜂擁而入上海。我當時是上海亞洲人壽保險公司的經理。

「他們派來了一位『軍事清算人』——其實他是一位海軍將軍——並命令我協助這位先生清算我們的資產。我在這件事上沒有任何選擇。我只能合作——否則就會有後果。而那個『否則』就是確定的死亡。

「我按照指示行事，因為我別無選擇。但是，有一塊價值75萬美元的證券，我並未列入給海軍上將的清單。

「我沒有將那批證券列入清單，因為它們屬於我們的香港機構，與上海的資產無關。儘管如此，我擔心如果日本人發現了我所做的事，我可能會陷入困境。而他們很快就發現了。

「當這事被發現時，我人並未在辦公室，但我的財務長在那裡。他告訴我，那位日本海軍將軍發了火，踩腳又咒罵，並稱我為賊和叛徒！我已經違抗了日本軍隊！我知道這意味著什

麼。我將被扔進橋樓！」

「橋樓！日本蓋世太保的酷刑室！我有些親密的朋友寧願自殺，也不願被帶到那個監獄。我還有其他朋友在那裡經過十天的審問和折磨後死去。現在我自己也將被安排進到那！

「接著我做了什麼？我在星期日下午聽到了這個消息。我想我應該會感到恐慌。如果我沒有一個確定的解決問題的技巧，我肯定會感到恐慌。多年來，每當我擔心的時候，我總是去打字機，寫下兩個問題——以及這些問題的答案：1. 我在擔心什麼？2. 我可以怎麼處理這個問題？

「我曾經嘗試在不寫下這些問題的情況下回答它們。但我在幾年前就停止了這種做法。我發現把問題和答案都寫下來可以讓我的思考更清晰。所以，那個星期天的下午，我直接回到上海YMCA的房間，取出了我的打字機。我寫道：

「1. 我在擔心什麼？我擔心我明早會被扔進橋樓。然後，我打出了第二個問題，

「2. 我可以怎麼處理這個問題？我花了數小時去思考，並寫下我可以採取的四種行動方式——以及每種行動可能會帶來的後果：

一、我可以嘗試向日本海軍將軍解釋。但他不會說英語。如果我嘗試透過翻譯來向他解釋，我可能會再次激怒他。這可能意味著死亡，因為他是殘忍的，寧願把我丟進橋樓，也不願意浪費時間談論這件事。

二、我可以嘗試逃跑。但那是不可能的。他們一直在追蹤我。我必須在YMCA的房間裡簽到和簽出。如果我嘗試逃跑，我可能會被捕並遭到槍決。

三、我可以待在我的房間裡，再也不靠近辦公室。如果我這麼做，日本海軍將軍可能會起疑心，很可能會派兵來抓我，然後把我扔進橋樓，連一句話都不讓我說。

四、我可以像往常一樣在星期一早上去辦公室。如果我這麼做，日本海軍上將可能會忙到忘記我做過的事情。即使他想起來，他可能已經冷靜下來，不會來煩我。如果這樣的情況發生，我就沒問題了。

即使他確實讓我感到困擾，我仍有機會試著向他解釋。因此，像平常一樣在星期一早上去辦公室，並表現得好像什麼事都沒發生過，這給了我一次機會逃離橋樓。

「當我把所有事情都想清楚，並決定接受第四個計劃——像

平常一樣在星期一早上去辦公室 —— 我感到無比的舒暢。」

「當我隔天早上走進辦公室時，那位日本海軍將軍正坐在那裡，嘴角掛著一根煙。他一如既往地瞪著我，卻一言不發。六週後 —— 感謝上帝 —— 他回到東京了，我的煩惱也隨之結束。

「正如我已經說過的，那個星期天下午我坐下來，寫出我可以採取的所有不同步驟，然後寫下每個步驟可能的結果，並冷靜地做出決定，這可能救了我的生命。如果我沒有這樣做，我可能會在剎那間猶豫不決，做出錯誤的事情。如果我沒有思考我的問題並做出決定，我會在整個星期天下午都瘋狂地擔心。那天晚上，我可能無法入睡。

「星期一早上，我本來會帶著一副疲憊和擔憂的表情去辦公室；這一點可能會引起日本海軍上將的懷疑，並促使他採取行動。

「經驗一次又一次地向我證明，做出決定有多大的價值。人們會神經崩潰和生活如地獄的原因其實是無法達成既定目標的挫敗，和無法停止在瘋狂的迴圈裡打轉。

「我發現，一旦我做出明確、確定的決定，我擔心的五成就會消失；而另外四成通常會在我開始執行這個決定時消失。

「所以我透過以下四個步驟，消除了我約九成的煩惱：

1. 確切地記下我正在擔心的事情。

2. 記下我能如何處理這件事。

3. 決定該做什麼。

4. 立即開始執行該決定。」

利奇菲爾德後來成為Starr, Park and Freeman企業的遠東區總監，承作大型保險和金融業務。這也讓他成了亞洲最重要的美國商人之一；他向我坦承，他的成功很大一部分要歸功於這種分析擔憂並直面它的方法。

他的方法為何如此出色？因為它高效、具體，並直接切入問題的核心。最重要的是，它達到了第三個也是不可或缺的規則：採取行動。除非我們執行我們的行動，否則所有的事實查找和分析都是在逆風吹口哨——完全是浪費能量。

哲學家威廉·詹姆斯曾說過這樣的話：「一旦決定已經做出，執行就是當天的命令，絕對要摒棄對結果的所有責任和憂慮。」（在這個語境中，威廉·詹姆斯無疑是將「憂慮」作為「焦慮」的同義詞。）他的意思是——一旦你根據事實做出了謹

慎的決定，就要行動起來。不要停下來重新考慮。不要開始猶豫，擔憂並重新踏出你的步伐。不要讓自己陷入自我懷疑，這會引發其他的疑問。不要不斷地回頭看。

我曾經問過奧克拉荷馬州最知名的石油大亨菲利浦斯（Wake Phillips），他是如何做出決定的。他回答說：「我發現，對我們的問題思考過度，必然會產生困惑和擔憂。總有一個時候，再多的調查和思考都會有害。總有一個時候，我們必須決定並採取行動，從此不再回頭。」

所以，爲何你不嘗試將利奇菲爾德的技巧應用到你現在的煩惱上呢？

以下是第一個問題——1.我在擔心什麼？（請在下方的空格中用鉛筆寫下答案。）

2. 我可以怎麼做？（請在下方空格內寫下你對這個問題的答案。）

3. 以下是我將要採取的行動。

4. 我何時開始做呢？

第2部 「分析你的擔憂」：一些基本技巧

5

如何消解
50%的事業煩惱

How to Eliminate Fifty Per Cent of
Your Business Worries

如果你從事商業活動，你現在可能會對自己說：「這章的標題真是荒謬。我已經經營我的業務十九年了；如果有人知道答案，那肯定是我。」

「有人試圖告訴我如何消除我一半的商業煩惱的想法 —— 這太荒謬了！」

老實說，幾年前如果我看到這樣的章節標題，我自己也會有同樣的感覺。它承諾了很多——但承諾很廉價。

讓我們坦白談談：也許我無法幫助你消除五成的事業煩惱。最終分析，除了你自己，沒有人能做到這一點。但我能做的是向你展示其他人是如何做到的 —— 剩下的就交給你了！

您可能記得在這本書前面我引述了世界著名的卡雷爾醫師的話：「不知道如何對抗憂慮的人會早逝。」

既然擔憂的後果如此嚴重，如果我能幫助你消除哪怕十分之一的擔憂，你會不會感到滿意呢？…… 會吧？…… 好的！那麼，我將向你展示一位商業高管如何消除了他的擔憂，不僅減少了五成，而且還減少了他以前在會議中解決業務問題所花費的七成時間。

此外，我不打算告訴你關於「瓊斯先生」、「X先生」或

「我在俄亥俄州認識的一個人」的故事——這些你無法查證的模糊故事。它涉及到一個非常真實的人——利昂・希姆金（Leon Shimkin），他是美國最重要的出版社之一：位在紐約洛克菲勒中心的Simon and Schuster公司的前合夥人和總經理。

以下是希姆金親自述說的經驗：

「十五年來，我幾乎每個工作日的一半時間都在開會、討論問題。我們應該做這個還是那個——或者什麼都不做？我們會變得緊張；在椅子上扭來扭去；在地板上來回走動；爭論並且打轉。當夜晚來臨，我會感到完全精疲力竭。我完全預期我會這樣做下去，直到我生命的結束。我已經這樣做了十五年，我從未想過有更好的方式來做這件事。

「如果有人告訴我，我可以消去那些令我擔憂的會議時間四分之三，以及我四分之三的神經壓力——我會認為他是一個狂熱的、愚蠢的、坐在安樂椅上的樂觀主義者。然而，我設計了一個計劃，真做到了這一點。我已經使用這個計劃八年了。它對我的效率、我的健康和我的快樂產生了奇蹟。

「這聽起來像魔法，但——就像所有的魔術戲法一樣，當你看到它是如何完成的，就會覺得極其簡單。」

「這裡有個秘密：首先，我立即停止了我在會議中使用了十五年的程式——一個從『那些正陷於麻煩的同事們詳述所有出錯的細節』開始，並以問：『我們該怎麼辦？』結束的程式。其次，我設定了一條新規則——每個希望向我提出問題的人都必須先準備並提交一份回答以下四個問題的備忘錄：

問題一：問題是什麼？

（過去我們常常會花上一兩個小時在擔憂的會議中，卻沒有人確切地知道真正的問題是什麼。我們曾經煞費苦心地討論我們的困擾，卻從未麻煩過將我們的問題具體寫出來。）

問題二：問題的原因是什麼？

（當我回顧自己的職業生涯，我對於我浪費了多少充滿憂慮的會議時間感到震驚，而我從未試圖清楚地找出問題的根本原因。）

問題三：這個問題的所有可能解決方案是什麼？

（過去，會議中總會有一個人提出一個解決方案。然後會有其他人與他爭辯。情緒會變得激動。我們經常會完全偏離主題，而在會議結束時，沒有人會把我們可以用來解決問題的各種方法全部寫下來。）

問題四：你有什麼解決方案的建議？

（我曾經和一個人一起參加會議，他花了數小時去擔憂某種情況，並且不斷地打轉，卻從未真正思考過所有可能的解決方案，然後寫下來，『這是我推薦的解決方案。』）

「我的同事們現在很少來找我討論他們的問題。為什麼呢？因為他們已經發現，為了回答那四個問題，他們必須收集所有的事實並且仔細思考他們的問題。而在他們完成這些後就發現，在四分之三的情況下，他們根本不需要向我諮詢，因為適當的解決方案就像從電烤麵包機彈出的麵包一樣突然出現。即使在需要諮詢的情況下，討論所需的時間也只有以前的三分之一，因為它沿著有秩序、邏輯的路徑進行，直到達到一個經過推理的結論。

「現在，Simon and Schuster公司裡花在擔憂和討論問題上的時間大大減少；而對於改正這些問題的行動則大大增加。」

我有一位朋友叫貝特格（Frank Bettger），他是美國頂尖保險業者之一，他告訴我，他不僅減少了他的事業憂慮，而且通過類似的方法，他的收入幾乎翻了一番。

「多年前，」貝特格說，「當我剛開始賣保險的時候，我充滿了無窮的熱情和對工作的熱愛。然後發生了一些事情。我變得有夠沮喪，甚至使我鄙視我的工作，並曾想放棄它——如果那個星期六的早晨，我沒有想到坐下來試著找出我煩惱的根源，我很可能會放棄這份工作。

「一、我首先問自己，『問題究竟是什麼呢？』問題在於：我所打的電話數量驚人，但成交回報卻不高。我在推銷產品時似乎做得相當好，直到要完成交易的那一刻。然後，客戶會說，『嗯，我會考慮一下，貝特格先生。再聯絡我吧。』然後就是我在這些後續電話上浪費更多時間，讓我感到沮喪。

「二、我問自己，『有什麼可能的解決方案呢？』但要找到答案，我必須研究事實。我拿出過去十二個月的記錄簿，研究那些數字。結果我得到一個驚人的發現！就在那黑白分明的數據中，我發現我七成的銷售都是在第一次面談時就成交的！二成三的銷售是在第二次面談時成交的！而只有百分之七的銷售是在那些第三次、第四次、第五次等等的面談中成交的，這些面談讓我筋疲力盡，並且佔用了我大量的時間。換句話說，我實際上浪費了我工作日一半的時間在只能帶來百分之七銷售的業務上！

「三、『答案是什麼呢?』再明顯不過。我立刻停止了所有超過第二次面談的訪問,並把額外的時間用在開發新的潛在客戶上。結果令人難以置信。在很短的時間內,我讓每次訪問的現金價值翻了一番。」

正如我所說,貝特格成為了全美最知名的人壽保險銷售員之一。但他曾幾乎要放棄。他幾乎要承認失敗——直到分析問題給了他通往成功之路的推動力。

您能將以上這些問題應用到您的事業問題上嗎?再重申我的挑戰——它們可以減少您五成的煩惱。再次列出它們:

1.問題是什麼?

2.問題的原因是什麼?

3.問題的所有可能解決方案是什麼?

4.您建議什麼解決方案?

第2部摘要

「分析你的擔憂」：一些基本技巧

規則一：瞭解事實。請記住哥倫比亞大學院長霍克斯曾說過：「世界上有一半的煩惱是由於人們在擁有足夠的知識做決定之前就試圖做決定所引起的。」

規則二：在仔細衡量所有事實後，做出決定。

規則三：一旦謹慎地做出決定，就行動吧！投入於執行你的決定，並且將所有對結果的焦慮拋諸腦後。

規則四：當你或你的任何夥伴被一個問題所困擾，試著寫下並回答以下問題：

1. 問題是什麼？

2. 問題的原因是什麼？

3. 所有可能的解決方案是什麼？

4. 什麼是最佳的解決方案？

PART THREE

HOW TO BREAK THE WORRY HABIT
BEFORE IT BREAKS YOU

第3部

「破除擔憂的習慣」
——在它壓垮你之前

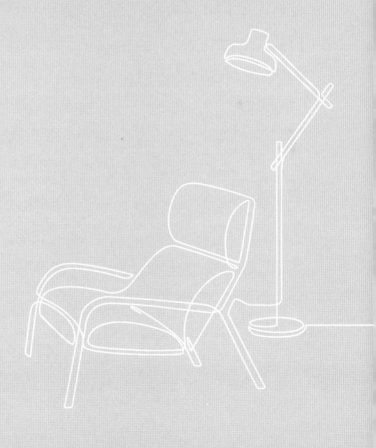

6

如何將憂慮從你的心中
驅逐出去

How to Crowd Worry
Out of Your Mind

我永遠不會忘記那個晚上，我課堂上的一位學生道格拉斯（Marion J. Douglas，我並未使用他的真實姓名。他因為個人原因，要求我不要透露他的身份。）向全班講述的真實故事。

他告訴我們他的家中曾經發生過兩次悲劇。第一次，他失去了他深愛的五歲女兒。他和他的妻子已認為他們無法承受這「第一次」的失去；但是，正如他所說，「十個月後，上帝給了我們另一個小女孩——她在五天內去世了。」

這雙重的打擊幾乎讓他無法承受。這位父親告訴我們：「我無法接受，我無法入睡，我無法進食，我無法休息或放鬆。我的神經完全被打亂，我的信心消失了。」最後他去看醫生；一位醫生建議他服用安眠藥，另一位則建議他去旅行。他兩者都試過，但都沒有幫助。

他說：「我的身體感覺就像被固定在鉗子裡，而鉗子的咬合部分越來越緊。」這種悲痛的緊張感——如果你曾經被悲傷所麻痺，你就會明白他的意思。

「但感謝上帝，我還有一個孩子——一個四歲的兒子。他給了我解決問題的方法。一個下午，當我坐在那裡自憐自艾的時候，他問我：『爸爸，你能為我造一艘船嗎？』我當時並不想造

船；事實上，我什麼都不想做。但我的兒子是一個很堅持的小傢伙！我只好讓步。

「建造那艘玩具船大約花了我三個小時。當它完成的時候，我才意識到，這三個小時是我幾個月來首次感到心神放鬆和平靜的時刻！

「那項發現讓我從昏昏欲睡的狀態中驚醒，並促使我開始思考——這是我幾個月來首次真正的思考。我意識到，當你忙於做需要規劃和思考的事情時，很難去擔憂。

「就我而言，建造船隻已經讓我不再擔心了。因此，我決定保持忙碌。

「隔天夜晚，我在房子裡的每個房間走來走去，列出了一份應該完成的工作清單。有許多物品需要修理：書櫃、樓梯步驟、防風窗、窗簾、門把、鎖，還有滴水的水龍頭。

「令人驚訝的是，在兩週的時間裡，我已經列出了242項需要關注的事項。

「在過去的兩年裡，我已經完成了大部分清單上的工作。此外，我也讓我的生活充滿了刺激的活動。每週有兩個晚上，我會參加紐約的成人教育課程。我也參與了家鄉的公民活動，現

在我已經成為了學校董事會的主席。

「我參加了許多會議。我為紅十字會和其他活動幫忙募集資金。我現在非常忙碌，以至於我沒有時間去擔憂。」

沒時間擔心！這正是邱吉爾在二次大戰高峰期每天工作十八小時時所說的。當被問到他是否擔心他龐大的責任時，他說：「我太忙了。我沒有時間去擔心。」

當查爾斯・凱特林（Charles Kettering）開始發明汽車電子啟動器時，他也處於同樣的困境。凱特林先生在退休前，是通用汽車的副總裁，負責世界著名的通用汽車研究公司。但在那些日子裡，他如此貧窮，以至於不得不將一個穀倉的乾草棚用作實驗室。

為了購買雜貨，他不得不使用他的妻子通過教鋼琴課賺來的一千五百美元；後來，他不得不用他的人壽保險借貸五百美元。我問他的妻子在那時是否擔心時，她回答說：「是的，我擔心得無法入睡；但是凱特林先生並不擔心。他太專注於他的工作，無暇擔憂。」

偉大的生物科學家巴斯德（Louis Pasteur）曾說過，「在

圖書館和實驗室中可以找到的和平。」爲什麼會在那裡找到和平呢？因爲在圖書館和實驗室裡的人通常都太專注於他們的任務，以至於沒有時間擔心自己。研究人員很少神經衰弱。他們沒有時間去享受這種奢侈。

爲什麼如此簡單的事情——保持忙碌，能夠驅除焦慮呢？這源自於一個法則——也是心理學揭示的最基本的法則之一：無論多麼聰明的人類思維，都絕對無法在任何特定時間內思考超過一件事。你不太相信嗎？那麼好，讓我們來試驗一下。

假設你現在就向後靠，閉上眼睛，並同時嘗試想像自由女神像和你明天早上計劃要做的事情。（去試試看吧。）

你已經發現了，對吧，你可以輪流專注於每一個想法，但卻無法同時專注於兩者？嗯，情緒領域也是如此。我們無法在做某件令人興奮的事情時充滿活力和熱情，同時又被擔憂所壓垮。一種情緒會驅逐另一種情緒。正是這個簡單的發現，使得二戰期間的軍方精神科醫生能夠創造如此神奇的成就。

當男人們從戰鬥中走出來，因爲經歷的震撼而被稱爲「精神神經病」，軍醫開出的處方就是「讓他們保持忙碌」作爲治療。

這些神經受創的男子每一分鐘醒著的時間都充滿了活動——

通常是戶外活動，如釣魚、狩獵、打球、高爾夫、拍照、建造花園和跳舞。他們沒有時間去沉思他們可怕的經歷。

「職能治療」是精神病學現在使用的術語，當工作被視為藥物來處方時。這並不新鮮。古希臘的醫生在基督出生前五百年就已經提倡它了！

在班傑明·富蘭克林（Ben Franklin）的美國獨立開國時期，費城的基督教貴格會教徒就已經在使用它了。1774年，一位到訪貴格會療養院的男子對於看到精神病患者忙於紡織亞麻深感震驚。

他原本以為這些可憐的不幸者正在被剝削——直到貴格會教徒向他解釋，他們發現當病人做一些工作時，他們的狀況實際上會有所改善。這對神經有舒緩的效果。

任何精神科醫生都會告訴你，「工作」——保持忙碌——是對於病態神經最好的麻醉劑之一。當亨利·朗費羅（Henry W. Longfellow）失去他的年輕妻子時，他親身驗證了這一點。

朗費羅的妻子有一天在蠟燭旁熔化封蠟時，衣物意外著火。他聽到她的尖叫後，試圖及時趕到她身邊；但她最終還是因為燒傷過重而去世。一段時間裡，朗費羅被這場恐怖經歷的記憶

折磨得幾乎要瘋掉；但幸運的是，他的三個小孩需要他的照顧。

儘管自身悲痛，朗費羅仍承擔起對孩子們的父母角色。他帶他們散步，給他們講故事，與他們玩遊戲，並在他的詩《兒童的時光》（*The Children's Hour*）中永恆誌記了他們的共處時光。他也翻譯了但丁的作品；所有這些職責結合在一起，使他忙得完全忘記了自己，並恢復了他的心境平靜。正如詩人丁尼生（Alfred Tennyson）在失去他最親密的詩人朋友亞瑟‧哈倫（Arthur Hallam）時所說，我們大多數人在埋頭苦幹、完成一天的工作時，很少會有「忘我」的困擾。但是，工作之後的時間——那才是危險的時刻。就在我們可以自由享受休閒時間，應該最快樂的時候——這時候，憂慮的藍色惡魔就會襲擊我們。

那就是我們開始質疑自己的生活是否有所進展的時候；我們是否陷入了困境；老闆今天的那句話是否有所「含義」；或者我們是否正在失去我們的性吸引力。

當我們並不忙碌時，我們的思緒往往會變得近乎空白。每一位物理學的學生都知道「大自然痛恨真空」這一點。對你我來說，最接近真空的事物可能就是白熾電燈泡的內部了。

打破那個燈泡——自然會強制將空氣填充到理論上的空間

中。

自然也會急忙填補空虛的心靈。用什麼來填補呢？通常是情緒。爲什麼呢？因爲擔憂、恐懼、憎恨、嫉妒和羨慕這些情緒，都是由原始的活力和叢林中的動態能量所驅動的。

這種情緒如此劇烈，以至於它們傾向於驅逐我們心中所有的平靜、快樂的思想和情感。

哥倫比亞大學教師學院的教育學教授詹姆斯·穆賽爾（James L. Mursell）說得很好：「擔憂最有可能把你折磨得精疲力竭的時刻，不是你在行動時，而是當一天的工作結束時。那時你的想像力可以肆無忌憚地狂奔，並帶出各種荒謬的可能性，並放大每一個小錯誤。」

「在這種時候，」穆賽爾繼續說道，「你的心就像一個沒有負載的馬達。它狂轟滿載，威脅著要燒掉自己的軸承，甚至撕裂自己。解決擔憂的良方就是全身心地投入做一些有建設性的事情。」

但你並不需要成爲一位大學教授才能認識到這個眞理並將其付諸實踐。

　　在第二次世界大戰期間，我遇到了一位來自芝加哥的家庭主婦，她告訴我她是如何發現「擔憂的解藥就是全身心地投入做一些有建設性的事情。」我在從紐約前往我密蘇里農場途中的餐車裡遇到了這位女士和她的丈夫。

　　這對夫婦告訴我，他們的兒子在「珍珠港事件」的第二天就加入了部隊。那位女士告訴我，她幾乎因爲擔心那個獨生子而傷害了自己的健康。（不斷思索著）他在哪裡？他安全嗎？還是正在戰鬥？他會受傷嗎？會被殺嗎？

　　當我問她如何克服她的憂慮時，她回答說：「我讓自己忙碌起來。」她告訴我，起初她解僱了她的女僕，並試圖通過自己做所有的家務來保持忙碌。但這並沒有多大幫助。「問題是，」她說，「我可以幾乎機械地做我的家務，而不用動腦。」

　　「所以我一邊鋪床洗碗，一邊不停地擔憂。我意識到我需要一種新的工作，能讓我每天每小時都在精神和身體上保持忙碌。因此，我在一家大型百貨公司擔任了售貨員的工作。」

　　「就是那樣，」她說。「我立刻發現自己身處於一陣繁忙的旋風中：顧客們圍繞著我，詢問價格、尺寸、顏色。從未有過一秒鐘去想任何事，除了我當下的職責；當夜晚來臨時，我只

能想著如何讓我疼痛的雙腳得到休息。一吃完晚餐，我就倒在床上，立刻陷入昏睡。我既沒有時間也沒有精力去擔心。」

她自己發現了哲學家約翰·庫珀·鮑伊斯（John Cowper Powys）在《忘卻不快之藝術》（*The Art of Forgetting the Unpleasant*）中所說的意思：「當人類動物全神貫注於其分配的任務時，一種舒適的安全感，一種深深的內心平靜，一種快樂的麻木感，會撫慰其神經。」

——多麼幸運啊！當前世界上最著名的女性探險家之一奧莎·約翰遜（Osa Johnson）也告訴我她如何從憂慮和悲傷中找到釋放。你可能已經讀過她的生活故事。它被稱為《我嫁給了冒險》（*I Married Adventure*）。如果有任何女性真的嫁給了冒險，那肯定就是她了。馬丁·約翰遜（Martin Johnson）在她十六歲時娶了她，讓她的腳從堪薩斯州的查努特市的人行道上升起，然後放在婆羅洲的野生叢林小徑上。這對堪薩斯夫婦在世界各地旅行了四分之一世紀，拍攝了亞洲和非洲正在消失的野生生物的電影。幾年後，他們在進行演講巡迴，展示他們著名的電影。他們從丹佛乘飛機出發，前往海岸。

飛機撞上了山。馬丁·約翰遜立即喪生。醫生則對奧莎說她永遠無法再離開她的床。但他們並不瞭解奧莎。三個月後，她坐在輪椅上，面對許多觀眾演講。事實上，那一季她在輪椅上向上百位觀眾發表了演講。

當我問她為什麼要這麼做時，她回答說：「我這麼做是為了讓自己沒有時間去悲傷和擔憂。」

奧莎發現了與丁尼生約一世紀前吟唱的真理相同：「我必須在行動中失去自我，以免我在絕望中枯萎。」

海軍將軍拜爾德（Richard Byrd）在他獨自在一個小屋裡生活了五個月時，發現了這個相同的真理。這個小屋實際上被埋在覆蓋南極的巨大冰川冰帽中——一個保留著大自然最古老秘密的冰帽——一個覆蓋著一個比美國和歐洲加起來還要大的未知大陸的冰帽。拜爾德在那裡獨自度過了五個月。在一百英里內，沒有其他任何種類的生物存在。寒冷如此劇烈，他可以聽到他的呼吸在風吹過他的耳朵時凍結並結晶。在他的書《獨自一人》（*Alone*）中，拜爾德講述了他在令人困惑和精神崩潰的黑暗中度過的那五個月。白天和黑夜一樣黑。他必須保持忙碌以保持他的理智。

「在夜晚，」他說，「在熄滅燈籠之前，我養成了規劃明日工作的習慣。就像是給自己分配一個小時，比如說，用在逃生隧道上，半小時用來平整漂流物，一個小時用來整理燃料桶，一個小時用來在食物隧道的牆壁上切割書架，還有兩個小時用來修復人力雪橇上的破橋……」

「這真是太棒了，」他說，「能夠這樣分配時間。」

「這給我帶來了對自我非凡的控制感……」他在書中補充說，「如果沒有這種感覺或其等同的東西，那些日子就會失去目標；而一旦失去目標，這些日子就會如同所有無目標的日子一樣，結束於瓦解。」

請容我再次強調：「若無目標，那些日子將會如同往常一樣，結束於瓦解。」

如果你和我都感到擔憂，讓我們記住，我們可以用傳統的工作作為藥物。這是由已故的哈佛臨床醫學教授理查·卡博特博士（Dr. Richard C. Cabot）所說的。在他的書《人們靠什麼活著》（*What Men Live By*）中，卡博特說：「作為一名醫生，我有幸看到工作治癒了許多因過度懷疑、猶豫、搖擺和恐懼而產

生的靈魂震顫的人……我們的工作給予我們的勇氣就像愛默生
永遠讓人讚美的自力更生。」

如果你和我不忙碌起來——如果我們坐著發呆——我們將
孵出一整群達爾文曾經稱之為「威伯吉伯」（wibber gibbers）
的東西。而「威伯吉伯」不過是些老式的小鬼，它們會把我們
榨幹，摧毀我們的行動力和意志力。

我認識一位在紐約的商人，他通過讓自己忙到沒有時間去煩
惱和憂慮來對抗「威伯吉伯」。他名叫朗門（Tremper Long-
man）。

他曾是我課堂上的一位學生；他關於如何克服擔憂的演講非
常有趣，令人印象深刻，因此我邀請他在課後與我一起晚餐；
我們在餐廳裡坐到深夜，討論他的經歷。以下是他告訴我的故
事：

「十八年前，我因為擔憂而失眠。我感到緊張，易怒，並且
神經過敏。我覺得我正走向神經衰弱的邊緣。

「我有理由擔憂。我是皇冠果實和萃取物公司的財務主管。
我們在裝在加侖罐中的草莓上投資了五十萬美元。二十年來，

我們一直將這些加侖罐的草莓賣給霜淇淋製造商。突然間，我們的銷售停止了，因爲大型霜淇淋製造商，如國家乳品和博登公司，正在迅速增加他們的生產，並通過購買裝在桶中的草莓來節省金錢和時間。

「我們不僅剩下了五十萬美元無法銷售的漿果，而且我們還有合約，在接下來的十二個月內要再購買一百萬美元的草莓！我們已經向銀行借款35萬美元。我們根本無法償還或更新這些貸款。難怪我會擔心！

「我急忙趕到我們的工廠所在地，加州的華森維爾，試圖說服我們的總裁，情勢已經改變，我們正面臨破產的危險。他卻不願相信。他把所有的問題都歸咎於我們紐約的辦公室銷售能力太差。

「經過數日的懇求，我終於說服他停止裝更多的草莓，並將我們的新供貨賣到舊金山的新鮮漿果市場。這幾乎解決了我們的問題。那時，我應該能夠停止擔憂；但我卻無法做到。

「擔心是一種習慣，而我就有這個習慣。

「當我回到紐約時，我開始爲所有事情擔憂；我們在義大利買的櫻桃，我們在夏威夷買的鳳梨，等等。我感到緊張，坐立

不安，無法入睡；而且，正如我已經說過的，我正走向一場神經衰弱。

「在絕望中，我採取了一種生活方式，治癒了我的失眠，並停止了我的擔憂。我把自己變得忙碌。忙得無暇顧及所有問題，沒有時間去擔憂。我以前每天工作七個小時。我現在開始每天工作十五和十六個小時。我每天早上八點就到辦公室，並且每晚都待到將近午夜。

「我接手了新的職責，新的責任。當我在午夜時分回到家，我已經筋疲力盡，一倒在床上就在幾秒鐘內失去了意識。

「我持續這個計劃大約三個月。到那時，我已經打破了擔憂的習慣，所以我回到了正常的七八個小時的工作日。這件事發生在十八年前。從那時起，我再也沒有被失眠或擔憂困擾過。」

作家蕭伯納說得對。他總結了一切，他說：「痛苦的秘密就是有閒暇去擔心你是否快樂。」所以不要去想它！握緊你的雙手，忙碌起來。你的血液將開始流動；你的腦袋將開始運轉——很快，你身體中這種全面的生命力會驅走你心中的煩惱。開始忙碌。保持忙碌。這是這個地球上最便宜的藥——也是最好的之一。

要打破擔憂的習慣，這裡是第一條規則：

保持忙碌。憂心的人必須沉浸在行動中，以免他在絕望中枯萎。

7

別讓「小蟲」害你沮喪

Don't Let the Beetles
Get You Down

　　這裡有個我大概會終生難忘的戲劇性故事，是新澤西州楓木鎮的羅伯特・摩爾（Robert Moore）告訴我的。

　　「我在1945年三月裡學到了我人生中最大的一課，」他說。「我在中南半島海岸外276英尺的水下學到了這一課。我是潛艇Baya S.S. 318上的八十八名船員之一。我們通過雷達發現一支小型的日本艦隊正在向我們這邊來。隨著黎明的來臨，我們潛入水下進行攻擊。我透過潛望鏡看到一艘日本驅逐艦護衛、一艘油船和一艘佈雷艇。我們向驅逐艦護衛發射了三枚魚雷，但都沒有命中。

　　「每枚魚雷的機械結構中都出現了一些問題。驅逐艦並不知道她已經遭到攻擊，繼續前進。當我們正準備攻擊最後一艘船，那艘佈雷艦突然間轉向並直接向我們駛來。

　　（一架日本飛機在我們下方六十英尺的水面上發現了我們，並將我們的位置通報給日本的佈雷艦。）爲了避免被發現，我們下潛到150英尺，並準備接受深水炸彈的攻擊。

　　「我們在艙口多加了幾個螺栓；爲了讓我們的潛艇完全無聲，我們關閉了風扇、冷卻系統，以及所有的電器設備。

　　「三分鐘後，一切都變得混亂不堪。六枚深水炸彈在我們周

圍爆炸，將我們推向海底——深達276英尺。我們被嚇壞了。潛艇在少於一千英尺的水深中被攻擊是危險的——少於五百英尺則幾乎總是致命。而我們正在被攻擊的水深稍微超過五百英尺的一半——就安全性而言，大約只有膝蓋深。那艘日本船艦持續投下深水炸彈長達十五個小時。如果深水炸彈在潛艇十七英尺範圍內爆炸，震波將在其上炸出一個洞。

「數十枚深水炸彈在我們五十英尺範圍內爆炸。我們被命令『保持安全』——靜靜地躺在床鋪上並保持冷靜。我嚇得幾乎無法呼吸。『這就是死亡，』我一遍又一遍地對自己說。『這就是死亡！』

「……這就是死亡！當風扇和冷卻系統都關閉後，潛艇內的氣溫超過一百度；但我卻因恐懼而感到寒冷，於是我穿上了一件毛衣和一件毛皮夾克；然而我仍然冷得發抖。我的牙齒在打顫。我全身冒出冷汗。

「這次攻擊持續了十五個小時。然後突然停止。顯然，日本的佈雷艦已經用盡了它的深水炸彈，並駛離了。那十五個小時的攻擊，感覺就像過了一千五百萬年。我所有的生活都在我眼前回顧。

「我記得我做過的所有壞事，所有我曾為之煩惱的小事。在我加入海軍之前，我曾是一名銀行職員。我曾為長時間的工作、低薪、晉升的前景不明朗而煩惱。我曾因為無法擁有自己的房子、無法買新車、無法給妻子買好衣服而煩惱。我多麼討厭我的前上司，他總是嘮叨和責罵！

「我記得我每晚回家時都會疲憊不堪且心情煩躁，並且會因為一些小事與我的妻子爭吵。我曾經為我額頭上的一道疤痕擔憂──那是一次車禍留下的醜陋傷口。

「多年前那些煩惱看起來多麼重大啊！但當深水炸彈威脅著要把我炸到天涯海角時，它們又顯得多麼的荒謬。那時那刻，我對自己承諾，如果我能再次看到太陽和星星，我將永遠、永遠不再擔憂。永遠！永遠！！永遠！！！

「我在那艘潛艇裡度過的十五個可怕的小時，學到的生活藝術比我在雪城大學讀書四年所學到的還要多。」

我們常常勇敢地面對生活中的重大災難，然後讓那些瑣事，那些「頸部的疼痛」讓我們感到沮喪。例如，塞繆爾·皮普斯（Samuel Pepys）在他的日記中講述了他在倫敦看到哈利·範

爵士（Sir Harry Vane）的頭被砍下的情況。當這位爵士登上斷頭台時，他並不是在為自己的生命懇求，而是在懇求劊子手不要打到他脖子上的疼痛的瘡！

這也是拜爾德海軍將領在極地寒夜的可怕酷寒與黑暗中發現的另一件事——他的部屬們對於「頸部的疼痛」比對大事更感到煩惱。

這支隊伍可以毫無怨言地承受著危險、艱辛，以及常常低於零下八十度的寒冷。然而，拜爾德將軍說：「我知道有些船艙同伴因為互相懷疑對方悄悄地將自己的裝備擠進了對方的分配空間而停止交談；我還知道有一個人，除非他能在食堂找到一個『看不見那個嚴肅地咀嚼食物二十八次才吞嚥的完美主義者』的地方，否則他就無法進食。」

「在極地營地中，」拜爾德將軍說，「像這樣的小事情甚至有能力將紀律嚴明的人推向瘋狂的邊緣。」

許多讀者或許還可以對拜爾德將軍補充，那些婚姻中的「小事」也會讓人們幾乎瘋狂，並導致「世界上一半的心痛」。

至少，這是當局所說的。例如，芝加哥的法官約瑟夫·薩巴斯（Joseph Sabath），在擔任四萬多起不幸婚姻的仲裁者後，

宣稱：「瑣事是大多數婚姻不幸的根源」；而前紐約縣地區檢察官弗蘭克‧霍根（Frank S. Hogan）說，「我們刑事法庭上的案件有一半都源於小事。」

酒吧裡的虛張聲勢、家庭內的爭吵、一句侮辱的話語、一個貶低的詞彙、一個粗魯的行為——這些微小的事情就是導致攻擊和謀殺的原因。我們中的大多數人並未遭受到殘酷和巨大的冤枉。這是對我們自尊的小小打擊，這些侮辱，對我們虛榮心的小小震撼，這些都是世界上一半心痛的原因。

當愛蓮娜‧羅斯福（Eleanor Roosevelt）剛結婚時，她「擔心了好幾天」，因為她的新廚師做了一頓不好吃的飯。但這位小羅斯福的夫人說：「如果現在發生這種事，我會聳聳肩，然後忘記它。」很好。這就是情感上的成熟表現。

即使是絕對專制的俄國史上凱薩琳大帝（Catherine the Great），當廚師毀了一頓飯時，她也會笑著把事情搞定。

我和夫人曾經到芝加哥一位朋友家中共進晚餐。當他在切肉時，他做錯了一些事情。我沒有注意到；即使我注意到了，我也不會在意。但是他的妻子看到了，並在我們面前直接對他大發雷霆。她大叫：「約翰，你看看你在做什麼！你怎麼就是不能

學會！」

　　然後她對我們說：「他總是犯錯。他就是不努力。」也許我們那位朋友並未努力把肉切好；但我確實要讚賞他嘗試與她共度二十年的生活。

　　坦白說，我寧願在和平的氛圍中吃幾根熱狗配芥末，也不願在聽她斥責的同時，享用北京烤鴨和魚翅。

　　在那次經歷不久後，夫人和我邀請了一些朋友到我們家裡吃飯。就在他們到達之前，卡內基夫人發現了有三條餐巾與餐桌布不搭配。

　　「我趕緊去找廚師，」她後來告訴我，「發現其他三條餐巾已經送去洗衣房了。客人已經在門口了。沒有時間換了。我覺得自己快要哭出來！我唯一能想的就是，『為什麼這個愚蠢的錯誤要毀了我整個晚上？』然後我想——嗯——為什麼要讓它毀了？我決定要去享受晚餐，並且確實做到了。我寧願讓我們的朋友們認為我是個馬虎的家庭主婦，」她告訴我，「也不願讓他們認為我是個神經質、脾氣壞的人。而且，據我所知，似乎沒有人注意到那些餐巾！」

　　有一句著名的法律格言說：法律不會為小事煩惱。同樣的，

如果憂慮者想要得到內心的平靜，他也不應該為小事煩惱。

大部分的時間，我們想要克服對小事的煩惱，就是要改變重點——在心中建立一個新的、愉快的觀點。我的朋友荷馬‧克羅伊（Homer Croy）寫了《他們必須看見巴黎》（*They Had to See Paris*）以及其他十幾本書，他給出了一個如何做到這一點的絕佳例子。他在紐約的公寓裡寫書時，暖氣片的嘎嘎聲會讓他快要瘋掉。蒸汽會砰砰作響，嘶嘶作聲——而坐在書桌前的他也會因此惱火。

「然後，」克羅伊說，「我和一些朋友去露營。當我聽著火焰中樹枝的劈啪聲，我想到它們多麼像暖氣片的劈啪聲。為什麼我會喜歡一種聲音，卻討厭另一種呢？當我回家時，我對自己說，『火中樹枝的劈啪聲是一種愉快的聲音；暖氣片的聲音差不多一樣——我要去睡覺，不去擔心那噪音。』然後我就這麼做了。幾天之內，我還是會注意到暖氣片的聲音；但很快我就完全忘記它們了。

「就像許多小煩惱一樣。我們不喜歡它們，並因此變得焦慮不安，全都是因為我們過度放大了它們的重要性……。」

英國前首相狄斯雷利（Disraeli）曾說：「人生短暫，無需

自我貶低。」作家安德列・莫洛亞（André Maurois）在《本週》雜誌中說：「這些話幫助我度過了許多痛苦的經歷：我們常常讓自己為應該蔑視和忘記的小事而煩惱………我們在這個地球上，只有幾十年的生命，我們浪費了許多無法替代的時間，去憂慮那些一年後我們和所有人都會忘記的委屈。不，讓我們將生命奉獻給有價值的行動和感情，偉大的思想，真實的感情和持久的事業。因為人生短暫，無需自我貶低。」

即使是傑出人物如作家吉卜林，有時也會忘記「生命太短暫，不應該渺小。」結果呢？他和他的姐夫在佛蒙特州的歷史上打了最著名的法庭之戰——一場如此引人矚目的戰鬥，甚至有人寫了一本書來講述它：《拉德亞德・吉卜林的佛蒙特之爭》。

這個故事是這樣的：吉卜林娶了一位來自佛蒙特的女孩，卡羅琳・巴雷斯蒂爾，並在佛蒙特的布拉特爾博羅建造了一個美麗的家，安定下來並期望在那裡度過他的餘生。他的姐夫，比提・巴雷斯蒂爾，成為了吉卜林的最好朋友。他們兩人一起工作和玩耍。

然後吉卜林從比提那裡買了一塊地，並同意讓比提每個季節

都可以在上面割草。有一天，比提發現吉卜林正在這片草地上佈置花園，他勃然大怒，火冒三丈。吉卜林也毫不示弱地回擊了回去。

這下子佛蒙特州綠山上的空氣變得湛藍起來！

幾天後，當吉卜林騎著他的自行車時，比提突然開著一輛馬車和一隊馬隊橫越馬路，迫使吉卜林摔倒。

而吉卜林──那個寫下「如果你能在所有人都失去理智並將錯怪到你身上時，仍能保持冷靜」的人──他自己卻失去了理智，並發出了對比提的逮捕令！接著是一場轟動的審判。來自大城市的記者湧入這個小鎮。消息迅速傳遍全球。什麼都沒有解決。這場爭吵使吉卜林和他的妻子放棄了他們在美國的家，直到他們的生命結束。所有的煩惱和苦澀都只是為了一個微不足道的小事！一堆乾草。

雅典時代政治家伯裡克利斯（Pericles）說過：「來吧，先生們，我們在瑣事上坐得太久了。」我們確實如此！

這裡再說一個由哈利・艾默森・福斯迪克博士（Dr. Harry Emerson Fosdick）所述的最有趣的故事之一──一個關於森林巨人贏和失的戰鬥故事：

「在科羅拉多的龍峰斜坡上，躺著一棵巨大樹木的遺跡。自然學家告訴我們，它曾經屹立了大約四百年。當哥倫布登陸聖薩爾瓦多時，它還是一棵幼苗，而當清教徒在普利茅斯定居時，它已經長成了一棵大樹。

「在其漫長的生命歷程中，它被雷擊了十四次，無數次的雪崩和四個世紀的風暴在它身邊轟鳴而過。它倖存了下來。然而，最終，一支甲蟲軍隊襲擊了這棵樹，將其夷爲平地。

「昆蟲們啃食著樹皮，逐漸破壞了樹木內在的力量，雖然它們微小，但持續的攻擊卻不容忽視。一棵森林巨人，無論歲月如何凋零，雷電如何劈打，風暴如何壓制，最終都倒在了這些小到可以被人用食指和拇指捏碎的甲蟲面前。

「我們不都像那森林中的巨人，努力與生活中的罕見風暴、雪崩和閃電擊打進行鬥爭嗎？我們不是在經歷了這些大災難後，卻讓心被小小的憂慮之蟲蠶食嗎？這些小蟲，其實只需一指一按就能輕易壓碎。」

我與懷俄明州的公路監督查爾斯·塞弗雷德（Charles Seifred）以及他的一些朋友一起，穿越了位於懷俄明州的特頓國家

公園。我們都打算去參觀公園內的約翰·克菲勒莊園。

　　但我所乘坐的車卻走錯了路，迷路了，並在其他車輛進入莊園一個小時後才開到莊園的入口。西弗雷德先生手中有可以開啓私人門的鑰匙，所以他在炎熱、蚊蟲滿佈的樹林中等了我們一個小時。那些蚊子足以讓一個聖人發瘋。但他們無法打敗塞弗雷德。在等待我們的同時，他從白楊樹上砍下一根樹枝，並做成了一個口哨。當我們到達時，他在詛咒蚊子嗎？不，他正在吹他的口哨。我一直保留著那個口哨，作爲一個懂得如何將小事物放在其應有位置的人的紀念品。

　　要在擔憂的習慣壓垮你之前打破它，這裡是第二條規則：

　　我們不應該讓自己因爲那些我們應該蔑視和忘記的小事而煩惱。記住「生命太短，無暇小節。」

8

一項將使你的許多憂慮
宣告違法的法律

A Law That Will Outlaw
Many of Your Worries

當我還是個孩子的時候，我在密蘇里的農場長大；有一天，當我在幫助母親去櫻桃核的時候，我開始哭泣。我的母親說，「戴爾，你到底為什麼哭？」我哽咽著說，「我害怕我會被活埋！」

在那些日子裡，我充滿了憂慮。當雷暴來臨時，我擔心會被閃電擊中而喪命。當困難時期來臨時，我擔心我們會沒有足夠的食物。我擔心我死後會下地獄。我害怕一個名叫「甚壞」的大男孩會割掉我的大耳朵——就像他威脅要做的那樣。

我擔心如果我向女孩們揮帽致意，她們會嘲笑我。我擔心沒有女孩願意嫁給我。我擔心我們剛結婚後我該對我的妻子說些什麼。我想像我們會在某個鄉村教堂結婚，然後坐上頂部有流蘇的四輪馬車回到農場……但我該如何在回農場的路上保持對話呢？怎麼辦？怎麼辦？

我在犁田時，花了許多時間深思那個地動天大的問題。

隨著歲月的流逝，我逐漸發現我所擔心的事情，有九十九分之九十九從未發生過。

例如，正如我已經說過的，我曾經對閃電感到恐懼；但我現在知道，根據國國家安全委員會的數據，我在任何一年被閃電

擊中致死的機率只有三十五萬分之一。

我對被活埋的恐懼更是荒謬：我不認爲即使在採用防腐處理成爲常規之前，也有十分之一百萬的人會被活埋；然而，我曾因此恐懼而哭泣。

每八個人中，就有一個人死於癌症。如果我眞的想要擔心些什麼，我應該擔心的是癌症——而不是被閃電擊中或被活埋。

確實，我一直在談論靑少年的憂慮。但我們許多成年人的憂慮幾乎同樣荒謬。如果你我能停止我們的煩惱，花時間去了解「根據平均法則，我們的憂慮是否有任何眞正的證據」，我們可能現在就能消除九成的憂慮。

目前地球上最著名的保險公司——倫敦勞埃德保險（Lloyd's of London）——已經從每個人對於罕見事情的擔憂中賺取了無數的百萬美元。倫敦勞埃德賭人們所擔憂的災難永遠不會發生。然而，他們並不稱此爲賭博。他們稱之爲保險。但實際上，這是基於平均法則的賭博。這家偉大的保險公司已經強勁運作了超過兩百年；除非人性改變，否則它將在五十個世紀後仍然強勁，通過對鞋子、船隻和封蠟進行保險，以防止根據平均法則，人們想像的遠比實際發生的災難要少的事情。

如果我們仔細研究平均法則，我們常常會對所發現的事實感到驚訝。例如，如果我知道在接下來的五年裡，我將要參與一場像美國內戰「蓋茨堡戰役」那樣血腥的戰鬥，我會感到恐慌。我會盡可能地投保所有的人壽保險。我會立下遺囑，並整理好我所有的世俗事務。

我會說，「我可能永遠無法經歷那場戰役，所以我最好充分利用我剩下的幾年。」然而，事實是，根據平均法則，試圖從五十歲活到五十五歲在和平時期的危險性，就像在蓋茨堡戰役中戰鬥一樣危險，一樣致命。我想說的是：在和平時期，每千人中有多少人在五十到五十五歲之間去世，就有多少人在蓋茨堡戰役的163,000名士兵中每千人被殺。

我在加拿大洛磯山脈的鮑湖邊，詹姆斯·辛普森的Num-Ti-Gah小屋裡寫了這本書的幾個章節。有年夏天，我在那裡遇到了來自舊金山的赫伯特·薩林格（Herbert H. Salinger）先生和夫人。薩林格夫人是一位沉著、安詳的女士，給我留下的印象是她從未有過煩惱。有一個晚上，在熊熊燃燒的壁爐前，我問她是否曾經被擔憂困擾過。

「被它困擾？」她說。「我的生活幾乎被它毀掉。在我學會

145

克服擔憂之前，我經歷了十一年的自我創造的地獄。我易怒且脾氣暴躁。我生活在巨大的壓力之下。我每週都會從我在聖馬特奧的家乘公車去舊金山購物。但即使在購物的時候，我也會擔憂得手忙腳亂——「也許我把電熨斗接在熨衣板上忘記拔掉了。也許那棟房子已經起火了。也許那個女僕已經逃跑，把孩子們丟下。也許他們騎著自行車出去，卻被車撞死了。」在我購物的過程中，我常常會擔心到出冷汗，然後趕緊跑出去搭公車回家，看看一切是否安好。難怪我的第一次婚姻以災難收場。

「我的第二任丈夫是一位律師——一個沉默寡言、分析力強的人，從不為任何事情擔憂。當我變得緊張和焦慮時，他會對我說，『放輕鬆。讓我們好好想想這件事……你真的在擔心什麼？讓我們來檢視一下平均法則，看看這件事是否真的可能發生。』

「例如，我記得那次我們從新墨西哥州的阿布奎基開車去卡爾斯巴德洞穴的時候——在一條土路上行駛——我們遭遇了一場可怕的暴雨。

「汽車在打滑來打滑去，我們無法控制它。我確定我們會滑進路邊的一個溝裡；但我的丈夫一直對我重複說：『我開得很

慢。不太可能發生什麼嚴重的事情。即使汽車真的滑進溝裡，根據平均法則，我們不會受傷。』他的冷靜和自信讓我安靜下來。

「還有個夏天，我們在加拿大洛磯山脈的途經谷進行露營之旅。一天晚上，我們在海拔七千英尺的地方露營，當時一場風暴威脅要將我們的帳篷撕成碎片。帳篷用牽引繩綁在木平臺上。外帳在風中搖晃、顫抖、發出刺耳的聲音。我每分鐘都懷疑會看到我們的帳篷被撕開並在天空中飛揚。我嚇壞了！但我的丈夫一直說：『看，親愛的，我們是跟著這兒布萊斯特山的導遊旅行的。他們知道他們在做什麼。他們在這些山上搭帳篷已經六十年了。這個帳篷已經在這裡很多季節了。它還沒有被風吹倒，按照平均法則，今晚它也不會被風吹走；即使它被吹走，我們也可以在另一個帳篷裡避難。

「所以放鬆吧……我做到了；而且我在剩下的夜晚裡，睡得很熟。

「幾年前，我們加州的某個地區爆發了嬰兒麻痺症的疫情。在過去，我可能會驚慌失措。但我的丈夫說服我要冷靜應對。我們採取了所有可能的預防措施：我們讓孩子們遠離人群，不

去學校，也不去看電影。

「經過與衛生局諮詢，我們發現即使在加利福尼亞州有史以來最嚴重的小兒麻痺症疫情期間，整個加利福尼亞州只有1835名兒童被感染。而通常的數字大約在兩百或三百左右。儘管這些數字令人痛心，但我們仍然認為，根據平均法則，任何一個孩子被感染的機會都是遙不可及的。

「『根據平均法則，這不會發生。』這句話消除了我九成的煩惱；並且使我過去二十年的生活，超越我最高的期望，變得美好且平靜無比。」

有人說，我們幾乎所有的憂慮和不快樂都來自我們的想像，而非現實。當我回顧過去的幾十年，我也發現大部分的憂慮都源自於此。吉姆・格蘭特（James A. Grant）告訴我，他的經驗也是如此。

他擁有位於紐約市的James A. Grant分銷公司。他一次會訂購十到十五車的佛羅里達柳丁和葡萄柚。他告訴我，他曾經為一種想法折磨自己：「如果有火車出軌怎麼辦？如果我的水果散落在鄉村各地怎麼辦？

「如果當我的車正在過橋時，橋樑突然倒塌怎麼辦？當然，水果是有保險的；但他擔心如果他不能準時送達水果，他可能會失去他的市場。他擔心得太多，以至於他擔心自己得了胃潰瘍，於是去看醫生。醫生告訴他，他除了神經過敏外，沒有其他問題。『那時我看到了光明，』他說，『並開始問自己問題。』

「我對自己說：『嘿，吉姆・格蘭特，你這些年來處理了多少輛水果車？』答案是：『大約兩萬五千輛。』然後我問自己：「那些車中有多少曾經出過事故？」答案是：「噢 —— 可能有五輛。」然後我對自己說：「只有五輛 —— 在二萬五千輛中？你知道這意味著什麼嗎？這是五千比一的比例！

「換句話說，根據平均法則和經驗，你的汽車遭到撞毀的機會是五千分之一。那麼，你擔心什麼呢？

「然後我對自己說：『嗯，橋可能會倒塌！』然後我問自己：『你實際上因為橋塌下來而失去了多少車？』答案是 ——『沒有。』然後我對自己說『你不是傻瓜嗎？為了一座從未倒塌的橋和一場鐵路事故而擔憂到得胃潰瘍，而這種事故的可能性是五千分之一！』」

「當我以那種方式看待它時，」格蘭特告訴我，「我覺得自己相當愚蠢。我當下決定讓平均法則爲我擔憂——自那時起，我就再也沒有被我的『胃潰瘍』困擾過！」

當艾爾‧史密斯（Al Smith）擔任紐約州州長時，我有次曾聽到他反駁政敵的攻擊，他會一再地說：「讓我們檢查一下記錄……讓我們檢查一下記錄。」然後就開始陳述事實。

下次當你和我擔心可能會發生的事情時，讓我們向聰明的老艾爾‧史密斯學習一下：讓我們檢查一下記錄，看看我們那些煩躁不安的擔憂是否有任何根據。這也正是弗雷德里克‧馬爾施泰特（Frederick Mahlstedt）擔心自己會躺進墳墓裡時做的，以下是他向我們在紐約的一個課堂上講述的故事：

「1944年六月初，我躺在奧馬哈海灘附近的一個壕溝裡。我和999通信連的人一起，我們剛剛在諾曼底『挖好』這個壕溝。當我看著那個壕溝——只是地面上的一個長方形洞——我對自己說，這看起來就像一個墳墓。當我躺下試圖在裡面睡覺時，它感覺就像一個墳墓。我忍不住對自己說，『也許這就是我的墳墓。』當德國轟炸機在晚上11點開始飛過來，炸彈開始落下

時，我嚇得全身僵硬。前兩三個晚上我完全無法入睡。到了第四或第五個晚上，我幾乎變成了一個神經病患者。我知道如果我不做點什麼，我會瘋掉。

「於是我提醒自己，已經過了五個晚上，我還活著；我們部隊的每個人也都還活著。只有兩人受了傷，而他們受傷的原因，並非來自德國的炸彈，而是來自我們自己防空炮的砲彈碎片。我決定透過做些有建設性的事情來停止擔憂。於是我在我的壕溝上建了一個厚木頭的屋頂，以保護自己免受砲彈碎片的傷害。我想到我的部隊分散在如此廣大的區域上。

「我告訴自己，唯一能在那個深而狹窄的壕溝中殺死我的方式就是直接命中；而我估計直接命中我的機會並不是萬分之一。經過幾個晚上這樣看待它，我平靜下來，甚至在轟炸中也能睡著！」

美國海軍利用平均法則的統計數據來提振士氣。一位前海軍水手告訴我，當他和他的船員被分配到高辛烷值的油輪時，他們都非常擔心。他們都相信，如果一艘裝載

但是，美國海軍卻有不同層次的見解；因此，海軍發布了精確的數據，顯示在一百艘被魚雷擊中的油輪中，有六十艘仍

然能夠漂浮；而在四十艘沉沒的油輪中，只有五艘在十分鐘內沉沒。這意味著有時間離開船隻──也意味著傷亡人數極少。這有助於提高士氣嗎？「這種對平均法則的瞭解消除了我的緊張感，」來自明尼蘇達州聖保羅的馬士（Clyde W. Maas）說──上面正是他講述的故事。「全體船員都感到好多了。我們知道我們有機會；並且，根據平均法則，我們可能不會遇害。」

在擔憂的習慣打垮你之前，打破它──這裡是規則三：

「讓我們來檢查一下紀錄。」我們問自己：「根據平均法則，我擔憂的這件事發生的可能性有多大？」

9

與「無可避免的事」合作

Co-operate with the Inevitable

當我還是個小男孩的時候，我和一些朋友在密蘇里州西北部一棟舊舊的、被遺棄的木屋閣樓裡玩耍。當我從閣樓爬下來的時候，我稍微在窗臺上放鬆了一下我的腳──然後跳了下去。

我左手食指上戴著一枚戒指；當我跳起來時，戒指卡在一顆釘子上，把我的手指扯掉了。

我尖叫了。我被嚇壞了。我確信我將會死去。但在手部痊癒後，我再也沒有為此擔心過，哪怕是一瞬間。那有什麼用呢？……我接受了無可避免的事實。

現在我常常一個月都不會想到我左手只有三根手指和一個拇指。

幾年前，我在紐約市中心的一棟辦公大樓遇到了一位負責運作貨運電梯的男士。我注意到他的左手在手腕處被切斷了。我問他是否對失去那隻手感到困擾。他說：「哦，不，我幾乎從不去想它。現在我還未婚；唯一讓我想到左手的時候，就是當我想穿針引線時。」

令人驚訝的是，我們可以迅速接受幾乎任何情況──如果我們必須這樣做的話──然後再適應它並忘記它。

我常常想起荷蘭阿姆斯特丹一座十五世紀教堂遺址上的銘

文。這段銘文用弗拉芒語寫著：「就是如此。無法有別。」

　　當你我跨越數十年歲月，我們將會遇到許多不愉快的情況，這是無法避免的。我們有選擇的權利。我們可以接受它們是無可避免的，並調整自己去適應它們，或者我們可以用反抗來毀掉我們的生活，甚至可能最終導致神經衰弱。

　　這裡有一段我最喜歡的哲學家之一，威廉·詹姆斯的明智忠告。「願意接受事實，」他說。「接受已發生的事情是克服任何不幸後果的第一步。」

　　俄勒岡州波特蘭的伊麗莎白·康利（Elizabeth Conn-ley），不得不以艱難的方式找出這一點。她寫給我的一封信說：「就在美國慶祝我們的部隊在北非取得勝利的那一天，」信中說，「我收到了來自戰爭部門的電報：我最愛的侄子失蹤了。」

　　不久之後，又收到一封電報，說他已經去世了。

　　「我被悲痛壓垮。直到那時，我一直覺得生活對我很好。我有一份我熱愛的工作。我幫助養育了這個侄子。他在我眼中代表了年輕男子的一切美好和優秀。我曾覺得我投入水中的所有麵包都以蛋糕的形式回報給我！……然後，這份電報來了。

　　「我的整個世界崩塌了。我覺得沒有什麼值得我活下去的。

我忽視了我的工作；忽視了我的朋友。我讓一切都放手了。我充滿了苦澀和怨恨。為什麼我那愛我如命的侄子必須被帶走？為什麼這個好男孩——他的人生還在他面前——為什麼他必須被殺害？我無法接受。

「我的悲痛如此沉重，以至於我決定放棄我的工作，離開並將自己隱藏在淚水和苦澀中。

「我正在清理我的書桌，準備辭職，當我偶然發現一封我已經忘記的信——這是我已經去世的侄子寫給我的信，他在幾年前我母親去世時寫給我的。信中寫道：『當然，我們都會想念她，尤其是你。但我知道你會繼續前進。你自己的個人哲學會讓你這麼做。我永遠不會忘記你教導我的美麗真理。無論我在哪裡，或者我們相隔多遠，我將永遠記住你教我微笑，並像一個男子漢般接受任何事情。』

「我一遍又一遍地讀著那封信。彷彿他就在我身邊，對我說話。他似乎在對我說：『你為何不做你教我做的事呢？無論發生什麼，都要堅持下去。將你的私人悲傷藏在笑容下，然後繼續前進。』

「所以，我回到了我的工作崗位。我停止了憤世嫉俗和反叛

的態度。我不斷對自己說：『事情已經發生了。我無法改變它。但我可以，並且將會按照他的期望繼續前進。』我將所有的心思和力量都投入到我的工作中。我寫信給士兵 —— 給別人的孩子。我參加了夜間的成人教育課程 —— 尋找新的興趣並結交新的朋友。

「我幾乎無法相信自己所經歷的變化。我已經停止對永遠消逝的過去哀悼。我現在每天都充滿喜悅地生活 —— 正如我侄子希望我做的那樣。我已經與生活和解。我接受了我的命運。我現在的生活比我以往任何時候都更加充實和完整。」

伊麗莎白·康利學到了我們所有人遲早都必須學會的一課：也就是，我們必須接受並配合無可避免的事情。「事實就是如此，無法改變。」並不是一個容易學會的課程。即使是坐在王位上的國王，也必須不斷提醒自己這一點。

已故的喬治五世在白金漢宮的圖書館牆上掛著這樣一句裝裱好的話：「教我既不對月亮哭泣，也不為打翻的牛奶而痛心。」這種思想也被哲學家叔本華以這種方式表達：「在為人生旅程做準備時，擁有充足的順從精神是最重要的。」

顯然，單單環境並不能使我們快樂或不快樂。我們對環境的反應決定了我們的感受。耶穌說天國就在你心中，地獄也在其中。

我們都能夠忍受災難和悲劇，並且如果必要的話，我們可以戰勝它們。我們可能不認為我們能做到，但我們有驚人的內在資源，只要我們願意利用它們，就能幫助我們度過難關。我們比自己想像的要強大。

已故的小說家布斯・塔金頓（Booth Tarkington）總是說：「我可以承受生活強加給我的任何事情，除了一件事：失明。我永遠無法忍受那個。」

然後有一天，當他已經六十多歲的時候，塔金頓低頭看著地板上的地毯。顏色變得模糊。他看不出圖案。他去找了專家。他得知了悲劇的真相：他正在失去視力。一隻眼睛幾乎已經失明；另一隻也將這樣。他最害怕的事情已經降臨到他身上。

那麼，塔金頓對這種「最糟糕的災難」作何反應呢？他是否覺得，「這就是結束！這就是我生命的終點？」不，令他驚訝的是，他感到相當快樂。他甚至調動了他的幽默感。飄浮的「斑點」讓他感到煩惱；它們會游過他的眼睛，阻斷他的視線。然

而，當這些斑點中最大的一個遊過他的視線時，他會說，「嗨！又見到祖父了！不知他在這美好的早晨要去哪裡呢！」

命運要怎麼征服這種精神呢？答案是不能。當全然的黑暗降臨，塔金頓說：「我發現我可以接受失去視力，就像一個人可以接受任何其他事情一樣。即使我失去了所有五種感官，我知道我仍能在我的心靈中生活下去。因為我們是在心靈中看見，也是在心靈中生活，無論我們是否意識到。」

為了恢復視力，塔金頓在一年內不得不接受超過十二次的手術，而且都是在局部麻醉下進行！他對此有所抱怨嗎？他知道這是必須的。他知道他無法逃避，所以減輕痛苦的唯一方法就是優雅地接受。他拒絕在醫院裡住進私人病房，而選擇進入病房，與其他也有困擾的人一起。他試圖讓他們振作起來。

當他必須接受重複的手術時——完全清楚自己的眼睛正在經歷什麼——他試圖記住自己有多幸運。他說：「真是太神奇了！真是太神奇了，科學現在已經有技術可以操作如此精細的人眼！」

一般人如果要忍受超過十二次的手術和失明的痛苦，可能早已緊張到崩潰。然而，塔金頓卻說：「我不會用更快樂的經驗來

換取這次的經歷。」這教會了他接受。

這教導他，生活中無論帶給他什麼，都無法超越他忍受的力量。正如英國思想家約翰‧彌爾頓（John Milton）所發現的，「並不是失明很悲慘，不能忍受失明才是真正的悲慘。」

著名的新英格蘭女權主義者瑪格麗特‧富勒（Margaret Fuller）曾經宣稱她的信條是：「我接受宇宙！」

當脾氣暴躁的老湯瑪斯‧卡萊爾（Thomas Carlyle）聽說這件事在英國發生時，他嗤之以鼻地說：「天啊，她最好如此！」是的，天啊，你我也最好接受這無可避免的事實！

如果我們對此抱怨和反抗，變得痛苦，既無法改變那無法避免的事實；但我們會改變自己。我很清楚是因為我試過了。

我曾經拒絕接受一個無可避免的情況，這情況正對我而來。我就像個傻瓜，對此大聲疾呼，並且反抗。我將我的夜晚變成了失眠的地獄。我給自己帶來了所有我不想要的事情。

終於，在經歷了一年的自我折磨後，我不得不接受我從一開始就知道我無法改變的事實。

多年前我應該像美國作家老華特‧惠特曼（Walt Whitman）一樣大聲呼喊：

噢，面對黑夜、暴風雨和飢餓，

嘲笑，意外，挫折，就像樹木和動物一樣。

我花了十二年與牛共事；然而我從未見過一隻澤西牛（Jersey cow）發燒是因為缺乏雨水而使牧場乾旱，或是因為冰雹和寒冷，甚至是因為她的男朋友對其他母牛過於關注。這些動物平靜地面對夜晚、風暴和飢餓；因此他們從未有過神經崩潰或胃潰瘍；他們也從未發瘋。

我是在主張我們應該對所有遇到的逆境低頭嗎？絕對不是！那只是宿命論。只要我們有機會可以挽救一個情況，那就讓我們奮戰吧！但是，當常識告訴我們我們正在面對的事情就是如此──並且不能有其他方式──那麼，為了我們的理智，讓我們不要「瞻前顧後並為不存在的事物感到痛苦」。

哥倫比亞大學已故的院長霍克斯告訴我，他將一首《鵝媽媽童謠》作為他的座右銘之一：

對於太陽下的每一種疾病，

有解藥，或者沒有；

如果有的話，試著找到它；

如果沒有，那就不用在意。

在撰寫這本書的過程中，我訪談了許多美國頂尖的商業高管；我對他們如何配合必然的事情，並過著幾乎沒有煩惱的生活留下深刻印象。如果他們沒有這樣做，他們可能會在壓力下崩潰。

以下是幾個例子：

潘尼（J. C. Penney，全美連鎖Penney商店的創辦人）曾向我說：「卽使我失去了我所有的錢，我也不會擔心，因爲我不明白擔心有什麼好處。我會盡我所能做好我的工作；然後將結果交給命運的安排。」

汽車大亨亨利·福特特對我說的話大致相同。他說：「當我無法掌控事件時，我就讓它們自行解決。」

當我問克萊斯勒汽車公司的總裁凱勒（K. T. Keller）是如何避免擔憂的，他回答我：「當我面臨困難的情況時，如果我能

做些什麼，我就會去做。如果我做不了，我就會把它忘掉。

「我從不擔心未來，因為我知道沒有任何人能夠確定未來會發生什麼。有太多的力量會影響那個未來！沒有人能告訴你這些力量是如何被驅使，或者得以理解。那麼，我為什麼要擔心它們呢？」

如果你告訴凱勒他是一位哲學家，他可能會感到尷尬。他只是一位出色的商人，但他偶然發現了與十九世紀前羅馬的斯多噶主義哲學家愛比克泰德（Epictetus）所教導的哲學相同。

「通往快樂只有一條路，」愛比克泰德對羅馬人說，「那就是停止擔憂那些超出我們意志力範疇的事情。」

莎拉‧伯恩哈特（Sarah Bernhardt），被譽為「神聖的莎拉」，是一個知道如何與不可避免現象合作的女性輝煌範例。原本半個世紀以來，她一直是四大洲劇院的統治女王 —— 堪稱地球上最受人們喜愛的女演員。

然後，當她七十一歲而且破產時（她已經失去了所有的錢）—— 巴黎的波齊醫生告訴她將不得不截肢。之前在橫渡大西洋時，她在一場風暴中於甲板上摔倒，嚴重傷了她的腿，之後

演變為靜脈炎，她的腿開始萎縮。由於疼痛如此劇烈，以至於醫生覺得必須截掉她的腿。

醫師很害怕告訴那位風暴般激烈的「神聖的莎拉」接下來必須做的事。他完全預料到這個可怕的消息將引發一場歇斯底里的爆發。但他錯了。莎拉看著他片刻，然後平靜地說：「如果必須這樣，那就必須這樣。」這是命運。

當她被推向手術室的時候，她的兒子站在一旁哭泣。她以愉快的手勢向他揮手，並開朗地說：「別走，我馬上就回來。」

在前往手術室的途中，她背誦了她劇本中的一個場景。有人問她是否這樣做是為了鼓舞自己的士氣。她回答說：「不，是為了鼓舞醫生和護士。這對他們來說會是一種張力。」

手術康復後，莎拉·伯恩哈特繼續環遊世界，並繼續風靡觀眾長達七年。

「當我們停止對抗無法避免的事情時，麥考米克（Elsie MacCormick）在《讀者文摘》一篇文章中說，「我們釋放出能量，使我們能夠創造更豐富的生活。」

但，沒有人能擁有足夠的情感和活力去對抗無可避免的事，

同時又有餘力去創造新的生活。你必須選擇其一。你可以選擇順應生活中無可避免的冰雹風暴，或者你可以選擇抵抗它們並最終破碎！

我在我密蘇里州的農場就看到了這種情況。我在那個農場種了二十棵樹。起初，它們以驚人的速度生長。然後一場冰雹把每一條小枝和樹枝都覆蓋上了厚厚的冰層。這些樹並未優雅地屈服於重擔，而是驕傲地抵抗，結果在重擔下斷裂和分裂——不得不被摧毀。它們還沒有學會北方森林的智慧。

我已經穿越了加拿大常綠森林的數百英里。然而，我從未見過被冰雹或冰凍破壞的雲杉或松樹。這些常綠森林知道如何彎曲，如何低下他們的樹枝，如何與不可避免的事物合作。正如柔術大師教導他們的學生要「如柳般彎曲，不要如橡樹般抵抗。」

你為何認為你的汽車輪胎能在路上堅持並承受如此多的懲罰呢？起初，輪胎製造商試圖製造一種能抵抗路面衝擊的輪胎。但這種輪胎很快就被撕成碎片。然後，他們製造了一種能吸收路面衝擊的輪胎。這種輪胎能「承受住」。如果我們學會吸收生活崎嶇道路上的衝擊和顛簸，我們將能活得更長，並享受更平

穩的駕駛。

如果我們抵抗生活的衝擊，而不是吸收它們，你我會發生什麼事呢？如果我們拒絕像柳樹一樣「彎曲」，而堅持像橡樹一樣抵抗，會發生什麼事呢？答案很簡單。我們將引發一系列的內心衝突。我們將會感到擔憂、緊張、壓力大，並且神經質。

如果我們再進一步，拒絕殘酷的現實世界，退入我們自己創造的夢幻世界，那麼我們將變得瘋狂。

在戰爭期間，數百萬恐慌的士兵不得不接受無可避免的命運，或在壓力下崩潰。舉例來說，讓我們看看來自紐約格倫代爾的威廉‧卡塞利烏斯（William H. Casselius）的案例。以下是他在我在紐約的一個課堂上所做的獲獎演講：

「我剛加入海岸警衛隊不久，就被派到大西洋這邊最熱門的地方之一。我被任命為管理爆炸物的主管。想像一下。我？一個賣餅乾的人變成了爆炸物的主管！想到自己站在數千噸TNT上的想法，足以讓一個賣餅乾的人的骨髓發冷。我只被指導了兩天；我所學到的讓我更加恐懼。我永遠不會忘記我的第一個任務。

「在一個陰暗、寒冷、霧氣彌漫的日子裡，我在新澤西州貝

約恩的卡文角開放的碼頭上收到了我的命令。

「我被分配到船上的5號艙口。我必須和五個碼頭工人一起在那個艙口裡工作。他們強壯能扛，但對炸藥一無所知。而他們正在裝載的是破壞者炸彈，每一枚都含有一噸的TNT——足夠將那艘老船炸得粉碎的炸藥。」

「這些大貨包正被兩條纜繩慢慢地放下。我不斷對自己說：假設其中一條纜繩滑落——或者斷裂！哦，天呢！我真的很害怕！我在顫抖。我口乾舌燥。我的膝蓋發軟。我的心在砰砰跳。但我不能逃跑。那將是逃兵。我將會被羞辱——我的父母也會被羞辱——而且我可能會因為逃兵而被槍決。我不能逃。我必須留下。

「我一直在看那些碼頭工人粗心大意地搬運那些大炸彈。船隨時都可能爆炸。經過一個多小時這種令人毛骨悚然的恐懼後，我開始用一點常識來思考。我對自己說了一番話。我說，『看吧！所以你被炸飛了。那又怎樣！你永遠不會知道有什麼不同！這將是一種痛快容易的死法。比死於癌症要好得多。別傻了。你不能期望永遠活著！你必須做這份工作，否則就會被槍決。所以你最好還是喜歡它。』

「我這樣對自己說了好幾個小時；然後我開始感到放鬆。最後，我逼自己接受一個無法避免的情況，從而克服了我的擔憂和恐懼。」

「我永遠不會忘記那個教訓。每當我現在被誘惑去擔心一些我無法改變的事情時，我會聳聳肩並說，『算了吧。』我發現這個方法很有效——甚至對於一個餅乾銷售員。好極了！讓我們為皮納福公司的餅乾銷售員歡呼三次，再來一次。」

除了耶穌的十字架受難，史上最著名的死亡場景莫過於蘇格拉底的死。從現在起的萬千世紀，人們仍將閱讀並珍愛柏拉圖對此的不朽描述——這是所有文學中最感人且最美的篇章之一。

某些雅典人——對年老赤腳的蘇格拉底充滿嫉妒與羨慕——對他捏造罪名，並讓他受審且被判處死刑。當友善的獄卒給蘇格拉底毒杯時，獄卒說：「試著輕鬆面對必須承受的。」蘇格拉底做到了。他以一種平靜和順從的態度面對死亡，觸動了神性的邊緣。

「試著輕鬆面對必須承受的事情。」這句話是在基督誕生的399年前說的；但是今天這個充滿煩惱的老世界比以往任何時候

都更需要這句話：試著輕鬆面對必須承受的事情。

我幾乎閱讀了所有我能找到的與驅除憂慮有關的書籍和雜誌文章⋯⋯你想知道在我所有的閱讀中，我發現的最好的關於憂慮的單一建議是什麼嗎？

好吧，就在這裡，這些字句是你我應該貼在浴室鏡子上的，這樣每次我們洗臉時，也能洗去我們心中所有的煩惱。這個無價的禱告是由神學家尼布爾（Reinhold Niebuhr）所寫：

上帝賜予我平靜

接受我無法改變的事物，

改變我能改變的事物的勇氣；

以及明辨是非的智慧。

想在擔憂的習慣壓垮你之前破除它，規則四是：

與「無可避免的事」合作。

第3部 「破除擔憂的習慣」──在它壓垮你之前

10

爲憂慮設「停損」

Put a "Stop-Loss" Order
on Your Worries

您是否想知道如何在華爾街賺錢？嗯，還有一百萬其他人也想知道──如果我知道答案，這本書的售價將達到一萬美元一本。然而，確實有個好主意是一些成功的操作者在使用的。

這個故事是由投資顧問查爾斯‧羅伯茨（Charles Roberts）告訴我的。

「我從德州帶著兩萬美元來到紐約，這些錢是朋友們給我，讓我投資股市的，」羅伯茨告訴我。「我以為，」他繼續說，「我對股市的運作瞭若指掌；但我卻輸光了每一分錢。

「確實，我在一些交易中賺了很多錢；但最終我卻失去了一切。」

「我並不太在乎自己的錢損失，」羅伯茨先生解釋道，「但我對於虧掉朋友的錢感覺非常糟，即使他們完全可以承受這樣的損失。這筆生意不幸失敗後，我很害怕再次面對他們，但令我驚訝的是，他們不僅對此表現得很大度，還表現得像是無可救藥的樂觀主義者。

「我知道我一直都是靠碰運氣和他人的意見來進行交易。我一直都是『隨波逐流地玩股市』」

「我開始反思我的錯誤，並決定在我再次進入市場之前，我

會嘗試瞭解其內在的一切。因此，我尋訪並結識了一位曾經活躍的最成功投機者：博頓・卡索斯（Burton S. Castles）。

「我相信我可以從他那裡學到很多，因為他長期以來一直享有成功的聲譽，而我知道這樣的職業生涯並非僅僅是偶然或運氣的結果。

「他問了我一些關於我以前如何交易的問題，然後告訴我他認為交易中最重要的原則。他說，『我對我做的每一個市場合約都設置了止損單。比如說，如果我以每股五十美元價格購買一支股票，我會立即在它上面設置一個四十五美元的止損單。這意味著，當股票的價格下跌到比購買價低五點時，它將會自動被賣出變現，從而將損失限制在五點之內』，『如果你一開始就明智地建立認賠承諾』，這位老師傅繼續說，『你的利潤將平均達到十點，二十五點，甚至五十點。因此，通過將你的損失限制在五點，你可以有超過一半的時間看錯市場，卻仍可以賺取大量的錢。』

「我立即採納了那個原則並且持續實踐。這為我和我的客戶節省了數以千計的美元。

「過了一段時間，我意識到止損原則除了在股市中使用外，

還可以以其他方式使用。我開始對其他非金融相關的煩惱設置止損單。我開始對任何煩惱和怨恨設置止損單。這種做法就像魔法一樣奏效。

「例如，我經常和一位朋友有午餐約會，他很少準時出現。在過去，他常讓我在午餐時間的一半時段裡焦急等待他的出現。最後，我告訴他我對我的煩惱設定了止損點。我說，『比爾，我對你的等待設定了十分鐘的止損單。如果你遲到超過十分鐘，我們的午餐約會就會泡湯 ── 我會離開的』。」

天哪！我多麼希望多年前，我就有智慧對我的不耐煩、脾氣、自我辯護的慾望、遺憾，以及所有的心理和情緒壓力設定止損點。為什麼我沒有馬上的智慧去評估每一個威脅到我內心平靜的情況，並對自己說：「看看吧，戴爾・卡內基，這種情況只值得你花這麼多的煩惱 ── 不多也不少……，」我為什麼不這麼做呢？

不過，至少有一次，我想自己在這一點上做得還不錯。那是個嚴肅的時刻 ── 事關我的人生危機，當我看著自己的夢想、未來的計劃以及多年的努力就這樣消失無蹤。事情是這樣的。

三十出頭時，我決定將餘生都投入到寫小說中。我要成為第二個弗蘭克‧諾里斯（Frank Norris）、傑克‧倫敦（Jack London）或湯瑪斯‧哈代（Thomas Hardy）。

我超級熱衷於此，所以花了兩年時間在歐洲——在那段第一次世界大戰後的狂野貨幣崩塌時期，我得以用美元在那裡便宜地生活。那兩年間我寫下了我的代表作，我稱它為《暴風雪》（The Blizzard）。這個標題很名副其實，因為出版商對它的看待就像美國達科他平原上任何一場暴風雪一樣冷。當我的文學經紀人告訴我它毫無價值，我沒有寫小說的天賦，也沒有才能，我的心幾乎停止了。

我茫然地離開了他的辦公室。即使他用棍子砸我頭，我也不可能更震驚。我被嚇呆了，意識到自己正站在人生的十字路口，必須做出重大的決定。我應該怎麼辦？我應該往哪個方向走？我花了好幾週的時間才從這種茫然狀態中走出來。

那時，我還從未聽說過「對你的擔憂設立止損」這句話。但現在回頭看，我可以看到我就是這麼做的。我把為那部小說擔憂的兩年時間當作它們應得的價值——一次高尚的實驗——然後從那裡繼續前進。我回到了組織和教授成人教育課程的工

作，並在空閒時間寫傳記——就像你現在正在閱讀的這本非文學書籍類的傳記。

我現在對於當初做出那個決定感到高興嗎？「高興？」每當我現在想到那次決定，我都感覺像一種因純粹的喜悅而上街跳舞！我可以誠實地說，從那時起，我從未花過一天或一個小時去悔恨我不是另一個湯瑪斯·哈代。

一個世紀前的某個夜晚，當一隻角鴞在瓦爾登池岸邊的樹林中尖叫時，思想家亨利·梭羅（Henry Thoreau）將他的鵝毛筆浸入自製的墨水中，並在他的日記中寫道：「一件事的成本是我所說的生命用量，這需要立即或長期交換它。」

換句話說：當我們為一件事情付出超過它從我們生活中帶走的代價時，我們就是傻瓜。

然而，劇作家吉爾伯特和作由家蘇利文（Gilbert and Sullivan）就是如此做的。他們知道如何創造歡快的詞語和音樂，但他們對於如何在自己的生活中創造歡樂卻知之甚少。他們創作了一些最美的輕歌劇，讓世界為之驚喜，如：《耐心》（*Patience*）、《皮納福號軍艦》（*H.M.S. Pinafore*）、《日本天皇》

（*The Mikado*）等但他們卻無法控制自己的脾氣。他們因為一塊地毯的價格而使自己的歲月充滿痛苦！蘇利文為他們買下的劇院訂購了一塊新地毯。當吉爾伯特看到帳單時，他氣得暴跳如雷。

他們鬧到法庭上激烈爭辯，並在他們有生之年再也沒有說過話。當蘇利文為新的製作寫音樂時，會將其郵寄給吉爾伯特；而當吉爾伯特寫下歌詞時，他又郵寄回蘇利文。他們曾經不得不一起接受觀眾的喝彩，但他們站在舞臺的兩側，並向不同的方向鞠躬，以免看到對方。

他們沒有像林肯那樣，對他們的怨恨設置止損單的明智之處。

曾經，在美國南北內戰期間，當林肯的一些朋友在譴責他的死敵時，林肯說：「你們對個人的怨恨感覺比我強烈。也許我對此的感覺太淡薄了；但我從未認為這是值得的。一個人沒有時間將他的一半生活都花在爭吵上。如果有任何人停止攻擊我，我永遠不會對他記恨過去。」

我希望我那位年老的伊迪絲阿姨也能擁有林肯的寬恕精神。

她和弗蘭克叔叔住在一個抵押的農場，那裡充滿了帶刺蒼耳，並且位處被詛咒貧瘠土壤和溝渠。他們的生活很艱難——必須節省每一分錢。但是伊迪絲阿姨喜歡購買一些窗簾和其他小物品來為他們的簡陋家園增添亮色。

她在密蘇里州瑪麗維爾的丹·埃弗索爾乾貨店，以信用方式購買這些小奢侈品。弗蘭克叔叔對他們的債務感到擔憂。他有農夫對積欠賬單的恐懼，所以他秘密地告訴埃弗索爾不要再讓他的妻子以信用購物。當伊迪絲阿姨聽到這件事時，她大發雷霆——而且在這件事發生近五十年後，她仍然對此大發雷霆。

我聽過她講這個故事不只一次，而是很多次。我最後一次見到她時，她已經快八十歲了。我對她說：「伊迪絲阿姨，弗蘭克叔叔羞辱了你確實不對；但是，你不覺得你在事件發生近半世紀後還在抱怨，這比他當初的行為還要糟糕嗎？」（我說這話就好像對月亮說一樣。）

伊迪絲阿姨得為她長期的怨恨和苦澀回憶付出沉重代價——她拿自己的的心神平靜來支付。

班傑明·富蘭克林七歲時犯了一個讓他記了七十年的錯誤。

當他還是個七歲的小男孩時，他愛上了一個哨子。他對此太過興奮，以至於他走進玩具店，將所有的銅板堆在櫃檯上，甚至沒有問價錢就要求買下哨子。

「七十年後，我寫信給一位朋友說，『然後我就回家了』，」他寫道，「我在家裡各處吹著我的哨子，對我的哨音感到非常滿意。」但是，當他的哥哥姐姐發現他爲口哨付出的價格遠遠超過了他應該付的價格時，他們對他大笑；他說，「我因爲懊惱而哭了。」

多年後，當富蘭克林已成爲世界知名人物，並擔任法國大使時，他仍然記得他爲那只哨子付出過多的代價，這讓他「感到的痛苦遠超過哨子帶給他的快樂。」

但是，這個教訓最終讓富蘭克林覺得不值一提。他說：「當我長大，進入社會，觀察人們的行爲，我覺得我遇到了非常、非常多的人，他們爲了哨子付出了太多。簡而言之，我認爲人類的許多痛苦都是由他們對事物價值的錯誤估計，以及他們爲了哨子付出過多而帶來的。」

吉爾伯特和蘇利文爲他們的哨子付出了過多的代價。伊迪絲阿姨也是如此。本書作者卡內基在許多場合上也是如此。世

界上最偉大的兩部小說《戰爭與和平》和《安娜‧卡列尼娜》
（*Anna Karenina*）的作者，不朽的托爾斯泰（Leo Tolstoy）
也是如此。根據《大英百科全書》的記載，托爾斯泰在他生命
的最後二十年裡，「可能是全世界最受尊敬的人」——從1890
年到1910年——源源不絕的崇拜者們前往他的家，只爲了一睹
他的面容，聽到他的聲音，甚至觸摸他的衣襟。

　　他說出的每一句話都被記錄在筆記本上，幾乎就像是一種
「神聖的啓示」。但是當談到生活——尤其是普通的生活——
嗯，托爾斯泰在七十歲時的理智甚至比富蘭克林七歲時還要
少！他完全沒理智。

　　托爾斯泰娶了一個他非常深愛的女孩。事實上，他們在一起
如此幸福，以至於他們會跪下來向上帝祈禱，讓他們能繼續在
這種純粹、天堂般的狂喜中度過生活。但是，托爾斯泰娶的這
個女孩天生善妒多疑。她會打扮成農民，偷偷監視他的行動，
甚至在森林裡也是如此。他們有過恐怖的爭吵。她變得如此嫉
妒，甚至對自己的孩子都嫉妒，還會拿起槍，在女兒的照片上
打了一個洞。

　　她甚至會躺在地板上，嘴唇貼著一瓶鴉片，威脅著要自殺，

而孩子們則蜷縮在房間的角落裡，驚恐地尖叫著。

那麼，托爾斯泰做了什麼呢？嗯，我不會責怪這個人若是突然發怒打壞傢俱之類的——畢竟他有充分的理由。但他做的遠遠比這糟糕。他保留了一本私人日記！是的，一本日記，他在其中記述了所有怪罪於妻子的過錯！那就是他的「哨子」！

他要堅決確保未來世代會爲他洗清罪名，並將責任推給他的妻子。那麼，他的妻子對此有何回應呢？當然是撕掉他的日記內頁並把它燒了。她也開始寫自己的日記，在其中她將他描繪成壞人。她甚至寫了一本名爲《誰的錯？》的小說，在其中她將她的丈夫描繪成家庭惡魔，而她自己則是烈士。

這一切將如何了結呢？爲何這兩個人將他們唯一的家變成了托爾斯泰自己稱之爲的「瘋人院」？顯然，原因有好幾個。其中一個原因是他們極度渴望給你我留下深刻印象。是的，我們就是他們所擔心的後世人們！但我們是否眞的在乎到底是誰該負責任？

不，我們關注自己的問題都來不及了，遑論花一分鐘去思考托爾斯泰家的事。這兩個可憐的人爲了他們的哨子付出了多麼沉重的代價！五十年的生活就像在地獄中一樣——只因爲他們

兩個都沒有說：「停！」的理智。因為他們兩個都沒有足夠的價值判斷去說，「讓我們立即對這件事下達止損令。我們正在浪費我們的生活。讓我們現在就說『夠了』！」

是的，我真誠地相信，這是獲得真正內心平靜的最大秘密之一——良好的價值觀。我相信，如果我們能夠建立一種私人的黃金標準——一種以我們的生活為基礎來衡量事物價值的黃金標準，我們就能一次性消除我們五成的煩惱。

所以，要在擔憂的習慣壓垮你之前，先破除它，這裡是第五條規則：

每當我們被誘惑去揮霍於不值得的事情上時，讓我們停下來問自己這三個問題：

1. 我正在擔心的事對我來說真有多重要呢？

2. 我應該在什麼時候為這個憂慮設定一個「停損單」——然後忘記它呢？

3. 這個「哨子」到底值得我付多少錢買呢？我已經付出的是否超過它的價值了？

11

不要試圖鋸木屑

Don't Try to Saw Sawdust

　　當我寫下這章的標題時，我可以從我的窗戶向外看，並在我的花園中看到一些恐龍的腳印——這些恐龍的腳印深深地嵌入在頁岩和石頭中。

　　我從耶魯大學皮博迪博物館（Peabody Museum）購買了那些恐龍足跡；並且我有一封來自皮博迪博物館館長的信，信中說那些足跡是在1億8000萬年前形成的。即使再笨的人也不會夢想著要回到1億8000萬年前去改變那些足跡。然而，這並不比因為我們無法回去改變180秒前發生的事情而擔憂更愚蠢——而我們中的許多人正是這樣做的。確實，我們可能會做些什麼來改變180秒前發生的事情的影響；但我們絕對無法改變那時發生的事件。

　　在上帝的綠色腳凳上，「過去」只有一種方式可以建設性地利用；那就是冷靜地分析我們過去的錯誤，從中獲益——並忘記它們。

　　我知道這是真的；但我是否一直都有勇氣和理智去做呢？為了回答這個問題，讓我告訴你幾年前我有過的一個驚人的經驗。我讓超過三十萬美元從我手中溜走，卻沒有賺到一分錢的利潤。事情是這樣的：我開辦了一個大規模的成人教育企業，

在各個城市開設了分支機構,並在開銷和廣告上揮霍無度。我忙於教學,既沒有時間也沒有意願去關注財務。我太天眞,沒有意識到我需要一個精明的商業經理來監控開支。

終於,在大約一年後,我發現了一個令人警醒和震驚的事實。我發現儘管我們的收入巨大,但我們並沒有獲得任何利潤。在發現這一點之後,我應該做兩件事。

首先,我應該要有像農業化學家喬治‧華盛頓‧卡佛(George Washington Carver)那樣的頭腦,當他在一場銀行破產中損失了四萬美元——這是他一生的積蓄。當有人問他是否知道自己破產了,他回答說,「是的,我聽說了」——然後繼續他的教學工作。他把這次的損失從他的腦海中完全抹去,以至於他再也沒有提起過它。

然後我應該做的第二件事是:分析我的錯誤並從中獲得持久的教訓。

但坦白說,我並未做這兩件事。相反的,我陷入了擔憂的惡性循環。數月以來我如夢初醒,失眠且體重下降。我並未從這個巨大的錯誤中學到任何教訓,反而我又再次犯下同樣的錯誤,雖然規模較小!

對我來說，承認所有這些愚蠢的事情是很尷尬的；但我很久以前就發現，「教導二十個人做好事比自己成為那二十人中的一員去遵循我的教導要容易得多。」

我多麼希望我曾有幸在紐約的喬治華盛頓高中就讀，並在保羅·布蘭德溫博士（Dr. Paul Brandwine）的指導下學習——因為他就是教導過紐約的艾倫·桑德斯（Allen Saunders）的那位老師！

桑德斯先生告訴我，保羅·布蘭德溫博士是他的健教老師，也教給他一生中最寶貴的一課。「我當時只是個十幾歲的少年」，艾倫·桑德斯在向我講述這個故事時說，「但我那時就是個愛擔心的人。我常常為我犯下的錯誤而煩惱不已。如果我交了一份考試卷，我會躺在床上，會因為擔心我沒通過考試而咬指甲。

「我總是在反覆思考我所做過的事，並希望我能以不同的方式去做；回想我所說過的話，並希望我能說得更好。

「有一天早晨，我們班走進了科學實驗室，那裡有我們的老師，保羅·布蘭德溫博士，他在桌邊顯眼地放著一瓶牛奶。我

們全都坐下來，盯著那瓶牛奶，想知道它與他正在教的健教課
程有什麼關係。然後，突然間，布蘭德溫博士……站了起來，
將牛奶瓶猛地掃進水槽裡——並大喊：『不要為打翻的牛奶哭
泣』！

「然後他讓我們所有人都來到洗手槽旁，看著那一片狼藉。
『好好看看，』他告訴我們，『因為我希望你們能將這個教訓記
住一生。那些牛奶已經沒了——你可以看到它已經流下了排水
管；世界上所有的抱怨和撕扯頭髮都無法讓它回來一滴。只要
稍微思考並預防，那些牛奶本可以被保存下來。但現在已經太
晚了——我們能做的只是將其視為已然過去，忘記它，然後繼
續進行下件事』。」

「那個小小的示範，」桑德斯告訴我，「在我早已忘記了
立體幾何和拉丁語課之後，仍然深深地印在我心中。實際上，
它比我在高中四年裡學到的任何其他東西都更教我關於實際生
活。它教導我要盡可能避免灑出牛奶；但一旦牛奶已經灑出並
流入下水道，就要完全忘記它。」

有些讀者可能會對於過度解讀像是「覆水難收」這種陳腔濫

調的諺語嗤之以鼻。我知道這是老生常談、平庸且陳腐。我知道你已經聽過它千百遍了。

但我也知道，這些陳腔濫調的諺語包含了所有時代的智慧的精髓。它們源自人類的強烈經驗，並且代代相傳。

如果你讀過所有偉大學者對於擔憂所寫的一切，你將永遠不會讀到比這些老生常談的諺語更基本或更深奧的東西，例如「不要在過橋前擔心」和「不要為已經打翻的牛奶哭泣」。如果我們只是應用這兩條諺語，而不是嗤之以鼻，我們根本就不需要這本書。

實際上，如果我們應用了大部分的古老諺語，我們的生活幾乎會完美無瑕。然而，知識並非力量，除非它被應用；而這本書的目的並不是要告訴你一些新的事物。

這本書的目的是提醒你已經知道的事情，並且踢你的小腿，激勵你去實踐它。

我一直很欽佩像已故的弗雷德·富勒·謝德（Fred Fuller Shedd）這樣的人，他有一種將舊真理以新穎且生動的方式表達出來的天賦。當他擔任《費城公報》的編輯並向一個大學畢業班發表演講時，他問道：「你們中有多少人曾經鋸過木頭？讓

我看看你們的手。」大部分人都舉手了。然後他又問：「你們中有多少人曾經鋸過木屑？」沒有人舉手。

「當然，你不能鋸木屑！」謝德先生驚呼道。「它已經被鋸過了！這就像過去的事情一樣。當你開始擔憂那些已經結束的事情時，你只是在試圖鋸木屑。」

當棒球界的老將康尼‧麥克（Connie Mack）八十一歲時，我問他是否曾經為輸掉的比賽而擔心過。

「哦，對，我以前是這樣的，」康尼‧麥克告訴我。「但我早就走出那種愚蠢了。我發現這樣做根本沒有任何效果。你不能用已經流進溪裡的水來磨糧，」他說。「不，你不能用已經流進溪裡的水來磨任何穀物，也不能用它來鋸木頭。但你可以用它來鋸你臉上的皺紋和胃裡的潰瘍。」

我曾在一個感恩節與拳擊手傑克‧鄧蒲賽共進晚餐；他在吃火雞和蔓越莓醬的時候，告訴我他是如何在一場比賽中輸給另一位拳手特尼，從而失去了重量級冠軍的頭銜。這自然對他的自尊心造成了打擊。他告訴我：「在那場比賽中，我突然意識到我已經變成了一個老人……在第十回合結束時，我還站在我的腳上，但那已經是我所能做的全部了。

「我的臉腫脹且有傷口，我的眼睛幾乎閉起來了。……我看到裁判舉起吉恩・坦尼的手，宣告著他的勝利……。我不再是世界冠軍了。我在雨中開始往回走－穿過人群回到我的更衣室。當我經過時，有些人試圖抓住我的手。還有些人眼中含著淚水。

「一年後，我再次與特尼對戰。但這已無濟於事。我已經永遠結束了。雖然很難不去擔心所有的事情，但我對自己說，『我不會活在過去，也不會為已經打翻的牛奶哭泣。我將要承受這一擊，並且不讓它擊倒我』。」

而這正是傑克・鄧蒲賽所做的。他是如何做到的呢？是透過一遍又一遍地對自己說：「我不會擔心過去」嗎？不，那只會讓他被迫去想他過去的煩惱。他是通過接受並寫下他的失敗，然後專注於未來的計劃來做到的。他是透過經營百老匯的傑克鄧蒲賽餐廳和57街的大北方酒店做到的。他是透過推廣拳擊比賽和進行拳擊表演做到的。他是透過忙於某種建設性的事情，以至於他既沒有時間也沒有誘惑去擔心過去做到的。

「過去十年的時光，我過得比當冠軍的時候還要好。」鄧蒲賽說。

鄧蒲賽先生告訴我，他並未閱讀過許多書籍；但他不自覺地遵循著莎士比亞的建議：「智者絕不坐以待斃，而是樂觀地尋求如何彌補他們的損失。」

當我閱讀歷史和傳記，並觀察人們在艱難的情況下的表現時，我總是對一些人能夠將他們的煩惱和悲劇一筆勾銷，並繼續過著相對快樂的生活的能力感到驚訝和鼓舞。

我曾經去過辛辛（Sing Sing）監獄，最讓我驚訝的是那裡的囚犯看起來和外面的普通人一樣幸福。

當時的辛辛監獄典獄長羅斯告訴我，當罪犯首次抵達辛辛監獄時，他們可能會感到憤怒和苦澀。但是幾個月後，大多數較聰明的人會將他們的不幸視為過去，平靜地接受監獄生活，並盡力適應。羅斯典獄長告訴我關於一位辛辛監獄的囚犯 —— 一位園丁 —— 他在監獄牆內種植蔬菜和花卉時唱歌。

那位在農耕花朵時唱歌的辛辛監獄囚犯比我們大多數人更有智慧。他知道，

指頭一動，字跡便留下；書寫完畢，

前進：無論你的虔誠或智慧如何想誘使它回來

取消一半的行數，

你所有的淚水也無法抹去其中的一個字。

所以，為何要浪費眼淚呢？當然，我們曾犯下錯誤和荒謬之事！那又如何？誰沒有呢？即使是拿破崙，他所有重要的戰役中也有三分之一是失敗的。也許我們的成功率並不比拿破崙差。誰知道呢？

而且，無論如何，國王的所有馬匹和所有士兵都無法將過去重新拼湊起來。

所以，讓我們記住這一部的第六條規則：

不要試圖鋸木屑。

第3部摘要

如何在擔憂的習慣壓垮你之前破除它

規則一：透過保持忙碌來驅除你心中的憂慮。充足的行動是治療「心神不寧」最好的療法之一。

規則二：不要為小事煩惱。不要讓生活中的小事 —— 就像白蟻一樣的東西 —— 破壞你的快樂。

規則三：利用平均法則來消除你的憂慮。問自己：「這件事發生的機率有多小？」

規則四：與無可避免的事情合作。如果你知道某種情況超出了你的改變或修正的能力，就對自己說：「事情就是這樣；無法改變。」

規則五：對你的憂慮設定「停損」指令。決定一件事可能值得多少焦慮 —— 並拒絕再給予它更多。

規則六：讓過去埋葬它的死者。不要鋸木屑。

PART FOUR

SEVEN WAYS TO
CULTIVATE A MENTAL ATTITUDE
THAT WILL BRING YOU
PEACE AND HAPPINESS

第**4**部

七種方法，培養
平靜與快樂的心態

12

八個能改變你生活的字眼

Eight Words That Can
Transform Your Life

幾年前，我被邀請到一個廣播節目上回答這個問題：「你學到的最大的一課是什麼？」

那很簡單：到目前為止，我所學到的最重要的一課就是我們的思想有多麼重要。如果我知道你在想什麼，我就會知道你是什麼樣的人。我們的思想塑造了我們的本質。我們的心態就是那個決定我們命運的 X 因素。愛默生曾說：「一個人整天在想什麼，他就是什麼。」……他怎麼可能會是別的呢？

我現在深信不疑，你我必須面對的最大問題——實際上，幾乎是我們唯一必須面對的問題——就是選擇正確的思想。如果我們能做到這一點，我們就將走上解決所有問題的康莊大道。曾經統治羅馬帝國的偉大哲學家奧理略（Marcus Aurelius），用八個英文字總結了這一點——八個可以決定你命運的英文字：「我們的生活就是我們的思想所塑造的（Our life is what our thoughts make it.）。」

是的，如果我們想著快樂的事情，我們就會快樂。如果我們想著悲慘的事情，我們就會悲慘。如果我們想著恐懼的事情，我們就會害怕。如果我們想著病態的事情，我們可能會生病。如果我們想著失敗，我們肯定會失敗。如果我們沉溺於自憐，

每個人都會想要避開我們。美國著名的牧師諾曼‧文森特‧皮爾（Norman Vincent Peale）說：「你不是你認為你是的那個人；但你所想的，你就是。」

我是否在倡導對所有問題都持有習慣性的樂觀態度？不，很遺憾，生活並不如此簡單。但我倡導的是我們應該擁有積極的態度，而非消極的態度。換句話說，我們需要對我們的問題感到關注，但不需要擔憂。關注和擔憂之間的區別是什麼呢？讓我來舉例說明。

每次我穿越紐約交通堵塞的街道時，我都會對自己正在做的事情感到擔心，但並不焦慮。擔心意味著認識到問題所在，並且冷靜地採取步驟來解決它們。而焦慮則意味著在無益且令人困擾的循環中打轉。

一個人可以對他遇上的嚴重問題感到擔憂，但仍然能夠挺胸昂首，胸前插著一朵康乃馨。我曾見過洛威爾‧湯瑪斯（Lowell Thomas）就是這樣做的。

我曾有幸與湯瑪斯合作，一同呈現他關於一戰時期阿拉伯戰役的著名影片。他和他的助手們在多個前線拍攝了這場戰爭；而最重要的是，他們帶回了湯瑪斯‧愛德華‧勞倫斯上校（T.

E. Lawrence，即後來著名的「阿拉伯的勞倫斯」）和他色彩繽紛的阿拉伯軍隊的圖像記錄，以及英國陸軍艾倫比元帥（Edmund Allenby）征服聖地的影片記錄。

　　他由此而呈現的插圖講座名為「我與巴勒斯坦的艾倫比及阿拉伯的勞倫斯」，開講後在倫敦乃至全球引起了轟動。倫敦的例常歌劇季為了讓他能繼續在科芬園皇家歌劇院講演他刺激的冒險故事和照片，因此還推遲了六星期。在倫敦取得轟動成功後，他又開始了一場多國的勝利之旅。然後，他花了兩年的時間準備開拍一部關於印度和阿富汗生活的影片。

　　在一連串極度不幸的情況下，不可能的事情發生了：他在倫敦破產了。我當時和他在一起。我記得我們不得不在萊昂斯角落房子餐廳吃便宜的餐點。如果湯瑪斯先生沒有向一位蘇格蘭人 —— 著名藝術家詹姆斯・麥貝（James McBey）借錢，我們甚至無法在那裡吃飯。

　　這就是故事的重點：即使當洛威爾・湯瑪斯面臨巨大的債務和嚴重的失望，他會感到擔憂，但並不會擔心。他知道，如果他讓逆境打倒他，他對所有人，包括他的債權人，都將一無是處。所以每天早上在他出門前，他會買一朵花，插在他的胸

前，然後昂首闊步地走在牛津街上，步伐充滿活力。他懷著積極、勇敢的想法，拒絕讓失敗擊敗他。對他來說，被擊敗只是遊戲的一部分——如果你想要到達頂峰，你必須預期到這是有用的訓練。

病學家哈德菲爾德（J. A. Hadfield）在他精彩的54頁小冊子《力量的心理學》（*The Psychology of Power*）中，給出了關於這個事實的生動例證。他寫道：「我請三個男人接受測試，以檢驗心理暗示對他們力量的影響，這是通過握力儀來測量的。」他告訴他們用盡全力握住握力儀。他讓他們在三種不同的情況下這麼做。

在正常清醒的狀態下測試他們時，他們的平均握力為101磅。

當他在催眠他們並告訴他們自己非常虛弱後進行測試時，他們只能握住29磅的重量，不到他們正常力量的三分之一。（這些人中有一位是獎彩拳擊手；當他在催眠下被告知他很虛弱時，他自述他的手臂感覺「很小，就像嬰兒的一樣。」）

當哈德菲爾德再對這些人進行第三次測試時，他以催眠告訴

他們自己非常強壯，他們能夠握住平均142磅的重物。

當他們的心中充滿了對力量的積極思考時，他們的實際體能幾乎提升了五成。

這就是我們心態的驚人力量。

爲了說明思想的魔力，讓我告訴你美國歷史上最驚人的故事之一。我可以寫一本書來講述它；但讓我們簡短地說。

在一個寒冷十月夜晚，正是美國內戰結束後不久，一位無家可歸、一貧如洗，在世界上無非是個流浪者的女子，敲開了位於麻薩諸塞州艾姆斯伯里一位鄰里間稱爲「韋伯斯特媽媽」（"Mother" Webster）的門。這位韋伯斯特是一位退休船長的妻子。

當「韋伯斯特媽媽」打開門，她看到了一個脆弱的小生物，「驚恐之下的皮膚和骨頭幾乎不超過一百磅。」這位陌生人，格洛弗夫人（Mrs. Glover）解釋她正在尋找一個家，她可以在那裡思考並解決一個讓她日夜都無法釋懷的重大問題。

如果不是「韋伯斯特媽媽」的女婿艾利斯（Bill Ellis）從紐約來此度假，格洛弗夫人可能會無限期地留在她那裡。當他

發現格洛弗夫人在場時，他大喊：「我不允許這房子裡有流浪漢」；然後他把這位無家可歸的女人推出門外。當時正下著傾盆大雨。

她在雨中顫抖了幾分鐘，然後開始沿著路走，尋找避雨的地方。

之後是這則故事中令人驚訝的部分。那個被艾利斯趕出家門的「流浪者」，註定要對世界的思想產生與地球上任何其他女性一樣多的影響。

她現在被數百萬忠實的追隨者們所熟知，她就是瑪麗・貝克・艾迪（Mary Baker Eddy）——基督科學的創始人。

然而，之後她的生活中除了疾病、悲傷和悲劇之外，幾乎一無所有。她的第一任丈夫在他們結婚後不久就去世了。她的第二任丈夫棄她而去，與一名已婚女子私奔。他後來在一個窮人院中去世。

她只有一個兒子；但也因為貧窮、疾病和嫉妒的原因，她被迫在他四歲時將他送走。她失去了他的蹤跡，三十一年來再也沒有見過他。

由於自身的健康狀況不佳，艾迪夫人多年來一直對她所稱的

「心靈療法科學」（the science of mind healing）感興趣。然而，她生活中的劇變發生在麻薩諸塞州的林恩市。

她在一個寒冷的日子於市區漫步時，在冰冷的人行道上滑倒並失去了意識。她的脊椎受到嚴重的傷害，以至於被痙攣折磨。醫生也預期她會死去，並宣稱，如果她奇蹟般地活了下來，她將永遠無法再走路。

原本應該是她臨終的床鋪上，瑪麗·貝克·艾迪打開了她的聖經，她宣稱，是神的指引讓她讀到了這些來自聖馬太的話：「看哪，有人用床抬來一個患癱瘓病的，耶穌見他們的信心，就對癱瘓病的說，小子，放心吧！你的罪赦免了。……起來，拿你的床回家去吧。於是那人起來，回家去了。」

她宣稱，耶穌的這些話語在她內心產生了如此的力量，如此的信念，如此的治療力量，使她「立即從床上起來走了」。

「那次經驗，」艾迪夫人宣稱，「就像掉落的蘋果，引領我發現如何讓自己保持健康，以及如何使他人也能如此……我獲得了科學的確定性，所有的因果都源於心靈，每一個效應都是心理現象。」

瑪麗·貝克·艾迪就是這樣成為新宗教的創始人和高階女祭

司：基督教科學派 —— 這是唯一一個由女性創立的偉大宗教信仰 —— 一種已經傳布全球的宗教。

您可能現在心裡對自己說：「這個卡內基先生是在爲基督科學教做宣傳。」不，您錯了。我並不是基督科學教的信徒。但是，我活得越久，就更深深確信思想的巨大力量。

由於多年來致力於教導成人，我知道男人和女人可以驅除擔憂、恐懼和各種疾病，並且可以通過改變他們的思想來改變他們的生活 —— 我知道！我知道！！我知道！！！我已經看到這種令人難以置信的變化進行了數百次。我如此頻繁看到它們，甚至於我不再對它們感到驚訝。

例如，其中一個展示思想力量的驚奇轉變，就發生在我一位學生身上。他曾經歷過一次精神崩潰。是什麼導致了這種情況？那就是擔憂。這位學生告訴我：「我擔心所有的事情：我擔心自己太瘦；我擔心自己正在失去頭髮；我擔心我永遠賺不到足夠的錢去結婚；我擔心我永遠不會成爲一個好父親；我擔心我正在失去我想娶的女孩；我擔心我沒有過好生活。

「我擔心自己給他人的印象。我擔心是因爲我認爲我有胃

潰瘍。我無法再工作；我放棄了我的工作。我在內心累積了壓力，直到我像一個沒有安全閥的鍋爐，壓力大到如此無法忍受到要放棄——而事實也確實如此。

「如果你曾經歷過精神崩潰，祈求上帝你永遠不會再有，因為沒有任何身體的疼痛可以超越一個痛苦不堪的心靈所承受的劇烈痛楚。

「我的崩潰程度之嚴重，以至於我無法與自己的家人交談。我無法控制自己的思緒。我充滿了恐懼。對於最微小的聲音，我都會驚跳。我避開所有人。我會毫無理由地突然哭泣。

「……每一天都是痛苦的折磨。我感覺自己被所有人，甚至上帝都遺棄了。我曾經想過跳進河裡，結束這一切。

「我決定改變一下，去佛羅里達旅行，希望這樣的轉變能對我有所幫助。當我踏上火車的時候，父親遞給我一封信，告訴我在到達佛羅里達之前不要打開它。我在旅遊旺季時抵達佛羅里達。由於我無法入住酒店，我在一個車庫裡租了一處睡房。

「我曾嘗試在邁阿密找一份貨船的工作，但並未成功。於是，我就在海灘上消磨時間。在佛羅里達的我，比在家裡時還要痛苦；因此，我打開了父親寫的信封看看他寫了些什麼。他

的便條上寫著，『兒子，你離家1500英里，你並沒有感到有什麼不同，對吧？我知道你不會，因為你帶走了所有麻煩的根源，也就是你自己。你的身體和心智都沒有問題。讓你困擾的並不是你遇到的情況，而是你對這些情況的看法。人如其心所想，其人即是如此。當你明白這一點，兒子，就回家吧，因為你將會痊癒。』

「爸爸的信讓我很生氣。我在尋求同情，而不是教誨。我氣得決定當下我永遠不會回家。那天晚上，當我在邁阿密的一條小街上走著，我來到了一間正在進行禮拜的教堂。由於無處可去，我漫無目的地走進去，聆聽了一場以『克服自我精神的人，比攻下一座城市的人更偉大』為主題的講道。坐在神聖的教堂裡，聽到的思想與我父親在信中寫下的相同 —— 所有這些都將我腦海中積累的雜亂清掃出去。

「我終於能在生活中首次清晰且理智地思考。我意識到我曾是多麼的愚蠢。我驚訝地看到我真實的自我：我一直想要改變整個世界和其中的每一個人 —— 然而唯一需要改變的，其實只是我心智這台相機的鏡頭焦點。

「隔天早上，我收拾行李並開始回家。一週後，我又回到

工作崗位。四個月後，我娶了那個我曾經害怕失去的女孩。我們現在是一個快樂的五口之家。上帝在物質和精神上都對我很好。在我崩潰那時，我是一個小部門的夜班主管，負責管理十八個人。

「我現在是紙箱製造部門的主管，負責管理超過四百五十人。生活變得更加充實和友善。我相信我現在更能欣賞生活的真正價值。當不安的時刻試圖潛入（就像每個人的生活中都會有的）我告訴自己要將那台相機重新對焦，一切都會好的。

「我可以誠實地說，我很高興我曾經崩潰過，因為我以最艱難的方式找出我們的思想對我們的心靈和身體可以有多大的影響力。現在，我可以讓我的思想為我工作，而不是對我造成傷害。我現在明白，爸爸當時說的沒錯，造成我所有痛苦的並不是外在的情況，而是我對那些情況的看法。一旦我意識到這一點，我就痊癒了——並且一直保持癒好的狀態。」

這就是這位學生的經歷。

我深信，我們的內心平靜和生活的快樂，並不取決於我們身處何地，擁有何物，或者我們是誰，而完全取決於我們的心

態。外在條件對此影響甚微。例如，讓我們來看看美國歷史上的革命人物老約翰·布朗（old John Brown）的案例，他因為奪取哈珀斯渡口的軍械庫並試圖煽動奴隸起義而被絞刑。他坐在自己的棺材上，被帶向絞刑架。

坐在他旁邊的獄警顯得緊張和擔憂。但老約翰·布朗卻鎮定自若。他抬頭看著弗吉尼亞的藍脊山脈，驚嘆道：「多麼美麗的國度！我以前從未有機會真正看過它。」

或者以羅伯特·法爾孔·斯科特（Robert Falcon Scott）和他的同伴為例——他們是首批抵達南極的英國人。他們的回程可能是人類歷史上最殘酷的旅程。他們的食物已經耗盡，燃料也是。

他們無法再行進，因為一場咆哮的暴風雪從地球的邊緣狂吹了十一天十一夜——它如此猛烈而銳利，以至於在極地冰層上切割出了山脊。斯科特和他的同伴知道他們將要死去；他們帶了一些鴉片，正是為了因應這種緊急情況。

一大劑的鴉片，他們就能躺下來做美夢，再也不會醒來。但他們選擇忽視了這種藥物，並在「歡快的歌聲」中死去。我們會知道他們是這樣做的，是因為八個月後一個搜救隊在他們凍

僵的屍體旁找到了一封告別信。

是的，如果我們珍視勇氣和冷靜的創新思想，我們可以坐在自己的棺材上欣賞風景，一路駛向絞刑架；或者我們可以在飢餓和凍死的同時，讓我們的帳篷充滿「歡快的歌聲」。

在失明的情況下，思想家彌爾頓在三百年前就發現了同樣的真理：

心靈是其自身的所在，並在其自身中

能將地獄變為天堂，天堂變為地獄。

拿破崙和海倫・凱勒（Helen Keller）是彌爾頓語錄的完美詮釋者：拿破崙擁有人們通常渴望的一切——榮耀、權力、財富——然而他在被流放的聖海倫娜島（Saint Helena）上說：「我一生中從未有過六天快樂的日子」；而海倫・凱勒——她盲、聾、啞——卻宣稱：「我發現生活如此美好。」

如果半個世紀的生活教會了我任何東西，那就是「只有你自己能帶給你平靜。」

我只是試圖重述艾默生在他的〈自助〉（Self-Reliance）一

文結尾處所說的話：「政治上的勝利，租金的上漲，你的病人的康復，或者你的朋友的回歸，或者其他一些完全外在的事件，提振了你的精神，你認爲好日子正在爲你準備。不要相信它。這永遠不可能。只有你自己才能帶給你和平。」

偉大的斯多葛派哲學家愛比克泰德警告我們，我們應該更關心從心中移除錯誤的想法，而不是從身體中移除「腫瘤和膿腫」。

愛比克泰德在十九世紀前就說過這話，而現代醫學會支持他的觀點。羅賓森博士（Dr. G. Canby Robinson）宣稱，被送入約翰霍普金斯醫院的五分之四的病人，他們的病情部分是由情緒壓力和壓力引起的。卽使在有機體失調的情況下，這種情況也常常是眞實的。

「最終，」他宣稱，「這些都可以追溯到對生活及其問題的不適應。」

偉大的法國哲學家蒙田則將下面的話作爲他生活的座右銘：「一個人受到的傷害，並非來自於事情本身，而是他對事情的看法。」而我們對事情的看法完全取決於我們自己。

現在我在說些什麼？我是否正毫不掩飾地當面告訴你，正

當你被困難壓倒，你的神經如同裸露的電線般彎曲翹起的情況下，你仍可以通過意志力改變你的心態？是的，我就是這麼說的！而且這還不是全部。我將告訴你如何做到這一點。這可能需要一點努力，但秘訣其實很簡單。

心理學家威廉‧詹姆斯在實用心理學的知識上從未被超越，他曾有過這樣的觀察：「行動似乎是隨著感覺而來，但實際上行動和感覺是相伴而行的；通過調節行動，這是更直接受到意志控制的，我們可以間接地調節感覺，這是無法直接控制的。」

換句話說，威廉‧詹姆斯告訴我們，我們不能僅僅通過「下定決心」來立即改變我們的情緒——但我們可以改變我們的行為。而當我們改變我們的行為時，我們的感情將自動改變。

「因此」，他解釋說，「如果你失去了快樂，那麼主動找回快樂的最佳途徑，就是振作精神，行動和說話就像快樂已經在那裡了一樣。」

這麼簡單的技巧會有效嗎？自己試試看。給自己一個大大的、開朗的、真誠的笑容；挺直你的肩膀；深深地吸一口氣；並唱出一段歌曲。如果你不會唱，就吹口哨。如果你不會吹口哨，就哼一曲。你將很快發現威廉‧詹姆斯所說的——當你

身體表現出充滿活力的快樂狀態時，你是無法保持憂鬱或沮喪的！

　　這是大自然中的一個基本小真理，可以輕易地在我們所有人的生活中創造奇蹟。我認識一位在加利福尼亞的女士 —— 我不會提及她的名字 —— 如果她知道這個秘密，她可以在二十四小時內消除所有的痛苦。她年紀大了，而且是個寡婦 —— 我承認，這很悲哀 —— 但她有試著表現得快樂嗎？

　　不，如果你問她感覺如何，她會說，「哦，我還好」 —— 但她臉上的表情和她聲音中的抱怨卻似乎在說，「哦，天啊，要是你知道我有多難！」她似乎在責怪你在她面前感到快樂。有數百名女性的處境比她更糟：她的丈夫留給她足夠的保險金可以讓她度過餘生，而且她有已婚的孩子可以給她一個家。但我很少見到她笑。

　　她抱怨她的三個女婿都吝嗇自私 —— 儘管她在他們的家中做客長達數月。她又抱怨她的女兒們從不給她禮物 —— 儘管她自己小心翼翼地囤積著自己的錢，「為了我老了之後」。她是自己和她不幸的家庭的禍害！但是，真的必須這樣嗎？這就是可

悲之處 —— 她可以將自己從一個痛苦、苦澀、不快樂的老婦人變成一個受尊敬和愛戴的家庭成員 —— 如果她想改變的話。而她要實現這種變化的唯一要做事就是開始表現出快樂；開始表現出她有一些愛可以分給別人 —— 而不是將所有的愛都浪費在她自己不快樂和滿懷怨氣的自我上。

再來我們看看來自印第安納州泰爾市的恩格哈特先生，因為他發現了這個小真理，所以至今仍然活著。十年前，他患上了猩紅熱；當他康復後，又發現自己患上了腎炎。

他嘗試過各種醫生，甚至包括「江湖郎中」，他告訴我，但沒有任何方法能治癒他。

然後，不久前，他出現了其他併發症。他的血壓飆升。他去看醫生，被告知他的血壓已經飆升到214。他被告知這是致命的 —— 這種病情是會持續惡化，他最好立即整理好自己的事務。

「我回到家，」恩格哈特說，「確保我的保險都已繳清，然後我向我的造物主為我所有的錯誤道歉，並陷入憂鬱的沉思中。我讓每個人都不快樂。我的妻子和家人都很痛苦，我自己也深陷於抑鬱中。然而，在沉浸在自憐中的一周後，我對自己

說，『你在表現得像個傻瓜！你可能還有一年的壽命，那爲何不試著在此期間尋找快樂呢？』

「我挺直了肩膀，臉上掛上微笑，試圖表現得一切都很正常。我承認這起初是需要努力的——但我強迫自己要變得愉快和快樂；這不僅幫助了我的家人，也幫助了我自己。

「我首先察覺到的是，我開始感覺好多了——幾乎跟我假裝的感覺一樣好！這種改善持續進行。而今天——在我應該躺在墳墓裡的幾個月後——我不僅快樂、健康且活著，我的血壓還下降了！我確定一件事：如果我繼續抱著『死亡』的消極思想，醫生的預測肯定會成眞。

「但我給了我的身體一個自我療癒的機會，全賴於世間本無物，僅僅是心態的轉變！」

讓我問你一個問題：如果僅僅表現出快樂，並懷著健康和勇氣的積極思想就能拯救這個人的生命，那麼你我爲何還要忍受我們那些微不足道的憂鬱和沮喪呢？當我們有可能僅僅透過表現出快樂就開始創造幸福時，爲何還要讓自己和我們周圍的人感到不快樂和沮喪呢？

　　數年前，我讀了一本對我人生產生深遠且持久影響的小書。那本書名爲《人如其思》（*As a Man Thinketh*），作者是詹姆斯·艾倫（James Allen），書中寫道：

　　「一個人會發現，當他改變對事物和他人的想法時，事物和他人對他的態度也會有所改變……讓一個人徹底改變他的思想，他將會對這種改變如何迅速地影響他生活的物質條件感到驚訝。

　　「男人吸引的不是他們想要的，而是他們本身的特質……塑造我們結果的神性在我們自己之內。這就是我們的眞我……一個人所達成的一切都是他自己思想的直接結果……一個人只有提升他的思想才能崛起，征服並達成目標。他只有拒絕提升他的思想，才會保持軟弱、卑微和痛苦。」

　　根據〈創世紀〉的記載，造物主賦予人類對整個廣大地球的統治權。這是一份極其龐大的禮物。但我對這種超級皇家的特權並不感興趣。我所渴望的只是對自己的統治權——對我的思想的統治權；對我的恐懼的統治權；對我的心靈和精神的統治權。

而美妙的是，我知道只要我願意，隨時都能透過控制自己的行為來達到這種驚人的主導地位，因為這反過來又控制了我的反應。

那麼，讓我們記住威廉·詹姆斯的這段話：「我們所稱之為邪惡的很多東西……通常只需簡單地將受苦者的內心態度從恐懼轉變為鬥爭，就可以轉變為令人振奮和有益的善。」

讓我們為我們的快樂而戰！

讓我們透過遵循一個充滿歡樂與建設性思考的日常計劃，為我們的快樂而戰。以下就是這樣的一個計劃。它的名字是「僅為今日」。我發現這個計劃如此鼓舞人心，以至於我分發了數百份副本。它是由已故的帕特里奇（Sibyl F. Partridge）所寫的歌詞。如果你和我遵循它，我們將消除我們大部分的煩惱，並無比增加我們所享有的法國人所稱的生命之樂（la joie de vivre）。

只為今日（Just For Today）

1. 就只為了今天，我將會感到快樂。這假設了亞伯拉罕·林肯所說的是真實的，那就是「大多數人的快樂

程度取決於他們決定要有多快樂。」快樂源於內心；這並非外在事物所能決定的。

2. 僅就今日，我會嘗試適應現狀，而非強求一切都符合我自己的欲望。我會接受我的家庭、我的事業，以及我的運氣，並儘量適應它們。

3. 僅就今日，我將照顧好自己的身體。我會運動它，護理它，滋養它，不虐待它也不忽視它，使其成為我意志的完美機器。

4. 僅就今日，我將努力強化我的思緒。我將學習一些有用的知識。我不會做一個精神上的懶散者。我將閱讀一些需要努力、思考和專注的內容。

5. 僅就今日，我將以三種方式鍛鍊我的靈魂；我將對某個人做件好事但不被發現。我將做至少兩件我不想做的事，如威廉·詹姆斯所建議的，僅作為鍛鍊。

6. 就在今天，我會變得和藹可親。我會盡可能地打扮得體面，穿著得體，說話溫和，行為有禮，慷慨地給予讚美，絕不批評，也不對任何事情挑剔，更不會試圖去規範或改善任何人。

7. 就只為了今天，我會嘗試只活在當下，而不是一次性解決我一生的問題。我能做的事情，如果要我維持一生，我可能會感到驚恐，但我可以堅持十二小時。

8. 僅就今天，我會有一個計劃。我將寫下我每小時預期要做的事情。我可能不會完全按照它來做，但我會建立它。這將消除兩種困擾，那就是匆忙和猶豫不決。

9. 今天，我將獨自安靜地度過半小時來放鬆。在這半小時裡，我有時會想到上帝，以便為我的生活帶來更多的視角。

10. 僅就今日，我將無所畏懼，尤其我不會害怕感到快樂，享受美好的事物，去愛，並相信我所愛的人也愛我。

如果我們想培養一種能帶給我們平靜和幸福的心態，這裡是第一條規則：

以快樂的心情思考和行動，你就會感到快樂。

13

報復的高昂代價

The High Cost of Getting Even

數年前的一個夜晚，當我正在遊覽黃石公園時，我與其他遊客一起坐在面對著濃密松樹和杉林的看臺上。

當下，我們一直等待著有「森林的恐懼」之稱的動物灰熊，走出燈光，開始吞食從公園酒店的廚房倒出的垃圾。一位森林護林員馬丁代爾少校，騎在馬上，與興奮的遊客談論熊的話題。

他告訴我們，灰熊可以打敗西方世界的任何其他動物，可能唯一的例外是水牛和科迪亞克熊；然而，我注意到那天晚上，只有一種動物，僅此一種，灰熊允許它從森林中出來，在燈光的照耀下與他一起進食：一隻臭鼬。灰熊知道他可以用他強大的爪子一揮就消滅一隻臭鼬。那他為什麼不這麼做呢？因為他從經驗中發現，這樣做並不值得。

我也發現了這一點。作為一個農場男孩，我在密蘇里的樹籬旁捕捉過四腳的臭鼬；而作為一個成年人，我在紐約的人行道上遇到了一些兩腳的臭鼬。從那些悲慘的經驗中，我發現激怒任何一種都是得不償失的。

當我們憎恨我們的敵人時，我們就把權力交給了他們：他們控制我們的睡眠、食慾、血壓、健康和快樂的權力。如果我們的敵人知道他們如何讓我們煩惱、折磨我們，甚至使我們想報

復，他們一定會欣喜若狂！我們的憎恨並不會傷害到他們，但我們的憎恨卻把我們自己的日夜變成了地獄般的混亂。

請猜猜是誰說了這句話：「如果自私的人試圖利用你，就把他們從你的名單中劃掉，但不要試圖報復。當你試圖報復時，你傷害自己的程度比傷害對方更大。」？

……那些話聽起來好像是由某個理想主義者說出來的。但事實並非如此。那些話是出現在密爾沃基警察局發布的公告中。

企圖報復會如何傷害你呢？有許多種方式。根據《生活》雜誌的說法，這甚至可能破壞你的健康。《生活》雜誌說：「患有高血壓的人的主要個性特徵是憤恨。當憤恨變成長期的，長期的高血壓和心臟病就會隨之而來。」

所以你看到，當耶穌說「愛你的敵人」時，他不僅在傳講健全的倫理學。他也在傳講二十世紀的醫學。

當耶穌說「要饒恕七十個七次」時，他其實是在告訴你我如何避免高血壓、心臟病、胃潰瘍以及許多其他疾病。

我的一位朋友最近嚴重心臟病發作。她的醫生讓她臥床休息，並命令她不論發生什麼事都不要生氣。醫生們知道，如果你的心臟狀況不佳，一次憤怒的發作可能會要你的命。事實

上，幾年前在華盛頓州的斯波坎，有位餐廳老闆就是因爲憤怒而喪命的。我現在手上有一封來自傑瑞・斯瓦特奧特（Jerry Swartout）的信，當時他是華盛頓州斯波坎警察局的局長，信上寫道：「幾年前，威廉・法爾克伯（William Falkaber）這位在斯波坎擁有咖啡館的68歲男子，因爲他的廚師堅持要從他的碟子裡喝咖啡，他氣得暴跳如雷，結果自己氣死了。」

這個咖啡館的老闆那時氣憤至極，抓起一把左輪手槍開始追趕廚師，結果卻因心臟衰竭而倒下死去 —— 他的手仍緊握著槍。驗屍報告宣稱，「是憤怒引起了心臟衰竭。」

當耶穌說「愛你的敵人」時，他也在告訴我們如何改善我們的外貌。我知道有些人 —— 你也一樣 —— 他們的臉因爲憎恨而皺紋滿佈，因爲怨恨而變得硬化且變形。基督教世界中所有的整形手術都無法像一顆充滿寬恕、溫柔和愛的心那樣，讓他們的外貌改善一半。

憎恨破壞了我們享受食物的能力。聖經這樣說：「有愛的地方，一頓吃蔬菜的晚餐都比滿載著憎恨的肥牛餐還要好。」

如果我們的敵人知道我們對他們的憎恨讓我們精筋疲力盡，使我們疲態畢露且神經緊張，破壞我們的容貌，引發我們的心

臟病，甚至可能縮短我們的壽命，他們豈不是會津津樂道，滿心歡喜嗎？

即使我們無法愛我們的敵人，至少讓我們愛自己。讓我們深愛自己，到不允許我們的敵人控制我們的快樂，我們的健康，和我們的外貌。正如莎士比亞所說：

不要為你的敵人燃起如此炙熱的爐火
讓它自己去唱歌。

當耶穌說我們應該「七十個七次」地原諒我們的敵人時，他也在傳達良好的商業道德。例如，我在寫這篇文章時，手上有一封我收到的來自瑞典烏普薩拉的喬治‧羅納（George Rona）的信。多年來，喬治‧羅納一直在維也納當律師；但在第二次世界大戰期間，他逃到了瑞典。他沒有錢，急需工作。

由於他能夠說和寫幾種語言，他希望能在從事進出口的公司中擔任聯絡員，大部分的公司回覆他們因為戰爭的關係並不需要這樣的服務，但他們會將他的名字存檔……等等。然而，有一個人寫了一封信給喬治‧羅納說：「你對我的業務的想像並不

正確。你既錯誤又愚蠢。我不需要任何聯絡員。即使我真的需要一個，我也不會雇用你，因為你甚至不能寫好瑞典語。你的信充滿了錯誤。」

當羅納讀到那封信時，他像唐老鴨一樣生氣。這個瑞典人告訴他，他不會寫這種語言，這是什麼意思？為什麼？這個瑞典人自己寫的信裡還不是充滿了錯誤！所以喬治‧羅納寫了一封信，這封信足以讓那個人火大。然後他停了下來。他對自己說，「先等一下。我怎麼知道這個男人不是對的呢？我學過瑞典語，但這不是我的母語，所以也許我確實犯了我不知道的錯誤。如果我確實犯了錯，那麼我肯定需要更努力地學習，如果我希望找到一份工作的話。這個男人可能對我有所幫助，即使他並不是這麼想的。他以不愉快的方式表達自己並不改變我對他的感激之情。因此，我將寫信給他，感謝他所做的一切。」

所以羅納撕毀了原已經寫好的那封火辣辣的信，並寫了另一封說：「你能花時間寫信給我，我覺得很感激，尤其是你並不需要一個聯絡員。對於我對你的公司的誤解，我感到抱歉。我之所以寫信給你，是因為我做了一些調查，你的名字被認為是你所在領域的領導者。我並不知道我在信中犯了語法錯誤。我對

此感到非常抱歉且羞愧。我現在將更努力地學習瑞典語，並嘗試改正我的錯誤。我想感謝你幫助我開始自我提升的道路。」

幾天內，喬治·羅納收到了這個男人的信，邀請羅納去見他。羅納去了──並且得到了一份工作。他親身發現了「柔和的回答能避免憤怒」的道理。

我們可能不夠聖潔去愛我們的敵人，但是，爲了我們自己的健康和快樂，讓我們至少原諒他們並忘記他們。這才是聰明的作法。孔子曾說：被冤枉或被搶劫，除非你繼續記住它，否則這都不算什麼。我曾問過艾森豪威爾將軍的兒子約翰，他的父親是否曾經懷有怨恨。

他回答，「不，爸爸從不浪費一分鐘去想他不喜歡的人。」

有句古老的說法是──不能生氣的人是傻瓜，不願生氣的人才是智者。

前紐約市長威廉·蓋諾（William J. Gaynor）因爲一項政策被媒體痛斥，甚至被一個瘋子射擊，差點喪命。當他躺在醫院裡奮力求生時，他說：「每晚，我都會原諒所有事情和每一個人。」

這是否太過理想化了？還是太甜美和光明了？如果是這樣，

讓我們轉向偉大的德國哲學家叔本華（Schopenhauer），他是《悲觀主義研究》（*Studies in Pessimism*）的作者。他認為生活是一場徒勞且痛苦的冒險。他走路時身上滴下的是憂鬱；然而，從他絕望的深處，叔本華呼喊：「如果可能，不應對任何人懷有敵意。」

我曾經問過伯納德・巴魯赫（Bernard Baruch），這位曾受六位美國總統（威爾遜、哈丁、柯立芝、胡佛、羅斯福和杜魯門）深信的顧問是否曾被敵人的攻擊所困擾。他回答：「沒有人可以羞辱我或打擾我，我不會讓他這麼做。」

沒有人能夠羞辱或打擾你我，除非我們允許他這麼做。

就像那句常言所說：棍棒和石頭可能會打傷我的骨頭，但是言語永遠無法傷害我。

自古以來，人類一直在那些對敵人無惱無恨、如基督般的人物面前點燭懷想。

我常常站在加拿大的賈斯珀國家公園中，凝視著西方世界最美麗的山脈之一──它以英國護士伊迪絲・卡維爾（Edith Cavell）的名字命名。卡維爾像聖人般在1915年10月12日面

向德國的槍決隊赴死。她犯下的罪行是什麼呢？因為她在她的比利時家中藏匿、餵養和照顧受傷的法國和英國士兵，並幫助他們逃到荷蘭。

當一位英國牧師在十月早晨走進布魯塞爾軍事監獄的牢房，為她做最後的準備時，伊迪絲・卡維爾說出了兩句話，這兩句話已被銅和花崗岩所刻存：「我意識到，愛國主義並不足夠。我對任何人都不能懷有仇恨或怨懟。」四年後，她的遺體被運回英國，並在倫敦西敏寺舉行追悼。

我曾在倫敦度過一年的時間；我經常站在國家肖像畫廊對面的伊迪絲・卡維爾雕像前，閱讀她那刻在花崗岩上的不朽語句：「我意識到，僅有愛國心是不夠的。我對任何人都不應懷有仇恨或怨懟。」

有個方法一定能夠原諒並忘記我們的敵人，就是讓自己完全沉浸在比我們自身更偉大的事業中。由此，我們遇到的侮辱和敵意就無關緊要，因為我們將對除了我們的事業以外的一切都視而不見。舉例來說，讓我們看看1918年那次在密西西比州的松樹林中發生的一起戲劇性事件。這是一場私刑行動！一

位黑人教師、牧師勞倫斯・瓊斯（Laurence Jones）即將被私刑處死。幾年前，我參觀了勞倫斯・瓊斯創立的松樹林鄉村學校（Piney Woods Country School），並在學生會上發表了演講。這所學校今天在全美國都很有名，但我要講的這個事件發生在那之前很久。它發生在集體情緒激昂的第一次世界大戰期間。

一則謠言在密西西比中部蔓延開來，稱德國人正在煽動黑人並激起他們的反抗情緒。那位即將被私刑處死的勞倫斯・瓊斯就是黑人，並被指控協助煽動他的同族起義。

一群白人男子——在教堂外聚停——他們聽見勞倫斯・瓊斯對他的教會大聲呼喊：「生活就是一場戰鬥，每個黑人都必須穿上他的鎧甲，為了生存和成功而戰鬥。」

「戰鬥！」「鎧甲！」「夠了！」這些興奮的年輕人在夜晚疾馳而去，他們招募了一群暴民，回到教堂，將繩子套在牧師身上，將他拖行了一英里，讓他站在一堆柴火上，並點燃柴火，準備同時將他絞死和燒死，就在這時，有人大喊：「讓這個該死的傢伙在被燒之前說話，出聲啊！」勞倫斯・瓊斯站在柴火上，脖子上繫著繩索，為了他的生命和他的事業而發言。他於

1907年畢業於愛荷華大學。他高尚的品格、學識和音樂才華使他廣受學生和教職員的歡迎。

畢業後，他拒絕了一位酒店老闆提議讓他開業的機會，也拒絕了一位富有的人提供資助他音樂教育的提議。爲什麼呢？因爲他被一個願景所激勵。在讀了黑人教育家布克・華盛頓（Booker T. Washington）的生平故事後，他受到啓發，決定將自己的生活奉獻給教育他那些貧困、不識字的同族同胞。

於是他去了他能找到的南方最落後的地帶 —— 位於密西西比州傑克遜以南25英里的一個地點。他把手錶典當了1.65美元，然後在開闊的樹林中以一塊樹樁作爲書桌，開辦了他的學校。

勞倫斯・瓊斯告訴這些憤怒的男人，他曾經爲教育這些未受教育的男孩和女孩，並訓練他們成爲優秀的農夫、技工、廚師和家政人員而努力奮鬥的故事。

他講述了那些在他努力創立松樹林鄉村學校時幫助他的白人 —— 那些給他土地、木材、豬、牛和金錢，以協助他進行教育工作的白人。

當勞倫斯・瓊斯被問到他是否不恨那些曾將他拖上路，準備

將他吊死和燒死的人時，他回答說他太忙於他的事業，無暇去恨——他全身心投入到比自己更大的事物中。「我沒有時間去爭吵，」他說，「沒有時間去後悔，也沒有人能迫使我降低自己的身份去恨他。」

當勞倫斯・瓊斯以真誠且感人的雄辯進行對話，他並非為自己，而是為他的事業懇求時，群眾開始軟化。最後，人群中的一位老南聯軍退伍軍人說：「我相信這個男孩在說實話。我認識他提到的那些白人。他正在做一項出色的工作。我們犯了錯。我們應該幫助他，而不是絞死他。」

這位南北戰爭中的南軍老兵在人群中傳遞他的帽子，從那些原本聚集在那裡要絞死松樹林鄉村學校創辦人的人群中，籌集到了五十二美元四十分給這個非常人物——這個人曾說：「我沒有時間去爭吵，沒有時間去後悔，也沒有人可以迫使我降低自己的身份去恨他。」

愛比克泰德在十九世紀前就指出，我們種下什麼，就會收穫什麼，而命運幾乎總是讓我們為自己的惡行付出代價。愛比克泰德說：「從長遠來看，每個人都將為自己的罪行付出代價。記

住這點的人將不會對任何人生氣，不會對任何人感到憤慨，不會辱罵任何人，不會責怪任何人，不會冒犯任何人，也不會憎恨任何人。」

在美國歷史上，可能沒有其他人像林肯那樣被譴責、被憎恨、被背叛。然而，根據赫恩頓（William H. Herndon）的經典傳記，林肯「從不以他對他人的喜好來評判他們。如果有任何特定的行動需要執行，他能理解他的敵人也能像任何人一樣做得好。如果有人誹謗他或對他進行人身攻擊，但該人是那個執行位置的最佳人選，林肯會立即給他那個位置，就像給他自己的朋友一樣……我不認為他曾因為討厭某人或者某人是他的敵人而將他撤職。」

林肯曾被自己任命為高級職位的一些人，如麥克萊蘭將軍（George B. McClellan）、國務卿西華德（William H. Seward）、戰爭部長斯坦頓（Edwin Stanton）和財政部長蔡斯（Salmon P. Chase）譴責和侮辱。然而，根據他的法律合夥人赫恩頓的說法，林肯相信，「沒有人應該因為他所做的事而被讚美；或因為他做了或沒做的事而被譴責，」因為「我們所有人都是條件、環境、教育、習慣和遺傳塑造的孩子，這些因素

塑造了我們現在和將來的模樣。」

或許林肯的說法是對的。如果你我繼承了與我們的敵人相同的身體、心理和情感特質，並且生活對我們做了與他們相同的事情，我們將會完全像他們一樣行事。我們絕對不可能做出其他的選擇。

讓我們慷慨地重複蘇族印第安人（Sioux Indians）的祈禱：「偉大的靈魂啊，請阻止我在未曾穿上他的鞋子走過兩週的路程前，對一個人進行評判和批評。」所以，與其憎恨我們的敵人，不如對他們表示同情，並感謝上帝讓我們的生活並未變成他們的模樣。與其對我們的敵人堆疊譴責和報復，不如給予他們我們的理解，我們的同情，我們的幫助，我們的寬恕，以及我們的祈禱。

在我成長的家中，每晚都會讀經文或重複聖經中的一句話，然後跪下來進行「家庭禱告」。我仍然可以聽到我父親在孤獨的密蘇里農舍中重複著耶穌的這些話——只要人類珍視他的理想，這些話就會繼續被重複：「愛你的敵人，祝福那些詛咒你的人，對那些恨你的人做好事，為那些惡意對待你和迫害你的人祈禱。」

　　我父親試著活出耶穌的這些話，而這些話給了他一種內心的平靜，這種平靜是地上的統治者和國王們常常徒勞無功地追求的。

　　想培養一種能帶給你平和與快樂的心態，請記住第二條規則是：

　　我們絕對不要試圖與我們的敵人算舊帳，因為如果我們這麼做，我們會比傷害他們更傷害自己。讓我們像艾森豪將軍一樣：我們絕不浪費一分鐘去想我們不喜歡的人。

14

這麼做，你永遠
不用擔心「忘恩負義」

If You Do This, You Will Never
Worry About Ingratitude

　　我最近在德州遇到個生意人，他滿腔憤慨。我被警告他會在我見到他的十五分鐘內告訴我這件事。他確實也這麼做了。那件讓他生氣的事發生在十一個月前，但他仍然對此感到憤怒。

　　他氣得無法談其他事。因為他給了他三十四名員工共一萬美元聖誕獎金 —— 大約每人三百美元；但沒有人感謝他。他憤怒地抱怨，「我真後悔給他們一分錢！」

　　他大約六十歲。依目前美國的壽險業計算的平均，我們將活著的時間稍微超過我們現在的年齡與八十歲之間的差距的三分之二。所以這個人 —— 如果他幸運的話 —— 可能還有大約十四或十五年的壽命。

　　然而，他已經浪費了他僅剩的幾年時間，因為他對一個已經過去的事件感到痛苦和憤恨。我對他感到同情。

　　他可能要問自己為什麼沒有得到任何的讚許，而不是沉溺於憤怒和自憐之中。也許他付給員工的薪水過低，工作量過大。也許他們認為聖誕獎金不是禮物，而是他們應得的。也許他過於嚴苛且難以接近，以至於沒有人敢於或願意感謝他。也許他們覺得他之所以給予獎金，是因為大部分的利潤都要用來支付稅款。

　　另一方面，也許他的員工們自私、刻薄且無禮。也許是這樣，也許是那樣。我對此並無比你更多的瞭解。但我確實知道詩人塞繆爾・約翰遜（Samuel Johnson）曾說過：「感恩是高尚修養的果實，你在粗俗的人群中找不到它。」

　　以下是我想要表達的觀點：這個人犯了一個人性化且令人痛苦的錯誤，那就是期待別人的感激。他只是不瞭解人性罷了。

　　如果你救了一個人的命，你會期待他感激你嗎？你可能會——但是塞繆爾・萊博維茨（Samuel Leibowitz，他在成為法官之前是一位著名的刑事律師）從死刑電椅上救下了七十八個人！你認為有多少人會停下來感謝萊博維茨，或者曾經不怕麻煩地給他寄過一張聖誕卡片？有多少人呢？猜猜看……沒錯——沒有一個。

　　基督曾在一個下午幫助了十個麻風病患者——但有多少麻風病患者停下來感謝他呢？只有一個。在〈聖路加福音〉中你可以找到這個故事。當基督轉身對他的門徒問，「其他九個人在哪裡？」他們都已經跑掉了。消失得毫無聲息，甚至沒有說一聲謝謝！

　　讓我問你一個問題：為什麼你我，或是德州的這位商人，會

期待我們的小恩惠能獲得比耶穌基督更多的感謝呢？

尤其說到金錢問題，嗯，那就更無望了！企業家查爾斯‧施瓦布（Charles Schwab）告訴我，他曾經救過一個銀行出納員，他用屬於銀行的資金在股市上進行投機。施瓦布拿出錢來，救了這個人免於入獄。

那個收銀員感激了嗎？哦，是的，但只是一會兒。然後他轉過頭來反對施瓦布，譴責他，甚至詛咒他──就是那個曾經讓他免於坐牢的人！

如果你給了你的一位親戚一百萬美元，你會期待他感激你嗎？鋼鐵大亨安德魯‧卡內基（Andrew Carnegie）就做了這樣的事。但是，如果安德魯‧卡內基稍後從墳墓中回來，他會驚訝地發現這位親戚在詛咒他！爲什麼呢？

因爲「老安迪」已經將3.65億美元捐給了公益慈善機構──並且只留給他「一個微不足道的一百萬」，他就是這樣說的。

就是這樣。人性始終是人性──在你的有生之年，它可能不會改變。那麼爲什麼不接受它呢？爲什麼不像羅馬帝國其中一位最明智的統治者奧理略皇帝（Marcus Aurelius）那樣實事

求是地看待它呢？

他有一天在日記裡寫道：「我今天要去見一些話多的人 ──自私、自我中心、忘恩負義的人。但我不會感到驚訝或困擾，因為我無法想像一個沒有這樣的人的世界。」

那是有道理的，不是嗎？如果你和我都在抱怨人們的忘恩負義，那該怪誰呢？是人性的問題，還是我們對人性的無知？我們不應期待感恩。這樣，偶爾得到一些感恩時，就會成為一種令人愉快的驚喜。

如果我們得不到，我們就不會感到困擾。

以下是我在這一章節中想要強調的第一點：人們忘記感恩是很自然的事情；所以，如果我們期待著別人的感恩，那我們就直接走向了諸多心痛之路。

我認識一位在紐約的女士，她總是抱怨自己孤單寂寞。她的親戚沒有一個願意接近她 ── 也難怪。如果你去拜訪她，她會花上好幾個小時告訴你她在她姪女們小時候為她們做了什麼：她在她們得麻疹、腮腺炎和百日咳時照顧她們；她供她們住了好幾年；她幫助其中一個姪女完成商學院的學業，並且在另一

個侄女結婚前為她提供了一個家。

侄女們會來看她嗎？哦，是的，偶爾會來，出於一種責任感。但她們對這些訪問感到害怕。她們知道自己將不得不坐著聽上幾個小時半隱含的責備。她們將被無休止地抱怨和自憐的嘆息所困擾。

當這位女士無法再以威脅、恫嚇或欺凌的方式逼迫她的侄女們來看她時，她就會有一次「發作」。她會突然心臟病發作。

心臟病發作是真的嗎？哦，是的。醫生說她有「神經質的心臟」，患有心悸。但醫生也說他們無法為她做什麼——她的問題是情緒上的。

這位女士真正渴望的是愛與關注。但她將其稱為「感激」。然而，她永遠無法得到感激或愛，因為她強求它。她認為這是她應得的。

有數以千計的人和她一樣，他們因為「忘恩負義」、「孤獨」和「被忽視」而生病。他們渴望被愛；但在這個世界上，他們唯一能夠期望被愛的方式就是停止索求，開始毫無回報的期望下傾注出愛。

那聽起來像是純粹的、不可操作的、充滿遠見的理想主義

嗎？其實不是。這只是常識。這是你我找到我們渴望的快樂的好方法。我知道。我在我自己的家庭中看到了這種情況。我自己的母親和父親為了幫助他人的快樂而付出。我們一直很窮——總是被債務壓得喘不過氣來。然而，儘管我們很窮，我的父母每年都能夠設法給愛荷華州庫蘭布拉夫斯的基督教孤兒院寄錢。母親和父親從未去過那個孤兒院。

可能沒有人親口感謝他們的禮物——除了書信——但他們得到的回報卻是豐富的，因為他們擁有了幫助小孩子的快樂——而不期待或期望任何回報的感激。

自從我離家後，我總是會在聖誕節時寄支票給父母，並催促他們為自己享受一些奢侈品。但他們很少這麼做。

當我在聖誕節前幾天回家時，父親會告訴我他們為城裡的某位「寡婦」購買了煤炭和食品。這位婦人有很多孩子，但卻沒有錢購買食物和燃料。他們從這些禮物中獲

我相信我父親幾乎符合亞里士多德對理想男性的描述——最有資格獲得幸福的人。亞里士多德說：「理想的男人，樂於為他人提供幫助。」

　　以下是我在這一章試圖提出的第二點：如果我們想要找到快樂，就停止思考感恩或忘恩負義，並爲了給予的內在喜悅而給予。

　　數千年來，父母一直爲孩子的忘恩負義而焦頭爛額。

　　卽使是莎士比亞的《李爾王》中也有這樣的呼喊：「孩子的忘恩負義，比蛇牙還要尖銳！」

　　但爲何孩子們應該感恩呢——除非我們教導他們如此？忘恩負義是自然的——就像野草一樣。感恩就像玫瑰。它需要被餵養和灌漑，需要被培育和愛護，需要被保護。

　　如果我們的孩子不懂得感恩，那該怪誰呢？也許是我們自己。如果我們從未教導他們向他人表達感激之情，又怎能期望他們對我們心存感激呢？

　　我認識一位在芝加哥的男士，他對他的繼子們的忘恩負義有所抱怨。他在一家箱子工廠辛勤工作，每週的收入很少超過四十美元。他娶了一位寡婦，而她說服他借錢並送她的兩個已成年的兒子去上大學。在他每週四十美元的薪水中，他必須支付食物、租金、燃料、衣物的費用，還有他的債務分期付款。

　　他這樣做了四年，像苦力一樣工作，從未抱怨過。

他有得到任何感謝嗎？沒有；他的妻子都視爲理所當然——她的兒子們也是。他們從未想過他們欠他們的繼父什麼——甚至連感謝都沒有！

誰該負責？是那些男孩子嗎？是的，但母親更應該負責。

她認爲把「責任感」這種重擔加諸在他們年輕的生活上是一種遺憾。她不希望她的兒子們「帶著債務開始人生」。所以，她從未夢想過會說：「你的繼父幫你完成大學學業，眞是個王子！」相反，她的態度是：「哦，這是他應該做的最少的事情。」

她以爲自己是在保護她的兒子們，但實際上，她卻讓他們帶著一種危險的觀念走入社會，那就是世界應該供養他們。這是一種危險的想法——因爲其中一個兒子試圖從雇主那裡「借」東西，結果卻落入獄中！

我們必須記住，我們的孩子在很大程度上是我們塑造的。例如，我母親的姐姐——來自明尼阿波利斯的維奧拉·亞歷山大（Viola Alexander）——就是一個閃耀的例子，她從未因爲孩子的「忘恩負義」而有過抱怨。

當我還是個男孩的時候，維奧拉阿姨把她自己的母親接到

自己家中，愛她和照顧她；她也為她丈夫的母親做了同樣的事情。我仍然可以閉上眼睛，看到那兩位老太太坐在維奧拉阿姨的農舍的火爐前。她們對維奧拉阿姨來說有「麻煩」嗎？哦，我想經常有吧。但從她的態度來看，你永遠不會猜到。她愛那些老太太們——所以她寵愛她們，溺愛她們，讓她們感到如在家一般。此外，維奧拉阿姨自己還有六個孩子；但她從未覺得自己做的事特別偉大，或者因為接納這些老太太到她的家而應得任何光環。對她來說，這是理所當然的事，是正確的事，是她想做的事。

維奧拉阿姨今天在哪裡呢？嗯，她現在已經守寡二十多年了，她有五個已經長大的孩子——五個獨立的家庭——都爭著要她來，希望她能住在他們的家裡！她的孩子們都很愛她，他們對她永遠都不會厭倦。

出於「感激」？胡說！那是愛—純粹的愛。那些孩子在他們的童年裡吸取了溫暖和燦爛的人間善良。難道現在情況反轉，他們回報的是愛，這有什麼奇怪的嗎？

所以讓我們記住，要培養感恩的孩子，我們自己也必須要感恩。讓我們記住「小瓶子有大耳朵」——並注意我們說的話。

舉例來說——下次我們在孩子面前詆毀他人的善意時，讓我們停下來。我們絕不要說：「看看蘇表姐送的這些聖誕節抹布。她自己織的。她一分錢都沒花！」這種話對我們來說可能微不足道——但孩子們在聽。

所以，我們最好這麼說：「看看蘇表姐花了多少時間為聖誕節做這些東西！她真是太好了，我們現在就寫一封感謝信給她。」我們的孩子可能會不知不覺地養成讚美和感激的習慣。

為了避免因忘恩負義而產生的怨恨和憂慮，以下是這一部的第三條規則：

1. 不要為忘恩負義而煩惱，我們應該預期它。讓我們記住，耶穌在一天之內治癒了十個痲瘋病患者——只有一個人對他表示感謝。我們為何期待得到比耶穌更多的感激之情呢？

2. 讓我們記住，找到快樂的唯一途徑並非期待感激，而是為了給予的喜悅而給予。

3. 讓我們記住，感恩是一種「培養」出來的特質；所以如果我們希望我們的孩子懂得感恩，我們必須訓練他們學會感恩。

15

你是否願意以一百萬美元
交換你所擁有的？

Would You Take a Million Dollars
for What You Have?

我認識哈羅德・阿博特（Harold Abbott）已經有好幾年了。他住在密蘇里州的韋布城。他曾經是我的演講活動經理。有一天，我們在堪薩斯城相遇，他開車帶我回到我在密蘇里州貝爾頓的農場。

在那段車程中，我問他是如何避免擔憂的，他告訴了我一個我將永遠不會忘記、振奮人心的故事。

「我過去常常擔心很多事，」他說，「但在1934年的一個春天，當我正在韋布城的西道赫蒂街上行走時，我看到了一幕景象，它消除了我所有的煩惱。

「這一切都在十秒鐘內發生，但在那十秒鐘裡，我學到的生活知識比我過去十年學到的還要多。」

阿博特說：「我在韋布城經營一家雜貨店已經兩年了。我不僅失去了所有的積蓄，還欠下了後來花了七年才還清的債務。我的雜貨店在上週六關閉了；現在我正打算去商人和礦工銀行借錢，這樣我就可以去堪薩斯城找工作。

「被打敗的人一樣走著，失去了所有的鬥志和信念。然後突然間，我看到一個沒有雙腿的男人從街上走來。他坐在一個裝有滾軸溜冰鞋輪子的小木平臺上。他手中各握著一塊木頭，用

來推動自己在街上前進。

「我在他剛過馬路，並開始努力把自己從路邊磚提升幾吋到人行道的時候遇到他。當他把他的小木平臺傾斜到一個角度，他的眼神與我的眼神相遇。他用一個燦爛的笑容向我打招呼。他充滿活力地說：『早安，先生。今天的早晨很美好，不是嗎？』當我站著看著他，我意識到我有多麼富有。我有兩條腿。我可以走路。我對自己的自憐感到羞愧。

「我對自己說，如果他可以在沒有腿的情況下仍然快樂、開朗和自信，那我有腿的我當然可以。我已經可以感覺到我的胸膛正在挺直。我原本打算只向商人和礦工銀行借一百美元。但現在我有了勇氣去借兩百美元。我原本打算去堪薩斯城試著找份工作。但現在我自信地宣佈我要去堪薩斯城找份工作。我得到了貸款；我也得到了工作。

「我現在把以下的話貼在浴室鏡子上，每天早上刮鬍子時我都會讀它們：

我感到沮喪，因為我沒有鞋子穿

直到在街上，我遇見了一個沒有腳的人。」

我曾問過埃迪・李肯巴克（Eddie Rickenbacker，一戰時美國著名的戰機飛行員，後來經營事業有成），他曾在太平洋上與同伴一起漂流了二十一天，絕望地迷失方向，從中他學到了什麼最重要的教訓。

「我從那次經驗中學到的最大教訓，」他說，「就是如果你有足夠的淡水可以隨意飲用，有足夠的食物可以隨心所欲地吃，那你就永遠不應該抱怨任何事情。」

《時代》雜誌有回刊登了一篇關於一位在瓜達爾卡納爾島上受傷的美軍中士的文章。這位中士被砲彈碎片擊中喉嚨，接受了七次輸血。

他寫了一張便條給他的醫生，問道：「我會活下去嗎？」醫生回答：「會的。」他又寫了一張便條，問：「我還能說話嗎？」答案再次是肯定的。然後他又寫了一張便條，說：「那我還有什麼好擔心的？」

你為何不現在就停下來問自己：「我到底在擔心什麼？」你可能會發現，這些擔憂其實相對地不重要，甚至微不足道。

我們生活中的大約九成事物都是對的，只有大約一成是錯

的。如果我們想要快樂，我們只需要專注於那九成對的事物，並忽視那一成錯的事物。如果我們想要擔憂、痛苦，甚至得胃潰瘍，我們只需要專注於那一成錯的事物，並忽視那九成美好的事物。

「思考與感恩」這幾個字，在英國的許多克倫威爾教堂中都可以看到。這些字也應該銘記在我們的心中：「思考與感恩」。想想我們所有應感恩的事物，並感謝上帝賜予我們所有的恩賜和豐饒。

《格列佛遊記》（*Gulliver's Travels*）的作者喬納森・斯威夫特（Jonathan Swift）是英國文學圈中最具毀滅性的悲觀主義者。他對於自己的出生感到如此遺憾，以至於他在生日時會穿著黑色的衣服並進行禁食；然而，在他的絕望中，這位英國文學的最高悲觀主義者讚揚了快樂和幸福的偉大健康力量。他宣稱，「世界上最好的醫生」，是「飲食醫生，安靜醫生，和快樂醫生。」

你我都可以全天候免費享受「快樂醫生」的服務，只要我們將注意力集中在我們擁有的所有難以置信的財富上——這些財富遠超過「阿里巴巴的傳說」中的寶藏。你會用十億美元來賣

掉你的雙眼嗎？

你會用什麼來換取你的雙腿？你的雙手？你的聽力？你的孩子？你的家人？把你的資產加起來，你會發現，即使是洛克菲勒、福特和摩根家族累積的所有黃金，你也不會出售你所擁有的。

但我們是否真的珍惜這一切呢？啊，並非如此。正如哲學家叔本華所說：「我們很少想到我們擁有的，但總是想到我們缺少的。」是的，這種「很少想到我們擁有的，但總是想到我們缺少的」傾向是地球上最大的悲劇。它可能已經造成了比史上所有的戰爭和疾病更多的痛苦。

這使得約翰‧帕爾默（John Palmer）從一個普通人變成了一個老古板，幾乎摧毀了他的家。他告訴我以下這些事。

帕爾默先生住在新澤西州的派特森。他說：「我從軍隊回來不久後，就開始自己做生意。我日夜努力工作，事情進展得很順利。然後問題開始了。我無法獲得零件和材料，我擔心我可能會不得不放棄我的生意。我擔憂到變成了一個老古板，不再是那個平常的我。

「我變得好煩躁和易怒，以至於——當時我並未察覺；但我

現在了解到那時我差點失去了幸福的家庭。有天，一位爲我工作的年輕殘疾退伍軍人對我說，『約翰，你應該爲自己的行爲感到羞愧。你表現得好像你是世界上唯一有困擾的人。假設你確實需要暫時關閉店鋪──那又怎樣？當事情恢復正常時，你可以再次開始。你有很多事情值得感激。然而你總是在抱怨。拜託，我多麼希望我能處在你的位置！看看我。我只有一隻手臂，我的臉被打掉了一半，然而我並沒有抱怨：如果你不停止你的抱怨和發牢騷，你將會失去你的事業，甚至你的健康，你的家，和你的朋友們！』

「那些話讓我停下了腳步。它們讓我意識到我有多麼的幸運。我當下決定我要改變，並再次回到我過去的自我──而我做到了。」

我的朋友露西爾·布萊克（Lucile Blake）還必須得在悲劇的邊緣顫抖，才學會了對她已擁有的東西感到快樂，而不是總擔心她缺少的。

我在多年前遇見了露西爾，那時我們都在哥倫比亞大學新聞學院學習短篇小說寫作。幾年前，她經歷了人生中的一次重大

震驚。當時她住在亞利桑那州的圖森。她曾經——嗯，就是經歷了她向我講述的以下際遇：

「我一直生活在繁忙之中：在亞利桑那大學學習管風琴，同時在城裡開設一個演講診所，並在我居住的沙漠柳樹牧場教授一門音樂欣賞課程。我參加各種派對、舞會，並在星空下騎馬。

「有一個早晨，我突然昏倒了。我的心臟不行了！醫生說：『你必須完全休息一年，躺在床上。』他甚至沒有鼓勵我相信自己將再度恢復健康。

「躺在床上一整年！成為一個一病不起的人——甚至可能死去！我被恐懼籠罩著！為什麼這一切都要發生在我身上？我做了什麼才得這種待遇？我哭泣和悲嘆。我感到痛苦和想反抗。但我確實按照醫生的建議躺在床上。我有位藝術家鄰居羅道夫先生對我說，『你現在認為在床上度過一年將是一場悲劇。但事實並非如此。你將有時間去思考和瞭解自己。在接下來的幾個月裡，你將比你過去的一生中取得更多的精神成長。』於是我變得冷靜多了，並試圖培養一種新的價值觀。我還閱讀了許多鼓舞人心的書籍。

「有一天，我聽到一位廣播評論員說：『你只能表達你自

己意識中的東西。』我以前聽過很多次這樣的話，但現在它們深深地在我內心中生根。我決定只想我想要依循的思想：快樂，幸福，健康的思想。每天早上，一旦我醒來，我就強迫自己回顧所有我應該感恩的事情。沒有痛苦。一個可愛的年輕女兒。我還有視力。我還能聽見那些廣播上的美妙音樂。有時間閱讀。可嚐美味的食物。親愛的朋友們，我當時的心情非常愉快，來訪的人也非常多，以至於醫生在我的病房門口掛上了一個告示，規定一次只能有一位訪客進入，並且只能在特定的時間內。

「自那時起已經過去了許多年，我現在過著充實、活躍的生活。我對於那一年臥床的日子深感感激。那是我在亞利桑那度過的最有價值、最快樂的一年。我當時養成的每天早晨數算我所擁有的恩典的習慣至今仍然保持著。這是我最珍貴的財產之一。我感到羞愧的是，我從未真正學會生活，直到我擔心我將要死去。」

我親愛的露西爾，你可能並未察覺，但你學到的教訓與兩百年前的塞繆爾・約翰遜博士學到的一樣。「習慣從每件事的最

好的一面去看，」這位博士說，「這比每年一千英鎊還要有價值。」

那些話是由一個並非專業樂觀主義者的人說出來的，而是一個經歷過二十年的焦慮、破衣與飢餓的人。最終，他成爲了他那一代最傑出的作家之一，並且是有史以來最受歡迎的談話者。

英國作家羅根·皮爾索爾·史密斯（Logan Pearsall Smith）曾有一句包含了許多智慧的話語，他說：「人生有兩件事值得追求：首先，得到你想要的；然後，享受它。只有最智慧的人才能實現第二點。」

您是否想知道如何將廚房洗碗變成一種令人興奮的體驗？如果是的話，請閱讀博格希爾德·達爾（Borghild Dahl）寫的一本充滿無比勇氣的鼓舞人心的書。該書名爲《我想看見》（*I Wanted to See*）。

這本書是由一位幾乎半個世紀都處於失明狀態的女性所寫的。

「我只有一隻眼睛，」她寫道，「而且它被濃密的疤痕覆蓋得幾乎看不見，我必須透過眼睛左側的一個小開口來看所有的東西。我只能將書籍緊貼臉部，並且盡可能地將我那隻眼睛向

左側扭曲，才能看見書本。」

　　但她拒絕被憐憫，拒絕被視爲「與衆不同」。她在小時候，想和其他孩子一起玩跳房子，但她看不見地上的標記。所以在其他孩子回家後，她會趴在地上，將眼睛靠近標記處爬行。她記住了她和朋友們玩耍的每一塊地方，很快就成爲了跑步遊戲的專家。

　　她在家中閱讀，將大字版的書籍靠得如此之近，以至於她的睫毛都能掠過書頁。她後來還讀了明尼蘇達大學的學士學位，以及哥倫比亞大學的碩士學位。

　　她開始在明尼蘇達州的雙谷村教書，並逐漸晉升，最終成爲南達科他州蘇福爾斯的奧古斯塔納學院的新聞學和文學教授。她在那裡教了十三年，爲婦女俱樂部演講，並在廣播上談論書籍和作者。她寫道：「在我心底，我一直擔心會完全失明。爲了克服這種恐懼，我對生活探取了一種快樂，幾乎可以說是歡樂的態度。」

　　然後在1943年，當她52歲時，一個奇蹟發生了：在著名的梅約診所進行了一次手術後，她現在的視力比她以前的視力好了四十倍。

一個新穎且充滿美麗的世界在她面前展開。她現在甚至覺得在廚房洗碗也變得令人興奮。「我開始在洗碗盆裡玩弄那些白色的泡沫，」她寫道。「我將手浸入其中，並捧起一團微小的肥皂泡沫。我將它們舉起對著光線，每一個裡面我都能看到燦爛的迷你彩虹的色彩。」

當她透過廚房水槽上方的窗戶向外看時，她看到了「麻雀在濃密的雪花中飛翔，灰黑色的翅膀拍打著。」

她在看著肥皂泡和麻雀時找到了這番狂喜，以至於她用這些話閉上了她的書：「『親愛的主，』我低聲說，『我們在天上的父，我感謝你。我感謝你』。」

想像一下，因為你能洗碗，看見了泡沫中的彩虹，和雀鳥在雪中飛翔，你感謝上帝！

你我應該為自己感到羞愧。多年來，我們一直生活在美麗的童話世界中，但我們卻太盲目而無法看見，太過飽足而無法享受。

如果我們想停止擔憂並開始生活，那第四條規則是：

想想你有多少福氣，而非你的困擾！

16

尋找自我並做自己：記住
地球上沒人與你相同

Find Yourself and Be Yourself: Remember
There Is No One Else on Earth Like You

我收到一封北卡羅來納州山景城的艾迪絲・奧爾雷德夫人（Edith Allred）的來信：「我小時候非常敏感且害羞，」她在信中這麼說。「我一直都超重，我的臉頰讓我看起來比我實際上還要胖。

「我有一位保守的母親，她認為讓衣服看起來漂亮是愚蠢的。她總是說：『寬鬆的衣服耐穿，緊身的衣服容易破』；而且她就是這樣給我穿衣服。我從未參加過派對；從沒有過任何樂趣；當我上學時，我沒參加其他孩子的戶外活動，甚至連體育活動也沒有參加。我極度害羞。我覺得我與其他人『不同』，且完全不受歡迎。

「當我長大後，我嫁給了一個比我大好幾歲的男人。但我並未改變。我的公婆是一個沉著且自信的家庭。他們是我應該成為的一切，但我卻無法做到。我盡力去模仿他們，但我做不到。他們每一次試圖讓我走出自我，只會讓我更深地鑽進我的殼裡。

「我變得緊張和易怒。我避開所有的朋友。我變得如此糟糕，甚至害怕門鈴響起的聲音！我是一個失敗者。我知道這一點；我害怕我的丈夫會發現。所以，每當我們在公眾場合，

我試圖表現得快樂，並且過度演繹我的情緒。我知道我過度演繹；然後我會痛苦好幾天。最後，我變得如此不快樂，以至於我看不出我的存在有什麼意義。我開始考慮自殺。」

這位不快樂的女士的生活發生了什麼改變？只是一句偶然的話！

「一句偶然的話，」奧爾雷德夫人繼續說，「改變了我整個人生。我的婆婆有一天談到她是如何養育她的孩子，她說，『無論發生什麼事，我總是堅持讓他們做自己。』……『做自己』……就是這句話改變了一切！

「一瞬間，我意識到我把所有這些痛苦都帶給了自己，因為我試圖將自己塑造成一種我並不適應的模式。

「我在一夜之間改變了！我開始做自己。我試著去研究自己的個性。試著找出我是什麼。我研究自己的優點。我盡我所能學習關於顏色和風格的一切，並以我覺得適合我的方式來打扮。我主動去交朋友。我加入了一個組織——起初是一個小組織——當他們把我放在一個計劃上時，我嚇得要死。但每次我發言，我都獲得了一點勇氣。這花了我很長的時間——但今天

我擁有的快樂超過我曾夢想的可能程度。在養育我自己的孩子時，我總是教導他們我從如此痛苦的經驗中學到的一課：無論發生什麼，都要做自己！」

這個「願意做自己」的問題，正如自助書籍作家詹姆斯‧戈登‧吉爾基（James Gordon Gilkey）所說，「與歷史同樣悠久，與人生同樣普遍」。這個不願意做自己的問題，則是許多神經症、精神病和情結背後的隱藏泉源。

教育作家安吉洛‧帕特麗（Angelo Patri）已經寫了十三本書和數千篇關於兒童訓練的報紙連載文章，他說：「沒有人比那些渴望成為與自己身心與現狀不同的人更痛苦。」

這種使人想成為「並非是自我」的渴望，在好萊塢尤其猖獗。好萊塢一位最知名的導演山姆‧伍德（Sam Wood）表示，他在與有抱負的年輕演員打交道時，最大的頭痛問題就是這個：讓他們做回自己。他們全都想成為二流的蘭娜‧特納（Lana Turners）或三流的克拉克‧蓋博（Clark Gables），「大眾已經嚐過那種滋味了，」山姆‧伍德一直告訴他們；「現在他們想要的是別的東西。」

在開始執導《再見，奇普先生》（*Goodbye, Mr. Chips*）和《戰地鐘聲》（*For Whom the Bell Tolls*）等電影之前，伍德在房地產業工作了多年，培養了一種銷售人格。他宣稱，商業世界與電影世界適用相同的原則。你不能裝作猴子。你不能當鸚鵡。山姆・伍德說：「經驗告訴我，最安全的做法是，盡快放棄那些假裝成別人的人。」

我詢問過一家大型石油公司的人事主管博因頓（Paul Boynton），他認為人們在申請工作時最大的錯誤是什麼。他必然知道：因為他已經面試過六萬多名求職者；還寫了一本名為《六種獲得工作的方法》的書。他回答：「人們在申請工作時最大的錯誤就是不做自己。他們經常不放下架子，完全坦誠，而是試圖給你他們認為你想要的答案。」但這並不奏效，因為沒有人想要一個偽善者。沒有人想要一枚假幣。

有位電車司機的女兒就不得不以艱難的方式學習這門課。她渴望成為一名歌手。但她的長相卻讓她不走運。她有張大嘴巴和突出的大門牙。當她第一次在公眾面前唱歌 —— 在新澤西的一家夜總會 —— 她試圖拉下她的上唇來遮住她的牙齒。她試圖

表現得「迷人」。結果呢？她讓自己看起來很荒謬。她正走向失敗。

然而，在這家夜店裡，有一個男人聽到這個女孩唱歌，他認為她有才華。他直言不諱地說：「今天在這兒，我一直看著你的表演，我知道你在試圖隱藏什麼。你對你的牙齒感到羞恥！」女孩感到尷尬，但男人繼續說，「那又怎樣？有突出的牙齒有什麼特別的罪過嗎？不要試圖隱藏它們！張開你的嘴，當觀眾看到你毫無羞愧時，他們會愛上你。」此外，他狡猾地說，「你試圖隱藏的那些牙齒可能會讓你發大財！」

卡斯·戴莉（Cass Daley）於是接受了他的建議，不再為她的牙齒煩惱。從那時起，她只專注於她的觀眾。她張開嘴巴，以如此的熱情和享受唱歌，使她成為了電影和廣播中的頂級明星。其他的喜劇演員還試圖模仿她！

著名的心理學家威廉·詹姆斯在談論那些從未找到自我定位的人時，他宣稱一般人只發展了他或她潛在心智能力的十分之一。他寫道：「與我們應該成為的人相比，我們只有半醒的狀態。我們只利用了我們身心資源的一小部分。廣義地說，人類

個體因此遠遠未達到他們的極限。他們擁有各種各樣的能力，但他們習慣性地未能利用。」

你我都有這樣的能力，所以我們不應該浪費一秒鐘去擔心我們與眾不同。你在這個世界上是全新的存在。

從時間的起點至今，從未有過一個與你完全相同的人；並且在未來的所有時代中，也永遠不會再有一個與你完全相同的人出現。

遺傳學的科學也告訴我們，你的身份主要是由你父親提供的二十四條染色體和你母親提供的二十四條染色體所決定的。這四十八條染色體包含了決定你所繼承的一切。

根據科學作家沙因菲爾德（Amram Scheinfeld）的說法，每條染色體上可能有數十個到數百個基因，有時候，單一個基因就能改變一個人的整個生命。的確，我們是以「驚人且奇妙」的方式被創造出來的。

即使在你的父母相遇並結合後，特別是你這個人誕生的機會也只有三十萬億分之一！換句話說，如果你有三十萬億個兄弟姐妹，他們可能都與你不同。這可都是猜的嗎？不是。

這是一個科學事實。如果你想進一步瞭解，請參閱沙因菲爾

德的《你與遺傳》（*You and Heredity*）。

　　我可以坦誠地談論本章這個「做自己」的主題，因爲我對此深有共鳴。我知道我在談論什麼。我自己從那些痛苦且代價高昂的經驗中得知。

　　展開來說吧：當我從密蘇里州的玉米田首次來到紐約時，我報名參加了美國戲劇藝術學院。我渴望成爲一名演員。我心中有個我認爲是絕妙的想法，一條通往成功的捷徑，一個如此簡單、萬無一失的想法，我無法理解爲何數千名有抱負的人還沒有發現它。那就是：我會去研究當時的著名演員——約翰·德魯（John Drew）、沃爾特·漢普登（Walter Hampden）和奧提斯·斯金納（Otis Skinner）——是如何成功表演的。

　　然後，我會模仿他們每一個人的最佳特點，將自己塑造成他們所有人的閃亮、勝利的組合。多麼愚蠢！多麼荒謬！我不得不浪費我生命中的好幾年去模仿其他人，直到這個道理穿透我這厚重的密蘇里人頭腦，我必須做自己，我絕不能成爲其他人。

　　那次令人痛心的經驗本應給我留下深刻的教訓。但它沒有。至少對我來說沒有。我太笨了。我必須重新學習。幾年後，我

開始寫作，我希望寫出有史以來最好的公開商業演講書。我對這本書的愚蠢想法與我以前對演戲的想法一樣：我將借用許多其他作家的想法，並將它們全部放入一本書中——一本包含所有內容的書。所以我找了大量的公開演講書籍，並花了一年時間將它們的想法融入我的手稿中。但我終於再次意識到我正在扮演傻瓜。這些其他人的想法大雜燴是如此的合成，如此的乏味，以至於沒有任何商人會翻閱它。終究我將一年的工作扔進了垃圾桶，重新開始。

這次我對自己說：「你必須是戴爾·卡內基，包括他所有的缺點和限制。你不可能是其他任何人。」所以我停止試圖成為其他人的組合，捲起袖子做我本應一開始該做的事：我根據自己作為演講者和演講教師的經驗、觀察和信念，寫了一本公共演講的教科書。

我學到了（希望是永遠學會）沃爾特·雷利爵士（Sir Walter Raleigh）所學到的教訓；這位爵士曾於1904年時在牛津大學任英國文學教授，他說，「我無法寫出一本與莎士比亞相稱的書」，「但我可以寫出一本屬於我自己的書。」

做你自己吧。按照歌曲作家艾文·柏林（Irving Berlin）

給已故的蓋希文（George Gershwin）的明智建議行事。當柏林和蓋希文第一次見面時，柏林已經很有名，但蓋希文還是一個在鐵皮屋巷每週只賺三十五美元的掙扎中年輕作曲家。柏林對蓋希文的才能印象深刻，他提供蓋希文一份當他音樂秘書的工作，薪水幾乎是他當時的三倍。但柏林建議：「但不要接受這份工作。」「如果你這麼做，你可能會變成二流的柏林。但如果你堅持做自己，有一天你將會成為一流的蓋希文。」

蓋希文接受了那份警告，並逐漸將自己轉變成他那一代最重要的美國作曲家之一。

諸如卓別林（Charlie Chaplin）、威爾‧羅傑斯（Will Rogers）、瑪麗‧瑪格麗特‧麥克布萊德（Mary Margaret McBride）、金‧奧崔（Gene Autry），以及數百萬的其他人都必須學習我在這一章中努力灌輸的主旨；他們必須以艱難的方式學習—就像我一樣。

像查理‧卓別林首次開始製作電影時，片中的導演堅持讓卓別林模仿當時很受歡迎的一位德國喜劇演員。一直到卓別林開始表現出自我，他的事業才開始有所起色。藝人鮑伯‧霍普（Bob Hope）也有類似的經歷：他花了多年時間在一個歌舞表

演中，直到他開始說俏皮話並展現自我，他的事業才開始有所起色。

威爾·羅傑斯曾在歌舞劇場裡轉動著繩索，多年來一言不發。直到他發現了自己獨特的幽默天賦，並開始在轉動繩索時說話，他才開始有所作為。

當瑪麗·瑪格麗特·麥克布萊德首次亮相廣播節目時，她試圖成為一名愛爾蘭喜劇演員，但卻失敗了。然而，當她嘗試成為她本來的自我——一個來自密蘇里州的樸實鄉村女孩時，她成為了紐約最受歡迎的廣播明星之一。

當金·奧崔試圖擺脫他的德州英語口音，並像城市男孩那樣打扮，聲稱他來自紐約時，人們只是在他背後笑他。但是，當他開始彈奏他的斑鳩琴並唱起牛仔民謠時，金·奧崔開啓了他的職業生涯，使他成為了世界上最受歡迎的牛仔，無論是在電影還是在廣播中。

你是這個世界上的新東西。請對此感到開心吧。充分利用天性賦予你的一切。從根本上說，所有的藝術都是自傳性的。你只能唱出你自己。你只能畫出你自己。你必須是你的經驗、你的環境和你的遺傳使你成為的人。無論好壞，你必須培養你自

己的小花園。無論好壞，你必須在生命的樂隊中演奏你自己的小樂器。

如文學家艾默生在他的〈自力更生〉（Self-Reliance）一文中所說：「每個人的教育過程中都會有一個時刻，他會堅信嫉妒是無知；模仿是自殺；他必須接受自己，無論好壞，都是他的份內事；儘管浩瀚的宇宙充滿了善，但唯有透過他對自己所賦予耕耘的土地的辛勤工作，才能得到滋養的玉米粒。他體內所擁有的力量是大自然中的新生力量，唯有他自己才知道他能做些什麼，而在他嘗試之前，他也無法知道。」

這是艾默生的說法。此外，這是一位已故詩人道格拉斯‧馬洛赫（Douglas Malloch）的說法：

如果你不能成為山頂上的松樹，

在山谷中做個灌木——但要做到

小溪旁最好的小灌木；

如果你不能成為一棵樹，那就做一棵灌木吧。

如果你不能成為灌木，那就做根小草吧，

讓一些公路更加快樂；

如果你不能成為魚鷹，那就做一條鱸魚吧—

但要是湖中最活躍的鱸魚！

我們不能都是船長，我們必須要當船員，

總有我們每個人都需要的東西。

總有重大的工作要做，也有較小的工作要做

而我們必須做的任務就在眼前。

如果你不能成為一條大道，那就成為一條小徑

如果你不能成為太陽，那就成為一顆星星；

你的成功或失敗並非取決於你的大小——

做你最好的自己！

所以，要培養一種能帶給我們平靜和擺脫擔憂的心態，第五

條規則是：

我們不要模仿別人。讓我們找到自己並做自己。

第4部　七種方法，培養平靜與快樂的心態

17

如果你有一顆檸檬，
就做杯檸檬水吧

If You Have a Lemon,
Make a Lemonade

在寫這本書的時候，有一天我順道去了芝加哥大學，問了校長羅伯特・梅納德・哈欽斯（Robert Maynard Hutchins）如何停止擔憂。

他回答說：「我一直試圖照著已故的西爾斯百貨公司總裁朱利葉斯・羅森瓦德（Julius Rosenwald）給我的一條建議：『當你有一個檸檬，就做杯檸檬水』。」

這就是偉大的教育者所做的。但愚人卻恰恰相反。如果他發現生活給了他一個檸檬，他就放棄了，並說：「我被打敗了。這是命運。我沒有機會。」然後他開始抱怨世界，並沉溺於自憐的狂歡。

但當智者被遞上一個檸檬時，他會說：「我可以從這次不幸中學到什麼教訓？我該如何改善我的處境？我該如何將這個檸檬變成檸檬水？」

在花費一生時間研究人們和他們隱藏的力量儲備後，偉大的心理學家阿爾弗雷德・阿德勒（Alfred Adler）宣稱，人類有個令人驚奇的特性就是「他們將負轉爲正的能力。」

在此有個有趣且刺激的故事，這位女子就是這麼做的。她名叫賽爾瑪・湯普森（Thelma Thompson）。「在戰爭期間，」

她向我講述自己的經歷時說，「我的丈夫被派駐在加州的莫哈維沙漠附近的一個軍事訓練營。我爲了能離他近些，所以搬去那裡生活。我討厭那個地方。我厭惡它。我從未有過如此痛苦的經歷。我的丈夫被命令去莫哈維沙漠進行演習，而我則被留在一個狹小的小屋裡獨自一人。那裡的熱度無法忍受──在仙人掌的陰影下都有攝氏50度。沒有人可以交談。風不停地吹，我吃的所有食物，甚至我呼吸的空氣，都充滿了沙子，沙子，沙子！

「我當時眞的非常痛苦，對自己感到好失望，我寫信給我的父母求助。我告訴他們我要放棄，我要回家。我說我再也無法忍受一分鐘。我寧願坐牢！我父親只用兩行字回答我的信──這兩行字將永遠在我的記憶中迴響──這兩行字徹底改變了我的生活：

兩個男人從監獄的鐵窗中向外看，

一個人看見了泥土，另一個人看見了星星。

「我一遍又一遍地讀著那兩行字，並且感到羞愧。我決定要找出我現狀中的好處；我將尋找那些星星。

「我開始與當地人交朋友，他們的反應讓我驚訝。當我對他

們的編織和陶藝表現出興趣時，他們送我他們最喜歡的作品，這些作品是他們拒絕賣給遊客的。我研究了令人著迷的仙人掌、絲蘭和約書亞樹的形態。我學習了有關草原狗的知識，觀賞沙漠中的日落，並尋找那些在數百萬年前就被遺留在那裡的海貝，久遠前沙漠的沙子曾是海洋的底部。

「是什麼引起了我這驚人的變化？莫哈維沙漠並未改變。但我改變了。我改變了我的心態。而這樣做，我將一次痛苦的經歷轉變爲我生活中最刺激的冒險。這個我新發現的世界，激發並興奮了我。我興奮到寫了一本關於它的書——一本以《明亮的壁壘》爲題的小說。我從我自創的囚牢中看出去，找到了星星。」

賽爾瑪·湯普森啊，您發現了一個古老的眞理，這是希臘人在基督出生前五百年就教導我們的：「最好的事物往往是最困難的。」

著名的牧師哈利·艾默森·福斯迪克（Harry Emerson Fosdick）在二十世紀再次重申：「快樂並非主要來自於快感，而是來自於勝利。」是的，這種勝利來自於成就感，來自於凱

旋，來自於將我們的檸檬變成檸檬汁。

　　我曾經拜訪過佛羅里達的一位快樂的農夫，他甚至能將毒檸檬變成檸檬水。當他剛得到他的農場時，他感到非常沮喪。那片土地狹窄得他既無法種植水果，也無法養豬。除了灌木橡樹和響尾蛇，那裡什麼都無法生存。

　　然後他有了一個主意。他將把他的負擔轉化為資產：他將充分利用這些響尾蛇。令所有人驚訝的是，他開始罐裝響尾蛇肉。

　　幾年前我停下行程來拜訪他時，我發現每年有兩萬名遊客湧入他的響尾蛇農場參觀。他的生意興隆。我看到他的響尾蛇的毒液被運送到實驗室製作抗毒素；我看到響尾蛇皮被以高價賣出，用來製作女士的鞋子和手提包。我看到罐裝響尾蛇肉被運送到世界各地的客戶那裡。

　　我還買了一張該地的風景明信片，並在村子的當地郵局寄出。這個村子已被重新命名為「響尾蛇，佛羅里達」，以紀念一位將毒檸檬變成甜檸檬汁的人。

　　在我一次又一次地穿越美國，從南到北，從東到西的過程中，我有幸遇見了許多男男女女，他們展現了「將負轉為正」的力量。

已故的威廉·波利索（William Bolitho），是《與衆神對抗的十二人》（*Twelve Against the Gods*）的作者，他說：「生活中最重要的事情不是利用你的收益。任何傻瓜都可以做到這一點。眞正重要的是從你的損失中獲利。這需要智慧；並且這是有見識的人和傻瓜之間的區別。」

波利索在一次鐵路事故中失去一條腿後說出了那些話。但我認識一個人，他失去了兩條腿，卻將他的不幸轉化爲幸運。他的名字叫班·佛森（Ben Fortson）。我在喬治亞州亞特蘭大的一家飯店電梯裡遇到他。當我走進電梯時，我注意到這個看起來很快樂的男人，他的兩條腿都不見了，坐在電梯角落的輪椅上。當電梯停在他的樓層時，他愉快地問我是否可以走往另個角落，這樣他可以更好地操作他的輪椅。

「眞抱歉，」他說，「給你帶來不便」——他說這話時，臉上浮現出一個深深的、溫暖人心的微笑。

當我離開電梯，走向我的房間時，我腦海中只剩下這位快樂的殘障人士。於是我又找到他，請他告訴我他的故事。

「那是在1929年的事，」他帶著微笑告訴我。「我出去砍了一堆山核桃樹枝，用來在我的花園裡支撐豆蔓。我把樹枝裝在

我的福特車上，然後動身回家。突然間，一根棍子滑到車底，正當我急轉彎的時候，它卡住了方向盤。車子瞬間衝過護欄，我猛地撞到一棵樹上。我的脊椎受傷，雙腿也癱瘓了。

「那件事發生時我二十四歲，從那以後我再也沒有踏出家外一步。」

二十四歲，卻被判定要在輪椅上度過餘生！我問他如何能如此勇敢地接受，他說，「我並沒有。」他說他憤怒並抗拒。他對自己的命運感到憤懣。但隨著年歲的流逝，他發現他的反抗除了帶給他苦澀之外，什麼也沒有得到。「我終於明白了，」他說，「其他人對我都很和善、有禮。所以我至少可以對他們也表現出和善與禮貌。」

我問他在這麼多年過去後，是否仍覺得他的意外是一場可怕的不幸，他立刻回答，「不是。」他說，「我現在幾乎感到慶幸它發生了。」他告訴我，在他從震驚和憤怒中恢復過來後，他開始生活在一個不同的世界。他開始閱讀並培養出對文學的熱愛。

在十四年間，他說，他至少讀了一千四百本書；這些書為他開闢了新的視野，使他的生活比他以前想像的還要豐富。他

開始聆聽好的音樂；他現在被偉大的交響樂所震撼，這是他以前覺得無聊的東西。但最大的變化是他現在有時間去思考。他說：「這是我生活中的第一次，我能夠看著世界，並感受到什麼是真正的價值。我開始意識到，我之前所努力追求的大部分事物，其實根本不值得。

由於他的閱讀積累，由此對政治產生了興趣，研究公共問題，甚至從他的輪椅上發表演講！他開始認識人，人們也開始認識他。而且 —— 他仍然坐在輪椅上 —— 還成為了喬治亞州國務卿！

在紐約市進行成人教育課程的過程中，我發現許多成人的主要遺憾之一就是他們從未上過大學。他們似乎認為沒有大學教育是一個很大的障礙。我知道這並不一定是真的，因為我認識的數千名成功的男士中，有許多人甚至沒有完成高中學業。所以我經常告訴這些學生一個我認識的男人的故事，他甚至沒有完成小學學業。他在極度貧困的環境中長大。

當他的父親去世時，他父親的朋友們不得不湊錢來支付他的棺材費用。在他父親去世後，他的母親在一家雨傘工廠每天工

作十個小時，然後帶著家庭手工品回家，一直工作到晚上十一點。

這位在這種環境下長大的男孩有次參加了教堂一個俱樂部舉辦的業餘戲劇表演。他從表演中獲得了如此大的快感，以至於他決定投身於公眾演講。這引導他走向了政治。到他三十歲的時候，他被選為紐約州立法機關的成員。但他對這樣的責任完全無法承擔。事實上，他坦白地告訴我，他根本不知道這是怎麼一回事。

他研讀了那些長篇繁複的法案，這些法案是他要投票表決的業務——但在他看來，這些法案可能就像是用印第安人語言寫的東西一樣。在他還未踏足過森林之前，他就被任命為森林委員會的成員，這讓他感到擔憂和困惑。在他還未擁有過銀行帳戶之前，他就被任命為州銀行委員會的成員，這也讓他感到擔憂和困惑。

他親自告訴我，他曾經感到如此沮喪，如果不是因為不想向母親承認失敗，他早就從立法機關辭職了。在絕望中，他決定每天學習十六個小時，將他的「無知檸檬」轉變為「知識檸檬汁」。通過這樣做，他將自己從一個地方政治家轉變為全國性

的傑出人物，以至於《紐約時報》稱他爲「紐約最受愛戴的公民」。

我在談論的是阿爾‧史密斯（Al Smith）。

在阿爾‧史密斯開始他的政治自我學習計劃十年後，他成爲了紐約州政府最久的當世權威。他曾四度當選爲紐約州州長——在當時，這是其他任何人都未曾達到的紀錄。在1928年，他還成了民主黨的總統候選人。

包括哥倫比亞和哈佛等六所美國頂尖大學，都向這位從未拿到小學以上正式學歷的男士頒發了榮譽學位。

阿爾‧史密斯親口告訴我，如果他沒有每天努力工作十六個小時，將他的劣勢轉化爲優勢，這些事情永遠不會發生。

哲學家尼采對於優越人物的定義是「不僅要忍受必然，還要熱愛它。」

我越深入研究成功人士的職業生涯，我越深信，令人驚訝的是，他們之中有非常多的人之所以能成功，是因爲他們起初面對的困難，激勵他們做出偉大的努力並獲得偉大的回報。正如威廉‧詹姆斯所說：「我們的弱點，竟然會在意想不到的時候幫

助我們。」

是的，很有可能是因為彌爾頓是盲人，所以他寫出了更好的詩歌；貝多芬是聾子，所以他創作出了更好的音樂。海倫‧凱勒的輝煌事業即是由失明和失聰激發和成就的。

如果柴可夫斯基沒有遭遇挫折，並且因為他悲劇性的婚姻而幾乎走向自殺——如果他的生活沒有那麼悲慘，他可能永遠無法創作出他不朽的《悲愴交響曲》。

如果杜思妥耶夫斯基和托爾斯泰沒有經歷過痛苦的生活，他們可能永遠無法寫出那些不朽的小說。

「如果我沒有得這麼嚴重的病，」寫下這段話的人改變了地球上生命的科學概念——「我就不會完成這麼多的工作。」這是寫出《演化論》的查爾斯‧達爾文（Charles Darwin）的自白，他的疾病無意中幫助了他。

在達爾文在英格蘭出生的同一天，肯塔基森林的一間木屋裡也出生了另一個嬰兒。他也因為自身的不健全而得到幫助。他的名字是林肯——亞伯拉罕‧林肯（Abraham Lincoln）。如果他在一個貴族家庭中長大，並從哈佛大學獲得了法學學位，並且有一個幸福的婚姻生活，他可能永遠不會在他的心深處找

到他在蓋茨堡永恆的話語，也不會在他的第二次就職演說中說出那首神聖的詩 —— 這是一位統治者曾經說過的最美麗和高尚的語句：「對所有人都沒有惡意；對所有人都充滿慈愛……」

哈利‧艾默森‧福斯迪克在他的書《堅持到底的力量》(*The Power to See It Through*) 中說：「有一句源自北歐斯堪的納維亞諺語，我們中的一些人可能會把它作爲我們生活的戰鬥口號：『北風塑造了維京人。』我們從何得知安逸舒適的生活，困難的消失，以及輕鬆的舒適，會自然而然地使人們變得善良或快樂呢？」

相反地，那些自憐的人即使被舒適地躺在墊子上，也會繼續自憐不已。然而在歷史上，無論處境好壞還是平庸，只要承擔起個人責任，人們就能獲得性格和幸福。

所以，北風一再地塑造了維京人。

假設我們感到如此沮喪，以至於覺得我們永遠無法將我們的困境轉化爲機遇 —— 那麼這裡有兩個原因，我們應該儘管如此去嘗試 —— 兩個原因說明我們有一切可以獲得，而沒什麼可以

287

失去。

原因一：我們可能會成功。

原因二：卽使我們未能成功，僅僅嘗試將我們的負面轉爲正面，也會使我們向前看，而不是向後看；它將用積極的想法取代消極的想法；它將釋放創造性的能量，並激勵我們變得如此忙碌，以至於我們既沒有時間也沒有傾向去哀悼過去並永遠消逝的事物。

有一次，世界著名的小提琴家奧勒・布爾（Ole Bull）在巴黎舉行音樂會時，他的小提琴Ａ弦突然斷了。但奧勒・布爾只是用三根弦完成了旋律。福斯迪克說：「這就是生活，你的Ａ弦斷了，你還要用剩下的三根弦完成。」

那不僅僅是生活。那超越了生活。那是生活的勝利！

如果可以的話，我會將威廉・波利索的這些話刻在永恆的靑銅上，並懸掛在全美國每所學校大樓：

生活中最重要的事並不是追求收益。任何傻瓜都能做到這一點。眞正重要的是從你的損失中獲利。這需要智慧；並且這是有見識的人和傻瓜之間的區別。

　　所以，為了要培養讓我們平靜與快樂的心態，請實踐第六條
規則：

當命運給我們一顆檸檬，我們就著做出檸檬水吧。

18

如何在十四天內
治療抑鬱症

How to Cure Depression
in Fourteen Days

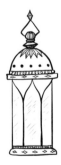

　　開始寫這本書時，我提供了兩百美元獎金，用以獎勵那些提供最有幫助且最具啓發性的有關「我如何戰勝擔憂」的眞實故事。

　　這比賽的三位評審是：東方航空公司總裁李肯巴克，林肯紀念大學校長麥可里蘭（Dr. Stewart W. McClelland），以及名廣播新聞評論員卡爾滕博恩（H. V. Kaltenborn）。後來我們收到的故事中有兩篇太出色了，乃至於評審都無法在它們之間做出選擇。因此，我們將獎金平分給它們。以下是其中一篇故事，由在密蘇里州春田市工作的伯頓（C. R. Burton）提供。

　　「我九歲時失去了母親，十二歲時父親去世，」伯頓先生寫信給我，「我的父親被殺，母親則在十九年前的某一天乾脆地走出了家門；從那時起，我再也沒有見過她。她帶走的那兩個小妹妹，我也從未見過。直到她離開七年後，她才給我寫了一封信。我的父親在母親離開三年後因一場意外事故去世。他和一位夥伴在密蘇里州的一個小鎮上買了一家咖啡館；然而在父親出差期間，他的夥伴將咖啡館賣掉換成現金後就消失了。一位朋友打電報告訴父親趕快回家；在他匆忙趕路的過程中，父

親在堪薩斯州的薩利納斯發生了車禍身亡。我父親的兩位姐姐都貧窮、年老且身體欠佳，她們將我們三個孩子接到她們的家中。沒有人願意收留我和我的小弟弟。我們被留在這個小鎮，任由命運擺佈。我們一直因為被稱為孤兒和被當作孤兒的恐懼所困擾。

「這種恐懼很快就變成了現實。我在鎮上一個貧窮家庭住了一段時間。但是時局艱難，那家的主人也失去了工作，所以他們再也無法養我了。然後，一對羅夫汀先生和太太帶我到離鎮上十一英里的農場與他們同住。這位羅夫汀先生七十歲了，並且因帶狀皰疹病倒在床。他告訴我，只要我不撒謊、不偷竊，並且按照他的指示行事，我就可以在那裡待下去。這三條命令成為我的生活準則。我嚴格遵守它們。我也開始上學，但第一週我就在那個家裡像嬰兒一樣哭泣。因為學校其他孩子都嘲笑我，取笑我的大鼻子，說我笨，叫我『孤兒小鬼』。我受傷深重，想要和他們打架；但是收留我的農夫羅夫汀先生對我說：『永遠記得，比起留下來打架，選擇走開的人才是更大的人。』所以我一直沒打架，直到有一天，一個孩子從學校的院子裡撿

起一些雞糞，然後扔在我的臉上。我狠狠揍了他一頓，還交了幾個朋友。他們說他活該。

「羅夫汀太太給我買了一頂新帽子，我對此感到非常自豪。有一天，一個大女孩把它從我頭上扯下來，裝滿了水，把它弄壞了。她說她把它裝滿水，是為了讓『水能濕潤我的厚顱骨，防止我的爆米花腦袋爆炸。』

「我從未在學校裡哭過，但我常在家裡痛哭。然後有一天，羅夫汀太太給了我一些建議，消除了所有的困擾和憂慮，並將我的敵人變成了朋友。她說，『拉爾夫，如果你對他們有期待，看看你能為他們做些什麼，他們就不會再嘲笑你，也不會再叫你「孤兒小鬼」了』。我接受了她的建議。我努力學習；雖然我很快就成為了班上的頭名，但因為我總是樂於助人，所以從未引起他們的嫉妒。

「我幫助了幾個男孩寫他們的主題和文章。我為一些男孩寫了完整的辯論稿。有一個男孩不好意思讓他的家人知道我在幫助他。所以他常常告訴他的母親他要去捕獵。然後他會來到羅夫汀先生的地方，把他的狗綁在穀倉裡，而我則幫他做功課。我為一個男孩寫了書評，我也花了幾個晚上幫一個女孩做她的

數學。

「後來死亡襲擊了我們的鄰里。有兩位年長的農夫去世，一位婦女被她的丈夫遺棄。我成了四個家庭中唯一的男性。有兩年時間我會去幫助這些寡婦。在我上學和放學的路上，我會停在他們的農場，爲他們砍柴，擠牛奶，餵食和給他們的牲畜飲水。

「我現在得到了祝福，而非詛咒。每個人都接納我爲朋友。當我從海軍服役回家時，他們向我展示了眞實的情感。我回家的第一天，有超過兩百位農民來看我。他們中的一些人開車足足八十英里，他們對我的關心眞的是由衷的。因爲我一直忙碌且快樂地努力幫助他人，所以我幾乎沒有什麼煩惱；而且現在已經有十三年沒有人再叫我『孤兒小鬼』了。」

爲伯頓歡呼！他知道如何贏得朋友！他也知道如何克服憂慮並享受生活。

那位已故的華盛頓州西雅圖的弗蘭克‧盧普博士（Dr. Frank Loope）也是如此。二十三年來，他都病於關節炎。然而，《西雅圖星報》的斯圖爾特‧惠特豪斯（Stuart Whithouse）寫信給我說：「我訪問過盧普博士很多次；我從未見過一個比他更無私或者從生活中獲得更多的人。」

這位臥床不起的病患是如何從生活中獲得如此多的滿足感呢？我給你兩次猜測的機會。他是透過抱怨和批評來達成的嗎？不，並非如此。他是透過沉溺於自憐，並要求自己該是所有人關注的焦點，讓每個人都來迎合他的需求來達成的嗎？不，你又猜錯了。他是透過採納威爾斯親王的座右銘：「Ich dien」——「我服務」作為他的口號來達成的。他收集了其他病患的名字和地址，並透過寫下快樂、鼓舞人心的信件來為他們和自己帶來歡樂。事實上，他組織了一個為病患服務的寫信俱樂部，讓他們互相寫信。最後，他成立了一個名為「閉門者協會」（The Shut-in Society）的全國性組織。

當盧普博士躺在床上時，他每年平均寫了一千四百封信，為許多病患帶來了快樂，為居家病患們籌得了收音機和書籍。

那麼，盧普博士與許多其他人的主要區別是什麼呢？就在於：盧普博士擁有一種內在的光芒，那是一個有目標、有使命的人的光芒。他擁有一種知道自己被一個遠比自己更高尚、更重要的理念所使用的喜悅，而不是像作家蕭伯納所說的，「一個

以自我爲中心的小疾病和抱怨的小團塊，抱怨著世界不會致力於讓他快樂。」

以下是我從一位偉大的精神病學家筆下讀到的最令人驚訝的語句。這句話是阿爾弗雷德·阿德勒（Alfred Adler）說的。他曾對他的憂鬱症患者說：「如果你遵循這個處方，你可以在十四天內痊癒。試著每天想想你如何能取悅他人。」

那種說法聽起來如此難以置信，我覺得我應該嘗試引用阿德勒博士精彩絕倫的書籍《生活對你應該意味著什麼》（*What Life Should Mean to You*）中的幾段來解釋它：

憂鬱症就像是對他人長期持續的憤怒和責備，儘管爲了獲得關懷、同情和支持，患者似乎只是對自己的罪過感到沮喪。

一個憂鬱症患者的第一個記憶通常是這樣的：「我記得我想要躺在沙發上，但我的哥哥正在那裡躺著。我哭得這麼慘，以至於他不得不離開。」

憂鬱症患者常常傾向以自殺來報復自己，而醫生的首要任務就是避免給他們任何自殺的藉口。

我自己會嘗試透過向他們提議第一條治療規則來緩解整體

的緊張情緒，那就是「絕不做你不喜歡的事情。」這似乎非常簡化，但我相信這觸及了整個問題的根源。如果一個憂鬱症患者能夠做任何他想做的事，他能指責誰呢？他有什麼要報復的呢？「如果你想去劇院，」我告訴他，「或者去度假，就去做。如果你在途中發現你不想去，就停下來。」這是任何人都能處於的最好狀態。

這滿足了他對優越性的追求。他就像神一樣，可以隨心所欲。然而，這並不容易融入他的生活方式。他想要掌控並指責他人，如果他們同意他，那他就無法控制他們。這條規則帶來了巨大的舒緩，我從未在我的病人中有過自殺的情況。

一般來說，病人會回答，「但我沒有喜歡做的事情。」我已經為這個答案做好了準備，因為我聽到過太多次了。「那麼就不要做你不喜歡的事情，」我說。然而，有時他會回答，「我想整天都躺在床上。」我知道，如果我允許他這樣做，他將不再想要這樣做。我知道，如果我阻止他，他將開始一場戰爭。我總是同意。

這是一條規則。另一條規則更直接地針對他們的生活方式。我告訴他們，「如果你遵循這個處方，你可以在十四天內痊癒。

試著每天想想你如何可以取悅某人。」看看這對他們意味著什麼。他們的思緒本來被「我如何可以讓某人煩惱？」這個問題佔據。他們的回答非常有趣。有些人說，「這對我來說將會非常容易。我一生都在做這件事。」他們其實從未做過。我請他們再想想。他們並未再想。

我告訴他們，「當你無法入睡的時候，你可以利用所有的時間去想如何取悅某人，這將是你健康的一大步前進。」當我第二天見到他們時，我問他們，「你有考慮我建議的事情嗎？」他們回答，「昨晚我一上床就睡著了。」當然，所有這些都必須以謙虛、友好的方式進行，絕不能流露出任何優越感。

其他人會回答說，「我做不到。我太擔心了。」我告訴他們，「不要停止擔心；但同時，你可以偶爾想想別人。」我想把他們的興趣引向他們的同伴。許多人說，「我為何要取悅別人？別人並不試圖取悅我。」「你必須考慮你的健康，」我回答。

「其他人將來會受苦。」我極少見到有病人說：「我已經考慮過你的建議。」我所有的努力都致力於提高病人的社會關注度。我知道他病痛的真正原因是他缺乏合作，我也希望他能看到這一點。

只要他能以平等且合作的立場與他的同伴建立連結，他就會痊癒……。宗教一直以來賦予我們的最重要任務就是「愛人如己」。……那些對他人不感興趣的人，他們在生活中遇到的困難最大，也對他人造成最大的傷害。所有人類的失敗都源於這樣的個體……。我們對一個人的所有要求，以及我們能給他的最高讚美，就是他應該是一個好的同事，對所有其他人都是朋友，並且是愛情和婚姻中的眞正夥伴。

阿德勒博士敦促我們每天都要做一件好事。那麼，什麼是好事呢？「一件好事」，先知穆罕默德說，「就是能讓他人面帶喜悅的微笑。」

爲何「每天做一件好事」會對實行者產生如此驚人的效果呢？因爲試圖取悅他人會使我們停止思考自己：這正是產生憂慮、恐懼和憂鬱的原因。

威廉‧穆恩夫人（Mrs. William T. Moon）在紐約經營穆恩秘書學校，她則不需要花兩週去思考如何取悅他人以驅散她的憂鬱。她超越了阿德勒——不，她比阿德勒還高明了十三倍。她在一天之內，經過思考如何取悅一對孤兒，就驅散了她

的憂鬱。

　　事情是這樣的：「五年前的十二月，」穆恩夫人說，「我被悲傷和自憐的情緒淹沒。在幾年幸福的婚姻生活後，我失去了我的丈夫。隨著聖誕節假期臨近，我的悲傷加深了。在我一生中，我從未獨自度過一個聖誕節；我害怕看到這個聖誕節的來臨。朋友們邀請我和他們一起度過聖誕節。但我並沒有什麼歡樂心情。我知道我會在任何派對上都像個掃興的人。所以，我拒絕了他們的熱情邀請。隨著聖誕節前夕的臨近，我越來越被自憐所淹沒。的確，我應該對許多事情感到感激，就像我們所有人都有許多事情值得感激一樣。

　　「聖誕節的前一天，我在下午三點離開了辦公室，開始在第五大道上無目的地漫步，希望我能驅散自憐和憂鬱的情緒。大道上擠滿了歡樂和幸福的人群——這些場景讓我回憶起過去的快樂歲月。我無法忍受回到一個孤獨和空蕩的公寓。我好困惑。我不知道該怎麼辦。我無法抑制淚水流淌。在無目的地走了大約一個小時後，我發現自己站在公車總站前。我記得我和丈夫經常會隨便搭一班不知名的公車去冒險，所以我就搭上了我在車站找到的第一班公車。經過哈德遜河，又過了一段時間

後，我聽到公車售票員說，『女士，這是終點站。』我下車了。我甚至不知道這個鎮的名字。這是一個安靜，平和的小地方。

「在等待下一班回家的公車時，我開始沿著一條住宅街道走去。當我經過一座教堂時，我聽到了〈平安夜〉的美妙旋律。我走了進去。教堂裡除了風琴手，沒有其他人。我坐在一個沒有人注意到的長椅上。那些燈光從色彩繽紛的聖誕樹上照射出來，使得裝飾品看起來就像無數的星星在月光下舞動。音樂的長篇樂章，以及我那天早上以來就忘了吃東西，都使我感到昏昏欲睡。我既疲憊又沉重，於是漸漸地入睡了。

「當我醒來時，我不知道我在哪裡。我感到非常恐慌。我看到我前方有兩個小孩，他們似乎是來看聖誕樹的。一個小女孩指著我說：『我在想是不是聖誕老人帶她來的。』當我醒來時，這些孩子也感到害怕。我告訴他們我不會傷害他們。他們的衣著破舊，我問他們媽媽和爸爸在哪裡。他們說：『我們沒有媽媽和爸爸』。

「這裡有兩個比我更可憐的小孤兒。他們讓我對自己的悲傷和自憐感到羞愧。我帶他們看了聖誕樹，然後帶他們去了一家藥店，我們在那裡享用了一些點心，我還給他們買了一些糖果

和幾份禮物。我的孤獨感彷彿被魔法消除了。這兩個孤兒給了我幾個月來唯一真正的快樂和自我忘卻。當我和他們聊天時，我意識到我是多麼的幸運。我感謝上帝，所有我作爲孩子的聖誕節都充滿了父母的愛與溫柔。那兩個小孤兒對我做的遠遠超過我對他們所做的。那次經驗再次讓我明白，爲了我們自己的快樂，讓他人快樂是多麼的必要。我發現快樂是會傳染的。我們付出，就會收穫。透過幫助他人並給予愛，我戰勝了憂慮、悲傷和自憐，感覺像是一個全新的人。而我變成了一個全新的人——不僅在那時，也在接下來的幾年裡。」

我可以寫滿一本書，講述那些因忘我而得到健康和快樂的人們的故事。例如，讓我們來看看瑪格麗特・泰勒・葉茨（Margaret Tayler Yates）的案例，她是美國海軍中最受歡迎的女性之一。

葉茨夫人是一位小說作家，但她的任何一部神秘故事都不及那個命運多舛的早晨發生在她身上的真實故事更爲有趣，那天日本襲擊了美國在珍珠港的艦隊。葉茨夫人則已經患了心臟病超過一年了。

　　她每天二十四小時有二十二小時都在床上度過。她能進行的最長旅程就是走進花園曬太陽。即使是那樣，她走路時還得依靠女僕的手臂。

　　她親口告訴我，那些日子裡，她預期自己將在餘生中成為一個病弱的人。她告訴我：「如果日本人沒有攻擊珍珠港，並將我從自滿中驚醒，我可能永遠不會真正地再活過來。」

　　「當這件事發生的時候，」葉茨太太在講述她的故事時說，「一切都陷入了混亂和困惑。有一枚炸彈在我家附近爆炸，震波把我從床上彈了出來。軍用卡車急速前往希克姆飛行場、斯科菲爾德軍營和卡內奧赫灣航空站，將軍人和海軍的妻子與孩子們送到公立學校。在那裡，紅十字會致電給那些有多餘房間的人，請他們收留他們。紅十字會的工作人員知道我床邊有一部電話，所以他們請我成為資訊的集散中心。所以我一直追蹤陸軍和海軍的妻子和孩子們被安置在哪裡，紅十字會指示所有陸軍和海軍人員給我打電話，以瞭解他們家人的下落。

　　「我很快就發現我的丈夫，羅伯特・羅利・葉茨指揮官，是安全的。我試圖安慰那些不知道丈夫是否已經被殺的婦女；我也試圖給那些丈夫已經被殺的寡婦一些慰藉——而她們人數眾

多。那天美國海軍和海軍陸戰隊有二千一百一十七名軍官和士兵喪生，另有九百六十人失蹤。

「起初，我躺在床上接這些電話。然後，我坐在床上接聽。最後，我變得如此忙碌，如此興奮，以至於我忘記了自己的虛弱，從床上起來，坐在桌邊。透過幫助那些比我更糟糕的人，我完全忘記了自己；除了每晚規定的八小時睡眠外，我再也沒有回到床上。我現在明白，如果日本人沒有攻擊珍珠港，我可能會一生都是半殘疾人。我在床上很舒服。我一直有人照顧，我現在意識到我在無意識中失去了自我康復的意願。

「珍珠港的攻擊是美國歷史上最大的悲劇之一，但就我而言，這是我生命中最好的事情之一。那場可怕的危機賦予我從未夢想過的力量。它讓我將注意力從自我轉移到他人身上。它給了我一個大而有力，重要的生活目標。我再也沒有時間去想自己或關心自己。」

如果人們能像瑪格麗特·葉茨那樣對幫助他人產生興趣，那麼，那些急於尋求精神科醫生幫助的人中，大約有三分之一的人可能可以自我治療。這是我自己的看法嗎？不，這大約是心

理學家榮格的說法。而他應該是最有資格說這話的人 —— 如果真有這樣的人的話。

他說：「我的病人中，大約有三分之一並未患有可臨床定義的神經症，而是因爲他們的生活空虛無意義。」換句話說，這些人試圖搭便車度過生活 —— 然而生活的遊行卻將他們拋在了後頭。

所以他們急忙帶著他們渺小、無意義、無用的生活去找精神科醫生。他們錯過了船班，站在碼頭上，除了自己以外，他們責怪每一個人，並要求世界滿足他們自我中心的慾望。

你可能現在正對自己說：「嗯，我對這些故事並不感興趣。如果我在聖誕夜遇到一對孤兒，我也可能會對他們產生興趣；如果我在珍珠港，我也會很樂意做葉茨所做的事。但對我來說，情況有所不同：我過著平淡無奇的生活。我每天做著乏味的工作八個小時。我身上從未發生過什麼戲劇性的事情。我怎麼能對幫助他人產生興趣呢？我爲什麼要這麼做？對我有什麼好處？」

這是個公正的問題。我會嘗試回答它。無論你的生活有多麼平淡，你肯定每天都會遇到一些人。你對他們做了什麼呢？你

只是透過他們盯著看，還是試圖找出是什麼讓他們運作的？例如，郵差怎麼樣——他每年都要走數百英里，送你的郵件；但你有沒有花時間去找出他住在哪裡，或者要求看他的妻子和孩子的照片？

你有沒有問過他是否會感到疲倦，或者他是否會感到無聊？

那麼，雜貨店的小哥、報紙攤的賣家，還有街角為你擦鞋的小夥子呢？這些人都是人——充滿了困擾、夢想和私人的野心。他們也渴望有機會與人分享。但你有讓他們這麼做過嗎？你有對他們或他們的生活表現出熱切、真誠的興趣嗎？

這就是我想表達的意思。你不必成為南丁格爾或社會改革者才能改善世界——你自己的私人世界；你可以從明天早上開始，與你遇見的人共同出發！

對你來說，這意味著什麼呢？那就是更大的快樂！更大的滿足感，以及對自己的驕傲！亞里士多德將這種態度的領域稱為「明智的自私」。先知查拉圖斯特拉（Zoroaster）則說，「對他人做好事並非義務。這是一種喜悅，因為它增加了你自己的健康和快樂。」而班傑明·富蘭克林則非常簡單地總結了這一點——「當你對他人好的時候，你對自己最好。」

「沒有任何現代心理學的發現，」紐約心理服務中心的主任亨利・林克（Henry C. Link）寫道，「在我看來，比起科學證明了自我犧牲或自我紀律對自我實現和幸福的必要性更爲重要。」

爲他人著想不僅能讓你不再爲自己擔憂；它還能幫助你交到許多朋友，並帶給你許多樂趣。怎麼做呢？嗯，我曾經問過耶魯大學的威廉・萊昂・菲爾普斯（William Lyon Phelps）教授，他是如何做到的；這是他的回答：

「我從不進入酒店、理髮店或商店而不對我遇到的每個人說些愉快的話。我嘗試說些尊重他們也是一個個體的話——而不僅僅是機器中的一個齒輪。我有時會讚美在商店裡服務我的女孩，告訴她她的眼睛多麼美麗——或者她的頭髮。我會問理髮師他是否會因爲整天站著而感到疲倦。我會問他是如何開始學習理髮的——他做這行多久了，以及他剪過多少人的頭髮。我會幫他算一算。我發現對人們表現出興趣會讓他們感到非常高興。我經常與一位曾經幫我提行李的紅帽男子握手。這讓他感到振奮，讓他整天都精神煥發。

「在一個極度炎熱的夏天，我走進了紐哈芬鐵路的餐車吃午

307

餐。擁擠的車廂熱得就像個熔爐，服務又慢。當服務員終於遞給我菜單時，我說：『後面那熱廚房裡煮飯的男孩們今天一定很辛苦。』服務員開始咒罵，語氣滿是苦澀。起初，我以為他生氣了。『天哪，』他驚呼，『人們進來抱怨食物。他們抱怨服務慢，抱怨熱，抱怨價格。我聽了他們十九年的批評，你是第一個也是唯一一個對後面那熱廚房的廚師表示同情的人。我真希望我們有更多像你這樣的乘客』。」

「那位服務者感到驚訝，因為我把廚師們視為人，而不僅僅是大鐵路組織中的一個齒輪。人們想要的，」菲爾普斯教授繼續說，「是作為人的一點關注。當我在街上遇到一個帶著漂亮狗的人時，我總是會讚美那隻狗的美。當我繼續走著，回頭看時，我常常看到那個人正在撫摸並欣賞他的狗。我的讚美重新喚起了他對狗的欣賞。」

「有一次在英國，我遇到了一位牧羊人，並對他那隻大而聰明的牧羊犬表示了我真摯的欽佩。我問他是如何訓練這隻狗的。當我走開的時候，我回頭看了一眼，看到狗站在牧羊人的肩膀上，牧羊人正在撫摸它。通過對牧羊人和他的狗表現出一點興趣，我讓牧羊人感到快樂。我讓狗感到快樂，我也讓自己

感到快樂。」

你能想像一個男人四處與搬運工握手，對廚房裡炎熱工作的廚師表示同情，並告訴人們他多麼欣賞他們的狗—你能想像這樣的男人會變得煩躁不安，需要精神科醫生的服務嗎？你不能，對吧？當然不會。

你無需對耶魯的比利·菲爾普斯說這些。他知道。他體驗過。

如果你是男性，請跳過以下這段文字。這對你來說可能少了點吸引力。這裡講述的是一個擔憂、不快樂的女孩如何讓幾個男人向她求婚的故事。做到這一點的女孩現在已經是一位祖母了。幾年前，我在她和她丈夫的家中度過了一夜。

我曾在她住的城鎮做過一場演講；隔天早上，她開車載我行駛約五十英里，以便我能在紐約中央鐵路的主線上搭上火車。我們開始談論到那些愛抱怨的朋友，她說：「卡內基先生，我要告訴你一件事，這是我從未向任何人坦白過的事情 —— 甚至連我丈夫也不知道。」她告訴我，她在費城一個家庭中長大。她說：「我少女時期和青年女性時期的悲劇，就是我們家的貧

窮。我們永遠無法像我社交圈裡的其他女孩那樣招待客人。我的衣服從來都不是最好的品質。我長大了，衣服不再合身，而且常常過時。我感到如此羞愧，如此難堪，以至於我經常哭著入睡。最後，在絕望中，我想到了一個主意，那就是在晚宴上總是請我的夥伴告訴我他的經驗、他的想法，以及他對未來的計劃。我問這些問題並不是因為我對答案特別感興趣。我這麼做完全是為了讓我的夥伴不去注意我破舊的衣服。但是一件奇怪的事情發生了：當我聽這些年輕人講話並瞭解他們更多的時候，我真的對他們的話題產生了興趣。

「我變得如此感興趣，以至於我有時會忘記我的衣服。但對我來說最驚人的事情是：由於我是一個好的聆聽者並鼓勵男孩們談論自己，我給他們帶來了快樂，我逐漸成為我們社交團體中最受歡迎的女孩，有三個男人向我求婚。」

閱讀這一章節的一些人可能會說：「所有關於對他人感興趣的話都是一堆該死的胡說八道！純粹的宗教式胡言亂語！我才不需要那些東西！我要把錢放進我的錢包。我要抓住我能得到的一切——並且立刻抓住——至於其他的笨蛋，見鬼去吧！」

嗯，如果那是你的觀點，你有權持有它；但如果你是對的，那麼自從有記錄的歷史以來的所有偉大哲學家和教師——耶穌，孔子，佛陀，柏拉圖，亞裡士多德，蘇格拉底，聖法蘭西斯——都是錯的。

但既然你可能會嘲笑宗教領袖的教誨，那我們就轉向一些無神論者尋求建議。首先，讓我們看看已故的劍橋大學教授豪斯曼（A. E. Housman）的觀點，他也是他那一代最傑出的學者之一。

1936年，他在劍橋大學發表了一場名為〈詩的名稱與本質〉的演講。在那次演講中，他宣稱：「有句話是最偉大的真理，也是有史以來最深奧的道德發現，那就是耶穌的話：『找到生命的人將失去生命；為我失去生命的人將找到生命』。」

我們一直聽到傳教者這麼說。但豪斯曼是個無神論者，悲觀主義者，一個曾經想要自殺的人；然而他認為，只考慮自己的人不會從生活中獲得太多。他會感到痛苦。但是，忘記自我，為他人服務的人會找到生活的快樂。

如果你對豪斯曼的話並不有感，那我們就轉向尋求二十世紀最傑出的美國無神論者德萊塞（Theodore Dreiser）的建議吧。

德萊塞嘲諷所有宗教都是童話故事，並將生活視爲「一個由白癡講述的故事，充滿聲音和憤怒，卻毫無意義。」然而，德萊塞卻主張耶穌所教導的一個偉大原則——爲他人服務。德萊塞說：「如果他（人）想從他的生命中獲取任何快樂，他必須思考和計劃如何不僅爲自己，也爲他人做得更好，因爲他自己的快樂取決於他對他人的快樂，以及他人對他的快樂。」

如果我們要「爲他人做得更好」——正如德萊塞所主張的——那就讓我們快點行動吧。時間在流逝。「我只會走過這條路一次。因此，我能做的任何好事或我能表現的任何善意——讓我現在就做。讓我不要延遲也不要忽視它，因爲我將不會再走這條路。」

所以，如果你想要驅除憂慮，培養和平與快樂，這裡是第七條規則：

忘記自我，投入對他人的關注。每天做一件好事，讓某人的臉上掛上喜悅的笑容。

第4部摘要

七種方法，培養平靜與快樂的心態

規則一：讓我們的心中充滿和平、勇氣、健康和希望的思想，因為「我們的生活就是我們的思想所塑造的。」

規則二：我們絕不試圖與我們的敵人算帳，因為如果我們這麼做，我們會比傷害他們更傷害自己。讓我們像艾森豪將軍一樣：我們絕不浪費一分鐘去想我們不喜歡的人。

規則三：

1. 我們不應該為忘恩負義而煩惱，反而應該預期它的存在。讓我們記住，耶穌在一天之內治癒了十個痲瘋病人——然而只有一個人回來感謝他。我們為何要期待比耶穌得到的更多的感激呢？

2. 讓我們記住，找到快樂的唯一途徑並非期待感恩，而是

為了給予的喜悅而給予。我們記住，感恩是一種「培養」出來的特質；所以如果我們希望我們的孩子懂得感恩，我們必須訓練他們學會感恩。

規則四：想想你有多少福氣，而非你的困擾！

規則五：我們不應該模仿他人。我們應該找到自我，做自己，因為「嫉妒是無知」，而「模仿是自殺」。

規則六：當命運給我們一顆檸檬，讓我們試著做出檸檬水。

規則七：讓我們忘記自身的不快樂；透過努力為他人創造一點快樂。「當你對他人好，你對自己最好。」

PART FIVE

THE PERFECT WAY TO
CONQUER WORRY

第5部
完美的解憂法

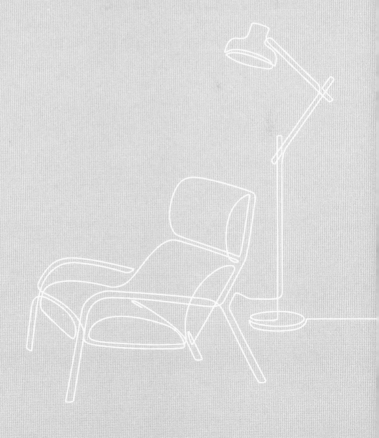

19

我的母親與父親
如何克服擔憂

How My Mother and Father
Conquered Worry

正如我之前提過，我在密蘇里一個農場出生並長大。和那個時代的大多數農民一樣，我的父母過著相當艱難的生活。我的母親曾是一名鄉村學校的教師，而我的父親曾是一名月薪十二美元的農場工人。

我們很少有現金——除了每年賣豬的時候。我們會把我們的奶油和雞蛋拿到雜貨店去換麵粉、糖、咖啡。當我十二歲時，我一年可能都沒有五十美分可以自己花。

我仍然記得那天我們去參加「美國獨立日」慶祝活動，父親給了我十美分讓我隨心所欲地花。我感到無盡的財富都屬於我了。

我要走一英里路去上一間鄉村小學。就算是在積雪深厚、溫度在零下二十八度左右的時節，我都只能步行前往。直到十四歲之前，我從未有過任何橡膠鞋或防水鞋。在漫長而寒冷的冬天裡，我的腳總是濕冷的。

作為一個孩子，我從未想過在冬天時有人能擁有乾燥、溫暖的雙腳。

我的父母每天辛勤工作十六個小時，然而我們卻常常被債務壓得喘不過氣，並且經常遭遇厄運。我最早的記憶之一就是看

著洪水滾滾氾濫過我們的玉米和乾草田，摧毀了一切。七年中有六年，我們的農作物都被洪水摧毀。年復一年，我們的豬死於霍亂，我們只能將它們燒掉。現在我閉上眼睛，還能回憶起燒豬肉的刺鼻氣味。

有一年，洪水沒有來。我們種出了豐收的玉米，購買了飼料牛，並用我們的玉米養肥了它們。

但那年另一種洪水可能同樣會淹沒我們的玉米，因為芝加哥市場上的肥牛價格量大下跌；餵養肥了牛隻後，我們得到的價格只比我們買牛的價格多出三十美元。一整年的辛勞，只賺了三十美元！

無論我們做了什麼，我們都在虧錢。我仍然記得我父親買的騾子。我們餵養它們三年，雇人來馴服它們，然後將它們運到田納西州的孟菲斯 —— 並以比我們三年前付出的價格還要低的價格賣出。

經過十年的辛勤和艱苦的工作，我們不僅一無所有，還負債累累。我們的農場被抵押了。儘管我們努力償還，但連抵押貸款的利息都無法支付。持有抵押權的銀行辱罵並侮辱我的父親，並威脅要奪走他的農場。父親當時四十七歲。經過三十多

年的辛勤工作，他除了債務和羞辱，一無所有。

這已經超出他所能承受的範圍。他擔憂不已。他的健康狀況每況愈下。他對食物失去了慾望；儘管他整天在田裡做著艱苦的體力工作，他還是得靠藥物來激發食慾。他的體重持續下降。醫生告訴我母親，他的壽命可能只剩下六個月。父親這樣擔憂，以至於他不再想活下去。

我常常聽我母親說，當父親去倉庫餵馬和擠牛奶，並且沒有如她所期待的那麼快回來，她就會走出去到倉庫，擔心她會發現他的身體從繩子的末端懸掛著。

有一天，他從瑪麗維爾回家的路上，那裡的銀行家威脅要取消他的抵押貸款，他在一座橫跨河流的橋上停下馬車，下了車，站在那裡長時間凝視著水面，與自己內心辯論著是否該跳下去，結束這一切。

多年以後，父親告訴我，他唯一沒有放棄的原因，就是因為母親對於「只要我們愛神並遵守他的誡命，一切都會好起來」這種信念深深的、堅定的、充滿喜悅的信仰。母親是對的。最終，一切的確都好起來了。父親又快樂地活了四十二年，並在1941年去世，享年八十九歲。

在所有那些掙扎和心痛的年代裡，我的母親從未擔憂過。她將所有的困擾都帶到神面前的禱告中。每天晚上我們上床睡覺之前，母親都會從《聖經》中讀出一章；經常是母親或父親會讀出這些耶穌的安慰話語：「在我父的家裡有許多住處……我去為你們預備地方……使我在哪裡，你們也能在那裡。」然後我們都在那個孤獨的密蘇里農舍的椅子前跪下，祈求上帝的愛與保護。」

當威廉·詹姆斯在哈佛擔任哲學教授時，他說：「當然，治癒煩惱的最佳良方就是宗教信仰。」

你並不需要去哈佛才能發現這一點。我的母親在密蘇里農場時就已經明白了。無論是洪水、債務還是災難，都無法壓抑她那快樂、光芒四射、勝利的精神。我至今仍能聽見她工作時的歌聲：

平靜，平靜，美好的平靜，

從天上的父傳流下來，

我祈求，請永遠流過我的靈魂，

在無盡的愛的波濤中。

我的母親希望我將一生奉獻給宗教工作。我曾認真考慮成為一名海外傳教士。然後我去上大學；隨著時間的推移，我漸漸變了。我學習生物學、科學、哲學和比較宗教。我閱讀了關於《聖經》如何寫成的書籍。我開始質疑其中的許多主張。我開始懷疑那個時代的鄉村傳道士所教導的許多狹隘教義。我感到困惑。

就像作家華特·惠特曼一樣，我「感到了內心的奇特、突然的質疑」。我不知道該相信什麼。我看不到生活的目的。我停止了祈禱。我變成了不可知論者。我相信所有的生命都是無計劃和無目標的。我相信人類沒有比兩億年前漫遊地球的恐龍更神聖的目的。我覺得有一天人類將會滅絕——就像恐龍一樣。

我知道科學教導我們，太陽正在慢慢冷卻，當其溫度下降甚至百分之十，地球上將無法存在任何形式的生命。我對一個慈悲為懷的上帝創造出與他形象相似的人類的想法嗤之以鼻。我相信，數以億計的太陽在黑暗、冷漠、無生命的太空中旋轉，是由盲目的力量創造的。也許它們根本就沒有被創造。也許它

們一直存在 —— 就像時間和空間一直存在一樣。

我是否聲稱現在就知道所有這些問題的答案？不。沒有人能夠解釋宇宙的奧秘 —— 也是生命的奧秘。我們被謎團所包圍。你身體的運作是一個深奧的謎。你家裡的電也是如此。牆角的花也是如此。

—— 那麼，窗外的綠草也就是如此。通用汽車研究實驗室的天才工程師凱特林，每年從自己的口袋裡給一間安帝奧克學院（Antioch College）三萬美元，試圖發現為什麼草是綠色的。他宣稱，如果我們知道草是如何將陽光、水和二氧化碳轉化為食物糖，我們就能改變文明。

即使是你車子裡的引擎運作也是一個深奧的謎。通用汽車研究實驗室花了數年的時間和數百萬美元去探索，為何以及如何汽缸中的火花會引發一場爆炸，使你的車子運行。

但即使我們並未完全理解我們的身體、電力或汽油引擎的奧秘，也無法阻止我們使用並享受它們的事實。

我不理解祈禱和宗教的奧秘，這已經不再阻止我享受宗教帶來的更豐富、更快樂的生活。終於，我明白了哲學家桑塔亞納（Santayan）的智慧：「人不是為了理解生活而生，而是為了活

出生活。」

　　我已經「回歸」——嗯，我本來想說我已經回歸宗教；但那並不準確。我已經進步到一種新的宗教觀念。我對教會間因教義差異而產生的分歧已經完全失去了興趣。但我對宗教對我有何作用卻非常感興趣，就像我對電力、好食物和水對我有何作用一樣感興趣。它們幫助我過上更豐富、更充實、更快樂的生活。但宗教遠不止如此。它帶給我精神價值。正如威廉·詹姆斯所說，它給我「對生活的新的熱情……更多樣的生活，一種更大、更豐富、更滿足的生活。」它給我信念、希望和勇氣。它消除了我內心的緊張、焦慮、恐懼和擔憂。它給我的生活帶來了目標和方向。它大大提高了我的幸福感。它給我帶來了充沛的健康。它幫助我在生活的旋渦中為自己創造出「一片和平的綠洲」。

　　法蘭西斯·培根在三百多年前就說得對：「淺薄的哲學使人傾向於無神論；但深入的哲學卻使人的思想回歸於宗教。」

　　我還記得那些人們談論科學與宗教之間衝突的時期。但現在不再如此。最新的科學領域——精神病學——正在教導耶穌所教導的。為什麼呢？

因為精神科醫生明白，禱告和堅定的宗教信仰能消除那些導致我們超過一半疾病的煩惱、焦慮、壓力和恐懼。他們知道，正如他們的領導者之一布里爾（A. A. Brill）博士所說：「真正的宗教信徒不會產生神經症。」

如果宗教不是真實的，那麼生活就毫無意義。這是一場悲劇性的滑稽戲。

我在企業家亨利·福特去世前幾年採訪過他。在我見到他之前，我原本以為他會因為長年來建立和管理世界上最偉大的企業之一而顯得疲態畢現。所以，當我看到他在78歲時看起來如此平靜、健康和安詳，我感到驚訝。當我問他是否曾經擔憂過，他回答說：「不，我相信上帝在管理一切事務，他不需要我給他任何建議。有上帝在掌控，我相信最終一切都會有最好的結果。」

所以，有什麼好值得擔憂的呢？

今天，甚至許多精神科醫生也變成了現代的福音傳播者。

他們並不是催促我們過宗教生活以避免來世的地獄之火，而是催促我們過宗教生活以避免胃潰瘍、心絞痛、神經衰弱和精神病的地獄之火。作為我們的心理學家和精神科醫生所教導的一個例子，請閱讀由林克博士所著的《回歸宗教》（*The Return to Religion*）。

是的，基督教是一種鼓舞人心、有益健康的活動。耶穌說：「我來是要使人得生命，並且得的更豐盛。」耶穌譴責並攻擊了他時代被視為宗教的枯燥形式和死板儀式。他是一個叛逆者。他宣講了一種新的宗教形式——一種威脅要顛覆世界的宗教。

這就是為什麼祂被釘在十字架上。祂宣揚宗教應為人類存在，而不是人類為了宗教存在；安息日是為了人類而設，而不是人類為了安息日而存在。祂談論恐懼的次數比談論罪惡還多。錯誤的恐懼是一種罪惡——那是對你的健康犯罪，對耶穌所倡導的更豐富、更充實、更快樂、更勇敢的生活犯罪。

名牧師艾默森自稱自己為「快樂科學」的教授。耶穌也是「快樂科學」的教師。他命令他的門徒「歡喜並跳躍」。耶穌宣稱，關於宗教只有兩件重要的事情：全心全意愛神，並像愛自己一樣愛鄰居。任何做到這點的人都是虔誠的，無論他是否自

知。我的岳父，來自奧克拉荷馬州塔爾薩的亨利・普萊斯（Henry Price），就是一個很好的例子。

他試圖按照黃金法則來生活；他無法做出任何卑鄙、自私或不誠實的事情。然而，他並不參加教堂活動，並認爲自己是不可知論者。胡說！怎樣才能使一個人成爲基督徒？我讓約翰・貝利（John Baillie）來回答這個問題。他是一位傑出的教授，曾在愛丁堡大學教授神學。

貝利說：「使一個人成爲基督徒的，旣不是他對某些觀念的智識接受，也不是他對某種規則的遵從，而是他擁有某種精神，並參與某種生活。」

如果這樣就能算一個人是基督徒的話，那麼亨利・普萊斯就是一位高尚的人。

現代心理學之父威廉・詹姆斯曾寫信給他的朋友，湯瑪斯・戴維森（Thomas Davidson）教授，說自己隨著年歲增長，他發現「越來越無法沒有上帝而生活。」

在這本書的前面部分，我提到當評審試圖從我的學生們提交的關於擔憂的故事中選出最佳作品時，他們在兩個優秀的故事

之間選擇時遇到了很大的困難，以至於獎金被平分。以下是與另一篇並列頭獎的故事——一位女士難忘的經歷，她必須以艱難的方式發現「她不能沒有上帝而生活。」

我將這位女士稱爲瑪麗·庫許曼（Mary Cushman），儘管這並非她真實的名字。她有子女和孫子女，如果看到她的故事被公開，可能會感到尷尬，所以我同意隱去她的身份。然而，這位女士是真實存在的——非常真實。以下是她的故事：

「在大蕭條期間，」她說，「我丈夫的平均薪水每週只有十八美元。很多時候我們甚至連這份薪都沒有，因爲他生病時不會得到薪水——而這種情況經常發生。他接連不斷地發生一些小意外；他還得過腮腺炎、猩紅熱，並且反覆患上流感。我們失去了我們親手建造的小房子。我們在雜貨店欠下五十美元的債——並且還有五個孩子要養。我從鄰居那裡接洗衣和熨燙的活，並從救世軍的二手店裡買衣服，然後改造成我的孩子們可以穿的衣服。

「我因爲滿懷擔憂而生病了。有一天，我們欠款五十美元的雜貨店老闆，指控我的十一歲兒子偷了幾枝鉛筆。我兒子在告

訴我這件事時哭了。我知道他是誠實且敏感的孩子 —— 我也知道他在其他人面前被羞辱和侮辱。那就是壓垮我背的最後一根稻草。我想起我們所忍受的所有痛苦，我看不到任何對未來的希望。我一定是因為擔憂而暫時失去理智，因為我關掉了洗衣機，帶著我的五歲小女兒進入臥室，並用紙和破布塞住窗戶和裂縫。

「我的小女孩對我說，『媽咪，你在做什麼？』我回答說，『這裡有點涼。』然後我打開了我們臥室裡的煤氣暖爐 —— 但沒有點燃它。當我與女兒一起躺在床上時，她說，『媽咪，這好奇怪 —— 我們剛剛才起床！』但我說，『沒關係，我們來小睡一會兒。』然後我閉上眼睛，聽著煤氣從暖爐中逸出。我永遠不會忘記那煤氣的氣味⋯⋯

「突然間，我以為我聽到了音樂。我仔細聆聽。原來我忘了關掉廚房裡的收音機。現在這已經無所謂了。但那音樂仍然持續，不久後，我聽到有人在唱一首古老的聖詩：

耶穌是我們的朋友，多麼美好啊！
承受我們所有的罪過和悲痛！

承擔這些真是一種特權

凡事藉著禱告歸於上帝。

哦，我們常常放棄的平靜

哎，我們承受的這些無謂的痛苦

只因為我們不承擔

將一切事物都交給神的禱告！

「當我聆聽那首聖詩時，我意識到我犯了一個悲劇性的錯誤。我試圖獨自面對所有可怕的戰鬥。我沒有將所有事情都帶到神的禱告中……我跳起來，關掉瓦斯，打開門，並拉起窗戶。

「那一天的剩餘時間，我都在哭泣和祈禱。只是我並未祈求幫助——反而我將心中的感激傾瀉給上帝，感謝他賜給我的恩典：五個出色的孩子——他們都健康且優秀，身心都強壯。我向上帝承諾，我再也不會如此忘恩負義。而我也遵守了那個承諾。「即使我們失去了家，不得不搬進我們每月租金五美元的小鄉村學校，我仍然感謝上帝給我們那所學校；我感謝他讓我們至少有個屋頂可以讓我們保暖並避免潮濕。我衷心感謝上帝，事情沒有變得更糟——我相信他聽到了我的祈禱。因為隨著時

間推移，事情有所改善 —— 哦，並非一夜之間；但隨著經濟蕭
條的緩解，我們賺了一點更多的錢。我在一個大型的鄉村俱樂
部找到了一份帽子檢查員的工作，並且兼職賣襪子。

「爲了賺取大學學費，我的一個兒子在農場找了份工作，
每天早晚都要擠十三頭牛的奶。如今我的孩子們都已長大並結
婚了；我有三個出色的孫子。回想起那個我打開煤氣的可怕日
子，我一次又一次地感謝上帝讓我及時『醒來』。如果我當時眞
的做了那件事，我會錯過多少喜悅！我會永遠失去多少美好的
年華！每當我現在聽到有人想要結束自己的生命，我都想大聲
呼喊：『不要！不要！』我們經歷的最黑暗時刻只能持續一小段
時間 —— 然後，未來就會來臨……。」

目前在美國，平均每三十五分鐘就有人自殺。平均每一百二
十秒，就有人發瘋。

這些自殺案件中的大部分人 —— 還可能包括許多精神疾病
的悲劇 —— 如果能從宗教和禱告中找到慰藉和平靜，本可以避
免。

一位最傑出的精神病學家卡爾・榮格博士，在其著作《現代

人尋找靈魂》（*Modern Man in Search of a Soul*）上說：「在過去的三十年裡，來自全球所有文明國家的人都曾向我諮詢。我已經治療了數百位病患。在我所有的病人裡，沒有一個人在人生的後半段（也就是超過三十五歲的人）的最終問題不是找到一種宗教的人生觀。可以肯定地說，他們每一個人之所以生病，都是因為失去了當代主流宗教給予其追隨者的力量；而沒有真正恢復他的宗教觀念的人，都未曾真正痊癒。

這段話如此重要，我想用粗體字重複一遍。卡爾‧榮格博士說：

在過去的三十年裡，來自全球所有文明國家的人都曾向我諮詢。我已經治療了數百位病患。

在我所有的病人裡，沒有一個人在人生的後半段（也就是超過三十五歲的人）的最終問題不是找到一種宗教的人生觀。

可以肯定地說，他們每一個人之所以生病，都是因為他們失去了當代主流宗教給予其追隨者的力量；而沒有真正恢復他的宗教觀念的人，都未曾真正痊癒。

　　威廉・詹姆斯曾經說過幾乎相同的話：「信念是人們生活的力量之一，」他宣稱，「完全缺乏它意味著崩潰。」

　　已故的甘地是自佛陀以來最偉大的印度領袖，如果沒有靠禱告的力量激勵，他可能早已崩潰。我怎麼知道的？因為甘地自己就這麼說。他寫道：「如果沒有禱告，我早就變成瘋子了。」

　　數以千計的人可能會給出類似的證詞。我的父親——嗯，如我已經說過的，如果不是因為我母親的祈禱和信仰，我的父親可能已經自盡了。現在在我們的精神病院裡尖叫的數千個受折磨的靈魂，如果他們試著求助於更高的力量，而不是試圖獨自進行生活的戰鬥，可能已經被拯救了。

　　當我們受到襲擾，並達到自身力量的極限時，我們許多人會絕望地轉向上帝——「狐狸洞裡沒有無神論者。」但是為什麼要等到我們絕望時才這麼做呢？為什麼不每天都更新我們的力量呢？為什麼要等到星期天呢？多年來，我有在平日下午走進空蕩蕩的教堂的習慣。當我覺得我太匆忙，無暇花幾分鐘思考精神事物時，我對自己說：「等一下，戴爾・卡內基，等一下，你這小人物。在這種狂熱的匆忙和急促中，你需要暫停並獲得一些視角。」在這種時候，我經常走進我找到的第一間開放的

教堂。雖然我是新教徒，但我經常在平日下午走進位於第五大道的聖派翠克大教堂，並提醒自己，我將在三十年後去世，但所有教堂所教導的偉大精神真理是永恆的。我會閉上眼睛並祈禱。我發現這樣做能夠平靜我的神經，讓我的身體得到休息，澄清我的觀點，並幫助我重新評估我的價值觀。容我向您推薦這種做法好嗎？

在過去的六年裡，我一直在寫這本書，收集了數百個例子和具體案例，展示了人們如何通過祈禱戰勝恐懼和憂慮。我在文件櫃裡有著厚厚的案例資料夾。

讓我們以一個典型的例子來說明，這是一位來自德州休斯頓的書籍銷售員，名叫安東尼（John R. Anthony），他曾經感到十分沮喪和失落。以下是他向我講述的故事。「二十二年前，我關閉了我的私人律師事務所，成為一家美國法律書籍公司的州代表。我的專長是向律師銷售一套法律書籍——一套幾乎不可或缺的書籍。

「我為這份工作接受了充分且全面的訓練。我知道所有直效銷售談話，以及對所有可能反對我的有力答詞。在拜訪潛在客

戶之前，我會先瞭解那人執業律師的評價，他的業務性質，他的政治觀黨派和興趣愛好。在我的面試中，我充分利用了這些資訊。然而，有些地方出了問題。我就是無法獲得訂單！

「我開始感到沮喪。隨著日子和週數的過去，我更加努力，但仍無法達到足夠的銷售來支付我的開銷。我內心產生了恐懼和憂慮。我變得害怕去拜訪人們。在我進入潛在客戶的辦公室之前，那種恐懼感會強烈地湧現，使我在門外的走廊上來回踱步，或者走出大樓繞著街區走一圈。然後，在浪費了許多寶貴的時間並且憑藉純粹的意志力假裝足夠的勇氣去撞開辦公室的門後，我用顫抖的手軟弱地轉動門把手——有一半希望我的潛在客戶不會在裡面！

「我的銷售經理威脅我，如果我不提交更多的訂單，他將停止給我預支。我在家的妻子懇求我給她錢，以支付她和我們三個孩子的雜貨賬單。憂慮壓倒了我。日復一日，我變得越來越絕望。我不知道該怎麼辦。正如我已經說過的，我已經關閉了我在家的私人律師事務所，並放棄了我的客戶。現在我破產了。我甚至沒有錢支付我的旅館賬單。我也沒有錢買回家的票；即使我有票，我也沒有勇氣作為一個失敗者回家。

「終於，在又一個糟糕的日子悲慘的結束時，我拖著疲態回到了我的飯店房間——我想，這是最後一次了。就我而言，我已經徹底被打敗了。心碎，沮喪，我不知道該往哪裡走。我幾乎不在乎我是活著還是死去。我對自己曾經出生感到遺憾。那晚的晚餐，我只有一杯熱牛奶。即使這樣，我也負擔不起。那晚我明白了，爲何絕望的人會推開旅館的窗戶跳下去。如果我有勇氣，我可能也會這麼做。我開始思考生活的目的是什麼。我不知道。我無法理解。

「既然沒有其他人可以求助，我便轉向了上帝。我開始祈禱。我懇求全能者在我被絕望的黑暗、濃密的荒野所包圍的時候，賜予我光明、理解和指引。我向上帝祈求幫助，讓我的書能夠有訂單，並給我足夠的錢來養活我的妻子和孩子。祈禱結束後，我睜開眼睛，看到一本基督教聖經，它放在那個孤獨的旅館房間的梳妝臺上。我打開它，閱讀了那些美麗而不朽的耶穌的承諾，這些承諾一定激勵了無數世代的孤獨、擔憂和受挫的人——耶穌對他的門徒講述如何避免擔憂的談話：

不要爲你的生活憂慮，你將吃什麼，喝什麼；也不要爲你的

身體將穿什麼擔憂。難道生活不是比食物更重要，身體不是比
衣服更重要嗎？看看天空的鳥：它們不播種，也不收割，也不
聚集到倉裡；然而你們的天父還是餵養牠們。

　　難道牠們不比它們更有價值嗎？⋯⋯但你們要先尋求神的
國和他的義；這一切都將加給你們。

　　「當我祈禱，當我閱讀那些文字時，一個奇蹟發生了：我的
緊張情緒消失了。我的焦慮、恐懼和擔憂轉化爲令人心暖的勇
氣、希望和勝利的信念。

　　「卽使我沒有足夠的錢支付我的旅館賬單，我仍然感到快
樂。我上床睡覺，並且安穩地睡著──無憂無慮──這是我多
年來未曾有過的感覺。

　　「隔天早晨，我幾乎無法抑制自己等待潛在客戶的辦公室開
門。在那美好、寒冷、雨天的日子裡，我以堅定且積極的步伐
走向我第一個潛在客戶的辦公室。我以堅定且穩定的握力轉動
門把。當我進入時，我直奔我的目標，充滿活力，昂首挺胸，
帶著適度的尊嚴，面帶微笑，並說道，『早安，史密斯先生！
我是全美法律書籍公司的約翰・安東尼！』，『哦，是的，是

的，』他回答，也帶著笑容，從椅子上站起來，伸出手來。『很高興見到你。請坐！』……

「那一天，我賣出的商品比過去幾週還要多。那個晚上，我像一位凱旋的英雄一樣驕傲地回到了我的飯店！我感覺像是一個全新的人。而我確實是一個全新的人，因為我有了一種新的且充滿勝利感的心態。那晚我沒有只喝熱牛奶作為晚餐。不，先生！我享用了一份配有所有配料的牛排。從那一天起，我的銷售量直線上升。

「二十二年前的那個絕望之夜，我在德州阿馬里洛的一家小旅館裡重生。隔天，我外在的狀況與我過去幾週的失敗一樣，但我內心發生過一件重大的事。我突然意識到我與上帝的關係。一個單純的人很容易被打敗，但一個內心充滿上帝力量的人是無敵的。我知道。我親眼見證了它在我的生活中的奇蹟。

「你們祈求，就給你們；尋找，就找著；敲門，就給你們開門。」

當來自伊利諾州高地的貝兒朵（L. G. Beaird）夫人面臨悲劇時，她發現只要跪下來說：「哦，主啊，讓你的意願，而非我

的意願成就。」她就能找到平靜與安寧。

「有一個晚上，我們家的電話響了起來，」她在寄給我的一封信中寫道。「我鼓起勇氣接起電話之前，它響了十四次。我知道那一定是醫院的電話，我感到非常害怕。我擔心我們的小男孩正在走向死亡。他得了腦膜炎。他已經被給予青黴素，但這使他的體溫波動，醫生們擔心疾病已經侵襲到他的大腦，可能導致腦瘤再惡化 —— 甚至死亡。那通電話正是我在擔心的。醫院正打來；醫生希望我們立刻過去。

「也許你能想像我和我丈夫在等待室裡經歷的痛苦。每個人都抱著他的寶寶，但我們卻空著雙手坐在那裡，不知道我們是否還能再抱著我們的小傢伙。當我們終於被叫進醫生的私人辦公室時，他臉上的表情讓我們的心充滿了恐懼。他的話語帶來了更多的恐懼。他告訴我們，我們的寶寶活下來的機會只有四分之一。他說如果我們認識其他醫生，請把他喚來處理。

「在回家路上，我的丈夫崩潰了，他雙手握拳，猛地打在方向盤上，說道，『貝兒，我不能放棄那個小傢伙。』你有見過男人哭嗎？那並不是一種愉快的經驗。我們停下車，經過一番討論後，決定進入教堂祈禱，如果是上帝的旨意要帶走我們的孩

子，我們將會順從他的意願。我沉沉坐在教堂的長凳上，淚水滾滾地說道，『不是我的意願，而是你的意願成就』。

「當我說出那些話的那一刻，我感到了舒緩。一種我長時間未曾感受到的平靜感覆蓋了我。一路回家，我不斷重複著，『上帝啊，願你的意願，而非我的，成就。』那晚，是我那週第一次有熟睡。幾天後，醫生打來說我的小男孩巴比已經度過了危機。我感謝上帝，今天我們擁有一個健康強壯的四歲男孩。」

我認識一些男士，他們認為宗教只是女性、孩子和傳教士的事情。他們以自己是能夠獨自打贏戰鬥的「真男人」為傲。

他們可能會驚訝地發現，世界上一些最著名的「硬漢」每天都會祈禱。例如，「硬漢」拳手傑克・鄧蒲賽告訴我，他從不上床睡覺而不先祈禱。他告訴我，他從不在餐前不先感謝上帝。他告訴我，他在為比賽做訓練時每天都會祈禱，而且在比賽時，他總是在每一輪的鈴聲響起之前祈禱。「祈禱，」他說，「幫助我有勇氣和信心去戰鬥。」

「硬漢」棒球員康尼・麥克告訴我，他在沒有說禱告之前無法入睡。

「硬漢」總裁李肯巴克告訴我，他相信他的生命是由禱告所拯救的。他每天都會禱告。

「硬漢」斯特提尼烏斯（Edward R. Stettinius）曾任通用汽車和美國鋼鐵的高級主管，以及前國務卿，他告訴我，他每天早晚都會祈禱求取智慧和指引。

「硬漢」摩根（J. Pierpont Morgan）是他那時代最偉大的金融家，他也常在星期六的下午獨自前往華爾街頂端的三一教堂，跪下來祈禱。

當「硬漢」軍人艾森豪威爾飛往英國，接任英美軍隊的最高指揮時，他只帶了一本書上飛機——那就是聖經。

「硬漢」將軍馬克・克拉克告訴我，他在戰爭期間每天都會讀他的聖經並跪下來祈禱，還有蒙哥馬利將軍、特拉法爾加的納爾遜勳爵（Lord Nelson）亦是如此。華盛頓將軍、羅伯特・李將軍、「石牆」傑克遜將軍，以及其他許多偉大的軍事領導者也是如此。

這些「硬漢」發現了威廉・詹姆斯語句的真諦：「我們與上帝有著共同的事務；當我們對他的影響力開放自己時，我們最深的命運就得以實現。」

許多「硬漢」正在發現這一點。當前有七千兩百萬美國人是教會成員——這是有史以來的最高紀錄。正如我之前所說，即使是科學家也正在轉向宗教。例如，阿萊克西斯‧卡雷爾博士，他寫了《未知的人》（*Man, the Unknown*）並獲得了科學家的最高榮譽諾貝爾獎。卡雷爾博士在《讀者文摘》的一篇文章中說：「禱告是人可以產生的最強大的能量形式。它是一種與地球引力一樣真實的力量。作為一名醫生，我見過男人在所有其他療法失敗後，通過禱告的寧靜努力從疾病和憂鬱中解脫出來……禱告就像鐳一樣是一種發光的，自我產生的能量源……。

「在祈禱中，人類試圖通過對無窮能量源的自我表達來增強他們的有限能量。當我們祈禱時，我們將自己與推動宇宙運轉的無窮動力連接起來。我們祈求這股力量的一部分被分配給我們的需求。即使在提問中，我們的人性缺陷也被填補，我們因此變得更強大，得到修復....每當我們以熱切的祈禱對上帝說話時，我們的靈魂和身體都會得到改善。任何男人或女人祈禱一刻，都不可能沒有得到一些好的結果。」

海軍將軍拜爾德就深知「與旋轉宇宙的無窮動力相連接」的

含義。他的這種能力讓他度過了人生中最艱難的考驗。他在他的書《獨自一人》（*Alone*）中講述了這個故事。1934年，他在著名的「羅斯冰架」的冰帽下的一間小屋裡度過了五個月，那裡位於南極深處。他是緯度七十八度以南唯一的生物。暴風雪在他的小屋上方咆哮；寒冷降至零下八十二度；他完全被無盡的黑夜包圍。然後他發現，讓他恐慌的是，他正在慢慢被他的爐子釋放出的一氧化碳所毒害！他能做什麼呢？

最近的援助距離他123英里遠，幾個月內都不可能到達。他試圖修理他的爐子和通風系統，但煙霧仍然逸出。這些煙霧常常使他昏倒。他完全失去意識地躺在地板上。他無法進食；他無法入睡；他變得如此虛弱，幾乎無法離開他的床鋪。他經常擔心他活不到早晨。

他深信自己將會在那間小屋中死去，而他的遺體將會被永恆的雪花所掩蓋。

他的生命是如何被拯救的呢？有一天，在他絕望的深淵中，他伸手拿起了他的日記本，試圖記錄下他的人生哲學。

「人類並非宇宙中唯一的種族，」他寫道，「當我仰望星空，思考著星座和行星的有序運行；想著永恆的太陽將在其

時，再次照亮南極的荒涼之地。」

然後他在他的日記裡寫下，「我並不孤單。」

這種體認——即使在地球的盡頭的冰洞裡，拜爾德也並非孤身一人，這是他得以生存下來的原因。他說：「我知道這讓我撐過來。」他接著補充說：「在人們的一生中，很少有人能夠充分利用人們內在的資源。」

「我們內在有深深的力量之井，卻往往未曾使用。」拜爾德學會了如何開啟那些力量之井，並利用這些資源——他轉向上帝。

格倫‧阿諾德（Glenn A. Arnold）在伊利諾伊州的玉米田中學到的教訓，與拜爾德海軍上將在極地冰帽中學到的一樣。阿諾德先生是伊利諾伊州奇利科西的一位保險經紀人，他在關於如何克服擔憂的一場演講中這樣開場：「八年前，我把家門的鑰匙轉了一圈，我以為那是我一生中最後一次這麼做。然後我上了車，開始向河邊駛去。我是個失敗者，」他說。「一個月前，我的整個小世界就在我頭上崩潰。我的電器生意破產了。在我家，我的母親病得快不行了。我的妻子正在懷我們的第二

個孩子。醫院來的賬單越來越多。我們抵押了所有的東西來開創這個生意 —— 包括我們的汽車和傢俱。我甚至抵押了我的保險單來借款。現在一切都不見了。我再也無法忍受。於是我爬上我的車，開向河邊 —— 結束這個悲慘的局面。

「我開車到鄉下幾英里外，停在路邊，然後下車坐在地上像個孩子一樣哭泣。然後我真正開始思考 —— 我試著建設性地思考，而不是在恐慌的擔憂中打轉。我的情況有多糟糕？難道不能更糟？真的沒有希望了嗎？我能做些什麼來改善它？

「我當下就決定將整個問題交給上帝，並請求他來處理。我禱告。我熱切地禱告。我禱告得好像我的生命完全依賴於此 —— 事實上，的確如此。然後，一件奇怪的事情發生了。當我將所有問題交給一個比我更偉大的力量時，我立刻感到一種幾個月來未曾有過的平靜。我可能坐在那裡哭泣和祈禱了半個小時。然後我回家，像個孩子一樣安然入睡。

「隔天早上，我充滿自信地起床。我不再有任何恐懼，因為我依賴上帝的指引。那天早上，我昂首闊步地走進了一家當地的百貨公司，並且當我申請電器部門銷售員的工作時，我說話充滿自信。我知道我會得到這份工作。而我確實做到了。我在

這份工作上表現出色，直到整個電器業因戰爭而崩潰。然後我開始賣壽險——仍然在我的偉大導師的管理下。那才只是五年前的事。現在，我已經支付了所有的賬單；我有一個美滿的家庭，有三個聰明的孩子；擁有自己的房子；有一輛新車，並擁有二萬五千美元的人壽保險。

「當我回顧過去，我現在感到欣慰，因為我失去了一切，並陷入如此沮喪的境地，以至於我開始走向河邊——因為那場悲劇教會我依賴上帝；而我現在擁有一種我從未夢想過可能的平靜與自信。」

為何宗教信仰能帶給我們如此的平靜與堅韌？我讓威廉‧詹姆斯來回答這個問題。他說：「煩躁的海面波濤雖然洶湧，但並未擾亂海洋深處的寧靜；對於那些能把握更廣大、更永恆真實的人來說，他個人命運的時時變化相對而言似乎微不足道。因此，真正的宗教人士堅定不移，充滿平靜，並且平靜地準備好面對一天中可能帶來的任何職責。」

如果我們感到擔憂和焦慮——為何不試著信任上帝呢？如同康德所說，「因為我們需要這樣的信仰，所以接受對上帝的信

仰」，爲何不呢？爲何我們現在不將自己與「驅動宇宙的無窮動力」連結起來呢？

即使你本性上或在教育上並非宗教人士，甚至你是個徹底的懷疑論者，禱告仍能比是指禱告滿足你所相信的更有助於你，因爲禱告是實際的。我所說的「實際」是什麼意思呢？我了所有人，無論他們是否相信上帝，都共用的這三個基本心理需求：

1. 禱告幫助我們用言語準確地表達困擾我們的事情。我們在第四章看到，當問題仍然模糊不清時，幾乎無法處理。在某種程度上，祈禱就像是將我們的問題寫在紙上。如果我們尋求解決問題的幫助——即使是向上帝——我們也必須用言語表達出來。

2. 禱告讓我們有分擔重擔的感覺，讓我們感到並非孤身一人。我們中的大多數人並非如此堅強，能夠獨自承受我們最重的負擔，我們最痛苦的困擾。有時候，我們的憂慮如此深重，以至於我們無法與我們最親近的親戚或朋友討論。那麼，禱告就是答案。任何精神科醫生都會告訴我們，當我們壓抑且緊張，並在精神的痛苦中，向某人訴說我們的困擾是有治療效果的。當我們無法告訴任何人時——我們總是可以告訴上帝。

3.　禱告實踐了一種積極的行動原則。這是邁向行動的第一步。我懷疑有誰能夠日復一日地為某種實現禱告，而不從中受益——換句話說，不採取一些步驟來實現它。阿萊克西斯·卡雷爾博士就說：「禱告是人可以產生的最強大的能量形式。」那麼，為什麼不利用它呢？稱它為上帝或阿拉或靈魂——只要自然的神秘力量引導我們，我們為什麼要為定義而爭論呢？

為何不現在就閉上這本書，關上門，跪下來，並釋放你的心？如果你失去了信仰，懇求全能的上帝來更新它；並重複這個由聖方濟各·亞西西（Saint Francis of Assisi）七百年前所寫的美麗禱告：「主啊，使我成為你和平的工具。在仇恨之處讓我播種愛。在傷害之處赦免。在疑惑之處信仰。在絕望之處存有希望。在黑暗之處照耀光明。在悲傷之處歡樂盈溢。哦，神聖的主，賜予我能力，不是去尋求被安慰，而是去安慰他人；不是去尋求被理解，而是去理解他人；不是去尋求被愛，而是去愛他人；因為在給予中，我們得到；在寬恕中，我們被寬恕；在死亡中，我們得到永生。」

PART SIX

HOW TO KEEP FROM WORRYING
ABOUT CRITICISM

第6部

如何避免
因別人的批評而煩憂

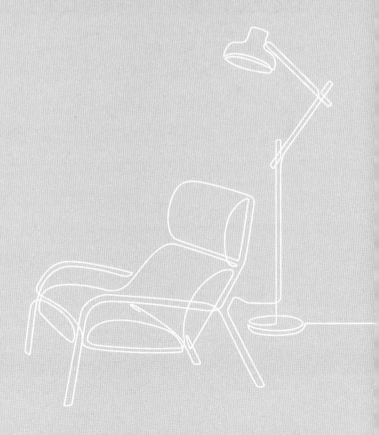

20

請記住：
沒人會踢一隻死狗

Remember That
No One Ever Kicks a Dead Dog

1929年，一起事件在教育界引起了全美轟動。來自全美的學者們紛紛趕往芝加哥，親眼見證這一盛事。

幾年前，一位名叫羅伯特·哈欽斯的年輕人，曾在耶魯大學擔任過服務員、伐木工、家教和銷售員，一路打拚。現在，僅僅八年後，他被任命為美國第四有錢的芝加哥大學校長。他才三十歲。真不可思議！年長的教育家們搖頭。批評像山崩一樣砸向這位「神童」。

他被這樣那樣地指責——太年輕了，缺乏經驗——他的教育理念被認為是荒謬的。甚至報紙也加入了攻擊的行列。

在他就職校長那天，一位朋友對哈欽斯的父親說：「今天早上我驚訝地讀到那篇譴責你兒子的報紙社論。」

「是的」，老哈欽斯回答，「那確實很嚴重，但請記住，沒有人會踢一隻死狗的。」

是的，一隻狗越重要，人們踢它時就越感到滿足。後來成為英國「愛德華八世」的威爾斯親王就深有體會，他在教室座位上親身經歷了這一點。當時他正在德文郡的達特茅斯學院就讀，該學院相當於我們在安納波利斯的海軍學院。親王當時大

約十四歲。有一天，一位海軍軍官發現他在哭泣，問他出了什麼事。他起初拒絕說出原因，但最後承認了：他被海軍學員們踢了。學院的指揮官召集了這些學員，並向他們解釋親王並沒有怨懷，但他想找出爲何親王會被單獨對待這種粗暴的行爲。

經過許多猶豫不決又躍躍欲試，學員們終於承認，當他們自己成爲國王海軍的指揮官和船長時，他們希望能說他們曾經踢過國王！

所以，當你被踢打和批評時，請記住，這往往是因爲它給了踢你的人一種重要感。這通常意味著你正在完成一些事情，並且值得關注。

許多人在譴責那些比他們受過更好教育或更成功的人時，會得到一種野蠻的滿足感。例如，當我在寫這一章時，我收到了一封女士的信，譴責慈善組織「救世軍」的創始人卜威廉（William Booth）。我讚揚過卜威廉；所以這位女士寫信給我，說卜威廉偷走了他爲幫助窮人所募集的八百萬美元。

當然，這種指控是荒謬的。但這個女人並不在尋找眞相。她尋求的是從打擊遠超過她的人中獲得的惡意滿足。我把她那封充滿苦毒的信扔進了垃圾桶，並感謝全能的上帝，我沒有娶

她。她的信對我來說並沒有告訴我任何關於卜威廉的事情，但它確實讓我對她有了很多瞭解。

哲學家叔本華多年前就說過：「庸俗的人會對偉大人物的錯誤和愚蠢感到極大的快樂。」

很少人會認為耶魯大學的校長會是個粗俗的人；然而，耶魯大學的前任校長蒂莫西・德懷特（Timothy Dwight）似乎非常喜歡譴責一位競選美國總統的人。

耶魯大學的校長警告說，如果這個人當選為總統，「我們可能會看到我們的妻子和女兒成為合法賣淫的受害者，冷冷地被羞辱，奸邪地被污染；被細緻和美德所遺棄，為上帝與人類厭惡。」

這聽起來幾乎像是在譴責希特勒，不是嗎？但事實並非如此。這是在譴責湯瑪斯・傑佛遜。哪一個湯瑪斯・傑佛遜？難道不是那位不朽的湯瑪斯・傑佛遜，《獨立宣言》的作者，美國最初民主的守護神嗎？是的，確實就是那位。

你猜猜哪位美國人曾被譴責為「偽君子」，「冒牌貨」，甚至被認為「比殺人犯好不了多少」？一張報紙漫畫描繪了他站在斷頭臺上，大刀即將斬下他的頭顱。當他穿過街道時，人群嘲

笑他，對他發出嘶嘶聲。他是誰？他就是喬治‧華盛頓。

　　但那是很久以前的事了。也許人性自那時以來已有所改善。讓我們看看探險家及海軍少將皮里（Robert Peary）的例子——這位探險家於1909年4月6日乘坐狗拉雪橇抵達北極，震驚並激動了全世界，這是世世代代的勇士們為之受苦、餓肚子、甚至犧牲生命的目標。皮里本人幾乎因寒冷和飢餓而死，他的八根腳趾凍得硬邦邦的，不得不被切掉。

　　他被這些惡劣災難淹沒到幾乎快要發瘋。他在華盛頓的海軍上級也對他獲得如此多的公衆關注和讚譽感到非常氣憤。因此，他們指控他為科學探險募集資金，然後「在北極閒混和懶散」。他們可能真的相信這一點，因為人們幾乎無法不相信自己想要相信的事情。

　　他們決意要羞辱和阻撓皮里的決心如此強烈，以至於只有當時的麥金利（McKinley）總統的直接命令才得以讓皮里能夠繼續他在北極的事業。

　　如果皮里在華盛頓的海軍部門做份辦公室工作，他會被譴責嗎？不會的。那時他可能還不夠重要，無法引起人們的嫉妒。

另一位美國內戰著名的格蘭特將軍的經歷甚至比皮里還要糟糕。在1862年，格蘭特將軍贏得了北方享受的第一場偉大的決定性勝利——這場勝利在一個下午就實現了，這場勝利讓格蘭特一夜之間成爲全國的偶像——這場勝利即使在遙遠的歐洲也產生了巨大的影響——這場勝利讓從緬因州到密西西比河岸的教堂鐘聲響起，籌火燃燒。

然而，在取得那場偉大勝利的六週後，這位北方的英雄格蘭特被逮捕，他的軍隊被奪走。他因羞辱和絕望而痛哭。

爲何在勝利的高潮時刻，格蘭將軍會被逮捕呢？主要是因爲他激起了他那些傲慢上司的嫉妒和羨慕。

如果我們被不公正的批評所困擾，這裡有第一條應對規則：

請記住，不公正的批評往往是讚美的僞裝。請記住，沒有人會踢一隻死狗。

21

這樣做，批評無法傷害你

Do This—
and Criticism Can't Hurt You

我曾經訪問過斯麥德利・巴特勒（Smedley Butler）少將——那位有號稱老「鷹眼」、老「地獄惡魔」的巴特勒！各位知道他吧？他是美國海軍陸戰隊中最具色彩，最富冒險精神的將軍之一。

他告訴我，當他年輕時，他極度渴望受到大眾的喜愛，想要給每個人留下好印象。在那些日子裡，即使是最微小的批評也會讓他感到痛苦和刺痛。但他坦白地說，三十年的海軍陸戰隊生涯使他的皮膚變得堅韌。「我曾被嚴厲責罵和侮辱，」他說，「被譴責為懦夫、蛇和臭鼬。我曾被批評專家詛咒。我已經被用英語罵過所有你能想像的髒話組合。那會讓我困擾嗎？哼！現在我聽到有人罵我，我從不轉頭去看是誰在說話。」

也許老「鷹眼」巴特勒對於批評過於冷漠；但有一點是肯定的：我們大多數人對於那些被投向我們的小揶揄和小矛都過於認真。我記得多年前，當一位來自紐約《太陽報》的記者參加了我成人教育課程的示範會議，並為文嘲諷我和我的工作。我生氣了嗎？我把它當作對我個人的侮辱。於是我打電話給吉爾・霍奇斯（Gil Hodges），他是太陽報執行委員會的主席，並要求他刊出一篇陳述事實的文章——而不是嘲笑。我決定要

讓懲罰與罪行相稱。

我現在對自己的行為感到羞愧。我現在才明白，買那天報紙的人中有一半從未看過那篇文章。讀過的人中有一半把它當作無害的娛樂來源。對此感到幸災樂禍的人中，有一半在幾週後就全然忘記了這件事。

我現在明白，人們並不在乎你我，也不在乎關於我們的言論。他們在想的是自己——從早餐前到早餐後，一直到午夜過後的十分鐘。

他們對自己的輕微頭痛，可能會比對你我的死訊更加關心上千倍。

即使你我被誹謗、嘲笑、背叛、背後捅刀，甚至被我們最親密的「六分之一的朋友」出賣，我們也不要沉溺於自憐之中。相反的，讓我們提醒自己，這正是耶穌所經歷的。

他的十二個最親密的朋友之一，為了相當於我們現代貨幣十九美元的賄賂而變節。另一個他的十二個最親密的朋友則在耶穌陷入困境的瞬間公開地背棄了他，並且三次宣稱他甚至不認識耶穌——他在說這話時還發誓。六分之一！

那就是耶穌所經歷的。那為什麼你或我應該期待有更好的結

果呢？

　　我多年前就發現，雖然我無法阻止人們對我進行不公正的批評，但我可以做一件更重要的事：我可以決定是否讓這種不公正的譴責打擾我。

　　讓我們明確一點：我並不是在鼓吹忽視所有的批評。絕對不是。我在談論的是忽視不公正的批評。我曾經問過總統夫人愛蓮娜・羅斯福是如何處理不公正的批評的──她可能是住在白宮的所有女性中，擁有最多熱情的朋友和最激烈的敵人的人。

　　她告訴我，當她還是個小女孩時，她幾乎病態地害羞，害怕人們可能會說些什麼。她如此害怕批評，以至於有一天，她向她的阿姨（老羅斯福總統的姐姐）尋求建議。她說：「阿姨，我想做某某事。但我害怕被批評。」阿姨直視她的眼睛並說：「只要你心裡知道自己是對的，就永遠不要被人們的話所困擾。」愛蓮娜・羅斯福告訴我，多年後，當她在白宮時，這條建議成為了她的準繩。

　　她告訴我，我們唯一能避免所有批評的方式就是像個瓷器人偶一樣，待在架子上。「做你心中認為正確的事──因為你無

論如何都會被批評。你做了就會被譴責，你不做也會被譴責。」
這就是她的建議。

當已故的馬修・布拉什（Matthew C. Brush）還是美國國
際公司總裁時，我問他是否曾對批評敏感；他回答說，「是的，
我在早年非常敏感。那時我渴望組織中的所有員工都認為我是
完美的。如果他們不這麼認為，我會感到擔憂。我會試圖先取
悅那些對我發表過批評的人；但我為了與他們和解所做的事
情，卻又會讓其他人生氣。然後，當我試圖與某個人和解時，
就會激起其他幾隻大黃蜂。我最終發現，我越是試圖安撫和平
息受傷的感情，以避免個人批評，我就越可能增加我的敵人。
所以最後我對自己說，『如果你把頭抬高於人群，你將會被批
評。就習慣這樣想吧。』這對我幫助極大。從那時起，我訂下
了一個規則，就是盡我所能做到最好，然後撐起我的舊雨傘，
讓批評的雨水從我身上流走，而不是流下我的脖子。」

狄姆斯・泰勒（Deems Taylor）走得還更遠一些：他讓批
評的雨水順著他的脖子流下，並在公眾面前對此大笑。

當他在紐約愛樂交響樂團的星期日下午廣播音樂會的中場休

息時發表評論，有一位女士寫信給他，稱他爲「騙子，叛徒，蛇，和白癡。」泰勒先生在他的書《男人與音樂》（*Of Men and Music*）中說：「我懷疑她並不喜歡那次談話。」在下週的廣播中，泰勒先生將這封信在廣播中讀給數百萬的聽衆聽 —— 幾天後，他又收到了同一位女士的另一封信，「她再次表達了她不變的觀點，」泰勒先生說，「我仍然是一個騙子，叛徒，蛇，和白癡。」我們不禁對一個能如此接受批評的人表示欽佩。我們欽佩他的平靜，他的鎮定，以及他的幽默感。

當企業家查爾斯‧施瓦布在普林斯頓對學生群體發表演講時，他坦承他學到的最重要的一課是由一位在施瓦布鋼鐵廠工作的老德國人教給他的。這位老德國人在一場熱烈的戰時爭論中與其他鋼鐵工人發生衝突，他們把他扔進了河裡。施瓦布先生說：「當他滿身泥水地走進我的辦公室時，我問他對那些把他扔進河裡的人說了什麼，他回答說：『我只是笑了』。」

施瓦布先生宣稱，他已經將那位老德國人的話作爲他的座右銘：「就是笑。」

這句格言在你成爲不公正批評的受害者時尤其有用。你可以回答一個反對你的人，但對於那個「只是笑」的人，你能說什

麼呢？

如果林肯沒有領悟到試圖回應所有對他的尖酸批評是多麼愚蠢的行為，他可能會在內戰的壓力下崩潰。他對於如何處理批評者的描述已經成為一顆文學上的瑰寶，也是一個經典。（可參見第10章及下章）

麥克亞瑟將軍在戰爭期間將其掛在他的指揮部辦公桌上方；‧邱吉爾則在書房牆上掛著一幅裱好的版本。它的內容如下：「如果我試圖閱讀，更不用說回答，所有對我進行的攻擊，那麼這個店可能就無法進行其他業務了。我盡我所能，做到最好——我能做到的最好；並且我打算一直這樣做到最後。如果結果證明我是對的，那麼對我說的壞話就無關緊要。如果結果證明我是錯的，那麼即使有十個天使發誓我是對的，也無濟於事。」

當你和我遭受不公正的批評時，讓我們記住規則二：

盡你所能做到最好；然後撐起你的舊雨傘，防止批評的雨水從你的脖子後面流下來。

第6部　如何避免因別人的批評而煩憂

22

我幹過的蠢事

Fool Things I Have Done

在我的私人文件櫃中，我有一個標記爲「FTD」的文件夾，這是「我幹過的蠢事（Fool Things I Have Done）」的縮寫。我將自己犯下的愚蠢事情的書面記錄放在那個檔夾裡。

有時候我會口述這些備忘錄給我的秘書，但有時候它們太個人化、太愚蠢，以至於我感到羞愧，所以我會親手寫下來。

我仍然可以回憶起十五年前我放在「FTD」文件夾中對戴爾・卡內基的一些批評。如果我對自己完全誠實，我現在會有一個滿到爆的檔案櫃，裡面裝滿了這些「FTD」備忘錄。

我可以誠實地重複三千年前掃羅王（King Saul）所說的話：「我已經做了愚蠢的事，並且錯誤百出。」

當我拿出我的「FTD」檔夾，並重新閱讀我對自己所寫的批評時，它們幫助我處理我將要面對的最棘手的問題：管理戴爾・卡內基。

我曾經總是把我的困擾歸咎於他人；但隨著我年紀漸長——我希望也變得更有智慧——我意識到，從最後的分析來看，幾乎所有的不幸都是我自己造成的。許多人在年紀漸長時也有同樣的發現。拿破崙在聖赫勒拿島上說過，「除了我自己，沒有人能被責怪我的墮落。我一直是我自己最大的敵人——我

自己災難性命運的原因。」讓我告訴你關於一個我認識的人，他在自我評價和自我管理方面是一位藝術家。他的名字叫漢威（H. P. Howell）。1944年7月31日，他在紐約的大使酒店藥店突然去世的消息傳遍全國時，華爾街震驚了，因為他是美國金融界的領導者——商業國家銀行和信託公司的董事長，並且是幾家大公司的董事。

他在缺乏正規教育的環境中長大，起初在一家鄉村商店擔任職員，後來成為美國鋼鐵公司的信用經理——並且正在走向地位和權力之路。

「多年來，我一直有著一本行程簿，記錄我一天中所有的行程，」當我詢問漢威先生他成功的原因時，他這麼告訴我。

「我的家人從不為我安排星期六晚上的計劃，因為他們知道我會把每個星期六晚上的一部分時間用來自我反省，以及回顧和評估我一週的工作。晚餐後，我會獨自一人，打開我的行程簿，思考自星期一早上以來所有的面談、討論和會議。我會問自己：『那次我犯了什麼錯誤？』，『我做對了什麼——我可以如何提升我的表現？』『我可以從那次經驗中學到什麼教訓？』有時我會發現，這種每週回顧讓我感到非常不快。有時候，我

對自己的錯誤感到驚訝。當然，隨著年歲的增長，這些錯誤變得越來越少。這種自我分析的系統，年復一年地持續下去，比我嘗試過的任何其他事情都對我有更大的幫助。」

或許漢威是從富蘭克林那裡借來他的想法。只是富蘭克林並不會等到星期六晚上。他每晚都會嚴格自我檢討。他發現自己有十三個嚴重的缺點。以下是其中的三個：浪費時間、對瑣事煩惱不已、與人爭辯和反駁。明智的富蘭克林意識到，除非他消除這些障礙，否則他將無法走得更遠。

所以他每天都與自己的一個缺點進行鬥爭，並記錄了每天的激戰結果。下一週，他會挑出另一個壞習慣，戴上拳套，當鐘聲響起時他就會從角落裡出來戰鬥。富蘭克林以這種方式與他的缺點進行鬥爭，持續了兩年多的時間。

難怪他成為美國這個國家最受愛戴和最具影響力的人物之一！

作家亞伯特・哈伯德（Elbert Hubbard）曾說：「每個人每天至少有五分鐘是個該死的傻瓜。智慧就在於不超過這個上限。」

對於微不足道的批評，小人會大發雷霆，但智者卻渴望從那

些譴責他、責備他，甚至與他「爭論過道理」的人那裡學習。
作家惠特曼則這麼說：「你只從那些欽佩你、溫柔對待你、為你
讓路的人那裡學到了教訓嗎？」

您難道沒有從那些拒絕您、反對您，或者與您爭辯過的人那
裡學到重要的教訓嗎？

我們不必等待敵人來批評我們或我們的工作，讓我們先一步
自我批評。讓我們成為自己最嚴厲的批評者。在敵人有機會開
口之前，讓我們找出並改正所有的弱點。這就是查爾斯·達爾
文所做的。

實際上，他花了十五年的時間進行批評——故事是這樣
的：當達爾文完成了他不朽的書籍《物種起源》的手稿時，他
意識到這本創造性觀念的出版將會震撼知識界和宗教界。因
此，他成為了自己的批評者，又花了十五年的時間，檢查他的
數據，挑戰他的推理，批評他的結論。

假設有人譴責你是「一個該死的傻瓜」——你會怎麼做？生
氣？憤慨？這是林肯的反應：斯坦頓這位林肯政府下的戰爭部
長，曾經稱林肯為「一個該死的傻瓜」。斯坦頓憤慨的原因是林
肯一直在干涉他的事務。

　　爲了討好一位自私的政客，林肯簽署了一項將某些軍團轉移的命令。斯坦頓不僅拒絕執行林肯的命令，還宣稱林肯簽署這樣的命令眞是一個大傻瓜。然後呢？當有人告訴林肯斯坦頓的話時，林肯平靜地回答：「如果斯坦頓說我是個大傻瓜，那我一定是，因爲他幾乎總是對的。我得親自去看看。」

　　林肯確實去見了斯坦頓。斯坦頓說服他該命令是錯誤的，於是林肯撤回了它。當林肯知道批評是眞誠的、基於知識的，並且是出於幫助的精神時，他會欣然接受。

　　我們應該歡迎這種批評，因爲我們甚至不能期望自己的判斷在四次中能超過三次是正確的。至少，這就是老羅斯福總統在白宮時自稱他能期望的水準。

　　至於我們時代最深奧的思想家愛因斯坦，坦承他的結論有百分之九十九的時間都是錯的！

　　「我們敵人的觀點，」作家拉羅希福可（La Rochefoucauld）說，「比我們自己的觀點更接近我們的眞實。」

　　我知道這說法往往是對的；然而，每當有人開始批評我，如果我不警惕自己，我會在還不知道批評者要說什麼之前，立卽

且自動地跳到防禦狀態。每次我這麼做，我都對自己感到厭惡。

我們都傾向於對批評感到不悅，而對讚美感到愉快，無論這些批評或讚美是否有道理。我們並非理性的生物，我們是情感的生物。我們的邏輯就像是在深沉、黑暗、狂風暴雨的情感海洋中被拋來拋去的獨木舟。

如果我們聽說有人在背後說我們壞話，我們不應該試圖為自己辯護。每個愚人都會這麼做。讓我們獨特，謙虛，並且出色！讓我們以此困擾我們的批評者，並為自己贏得掌聲，說：「如果我的批評者知道我所有其他的錯誤，他對我的批評會比他實際上做的更為嚴厲。」

在前兩章中，我已經談過當你被不公正地批評時該怎麼做。但這裡有另一個想法：當你因為覺得自己被不公正地譴責而憤怒上升時，為何不停下來說：「等一下……我遠非完美。如果愛因斯坦承認他百分之九十九的時間都是錯的，也許我至少百分之八十的時間都是錯的。也許我應該接受這個批評。如果我應該，我應該感謝它，並試圖從中獲益。」

白速得（Pepsodent）公司前總裁查爾斯‧拉克曼（Charles Luckman）每年出資一百萬美元將喜劇員鮑勃‧霍普

（Bob Hope）演出的廣播喜劇節目《白速得秀》播出。他並未關注讚揚該節目的信件，但他堅持要看那些批評的信件。他知道他可能會從中學到一些東西。

福特公司對如此渴望於找出其管理和營運的問題，它還主動調查了員工意見並邀請他們批評公司。

我認識一個曾經是肥皂銷售員的人，他甚至會主動要求別人批評他。當他剛開始為高露潔銷售肥皂時，訂單進展緩慢，他擔心會失去工作。因為他知道肥皂和價格都沒有問題，所以他覺得問題肯定出在他自己身上 —— 當他未能成功銷售時，他常常會繞著街區走動，試圖找出問題所在。是他表達得太含糊了嗎？還是他缺乏熱情？有時他會回到商家那裡，並說：「我回來並不是想再嘗試向您銷售肥皂。我回來是想請教您的意見和批評。您能否告訴我，我剛才嘗試向您銷售肥皂時哪裡做錯了？您比我有經驗，也比我成功。請給我您的批評。直言不諱。不要留情。」

這種態度贏得了他許多朋友和無價的建議。

你認為他後來怎麼樣了？他曾經成為「高露潔—棕櫚樹—皮特肥皂公司」的總裁 —— 這是世界上最大的肥皂製造商之一。

他的名字叫李托（E. H. Little）。

要做到漢威、富蘭克林和李托所做的事，需要一個大人物。現在，當沒有人在看的時候，何不偷偷瞥一眼鏡子，問問自己是否屬於那種人物的行列呢！

想不再擔憂被批評，這裡是第三條規則：

讓我們記錄下我們曾經做過的愚蠢事情，並對自己進行批評。既然我們無法期望自己完美，那就讓我們像李托那樣做：尋求公正、有幫助且建設性的批評。

第6部摘要

如何避免因別人的批評而煩憂

規則一：

不公正的批評往往是讚美的偽裝。這通常意味著你引起了他人的嫉妒和羨慕。請記住，沒有人會踢一隻死狗。

規則二：

盡你所能；然後撐起你的舊雨傘，防止批評的雨水從你的脖子後面流下來。

規則三：

讓我們記錄下我們所做的愚蠢事情，並自我批評。由於我們無法期望自己完美，讓我們效仿李托所做的：尋求公正、有益、建設性的批評。

PART SEVEN

SIX WAYS TO
PREVENT FATIGUE AND WORRY
AND KEEP YOUR ENERGY
AND SPIRITS HIGH

第7部

精力充沛,神采高昂,遠離疲勞與擔憂的六種方法

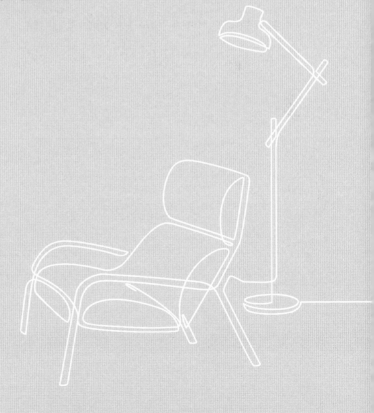

23

如何讓每天的清醒時間
多一小時

How to Add One Hour a Day
to Your Waking Life

　　爲什麼我會在一本關於防止擔憂的書中寫一章關於防止疲勞的內容呢？答案很簡單：因爲疲勞往往會引發擔憂，或者至少，它會讓你容易感到擔憂。

　　任何醫學生都會告訴你，疲勞會降低身體對普通感冒以及數百種其他疾病的抵抗力；任何精神科醫生也會告訴你，疲勞同樣會降低你對恐懼和擔憂情緒的抵抗力。因此，防止疲勞有助於防止擔憂。

　　我是不是說「有助於防止擔憂」？這樣說還眞是委婉。艾德蒙・雅各森博士（Dr. Edmund Jacobson）的看法更進一步。雅各森博士寫了兩本關於放鬆的書：《逐步放鬆》（*Progressive Relaxation*）和《你必須放鬆》（*You Must Relax*）；作爲芝加哥大學臨床生理實驗室的主任，他花了多年時間研究如何將放鬆作爲醫學治療的一種方法。他宣稱，任何神經或情緒狀態「在完全放鬆的狀態下不存在。」這另一種說法就是：如果你放鬆，就不能繼續擔憂。

　　所以，爲了避免疲勞和擔憂，第一個原則是：經常休息。在你感到疲勞之前就休息。爲什麼這事這麼重要呢？因爲疲勞會以驚人的速度累積起來。美國軍隊經過反覆測試發現，即使是

經過多年軍事訓練的年輕人，如果他們每小時放下背包休息十分鐘，他們的行軍能力和持久力都會更強。因此，軍隊強迫他們這麼做。你的心臟和美國軍隊一樣聰明。你的心臟每天能將足夠的血液注入你的身體，足以填滿一輛鐵路油罐車。它每二十四小時能產生足夠的能量，將二十噸的煤炭鏟到三英尺高的平臺上。它能做這麼驚人的工作五十年，七十年，甚至九十年。

它是如何承受得了的呢？哈佛醫學院的華特·坎農博士（Dr. Walter B. Cannon）解釋了這個問題。他說：「大多數人都認為心臟是一直在工作的。事實上，每次收縮後都有一個明確的休息期。當心跳以每分鐘七十次的適中速率跳動時，實際上心臟在二十四小時中只工作九小時。總的來說，它的休息時間每天達到足足十五小時。」

在二戰期間，溫斯頓·邱吉爾在他晚年的六十多歲和七十初頭，還能夠每天工作十六個小時，年復一年，指導大英帝國的進行戰爭。這是一個驚人的記錄。他的秘密是什麼呢？他每天早上都會在床上工作到十一點，閱讀報告，口述命令，打電話，並舉行重要的會議。

午餐後，他再次上床休息，睡了一個小時。到了晚上，他又

再次上床睡覺，睡了兩個小時後在八點吃晚餐。他並未治療疲勞，也無需治療。他是在預防疲勞。因為他經常休息，所以他能保持精神飽滿，繼續工作，直到深夜過後。

老約翰‧洛克菲勒創下了兩項非凡的紀錄。他累積了當時世界上最大的財富，並且他也活到了九十八歲。他是如何做到的呢？當然，主要的原因是他遺傳了長壽的傾向。另一個原因是他有在辦公室午休半小時的習慣。他會躺在辦公室的沙發上——即使是美國總統也無法打擾他在打瞌睡的時候還在講電話！

在他的優秀著作《為何感到疲倦》（Why Be Tired）中，丹尼爾‧喬斯林（Daniel W. Josselyn）觀察到：「休息並不是完全無所事事。休息就是修復。」短暫的休息中有如此多的修復力量，即使五分鐘的小睡也能有助於防止疲勞！棒球界的偉大老人康尼‧麥克告訴我，如果他在比賽前沒有午睡，他會在大約第五局時感到筋疲力盡。但是，如果他確實去睡覺，即使只有五分鐘，他也能在整個雙重賽事中持續下去，而不會感到疲倦。

當我問愛蓮娜‧羅斯福在她在白宮度過的十二年裡如何能夠

應付如此繁忙的日程時，她說在與人群見面或發表演講之前，她經常會坐在椅子或沙發上，閉上眼睛，放鬆二十分鐘。

我曾在麥迪遜廣場花園的更衣室裡訪問過金·奧崔，當時他是世界冠軍牛仔競技秀的主秀明星。我注意到他的更衣室裡有一張軍用摺疊床。「我每天下午都會躺在那裡，」奧崔說，「在表演之間休息一個小時。」

「當我在好萊塢拍電影時，」他繼續說道，「我常常會在一張大舒適的椅子上放鬆，並在一天之中打兩三次十分鐘的小覺。這對我有極大的幫助。」

發明家愛迪生將他龐大的精力和耐力歸因於他隨心所欲的睡眠習慣。

在亨利·福特八十歲生日前不久，我有機會探訪他。我對他看起來如此精神煥發，氣色良好感到驚訝。我問他保持活力的秘訣是什麼。他說：「當我可以坐下，我從不站著；當我可以躺下時，我也從不坐著。」

被譽為「現代教育之父」的賀瑞斯·曼（Horace Mann），在他年紀漸長時也做了同樣的事情。在擔任安帝奧克學院的校長時，他習慣在沙發上躺著接見學生。

　　我說服了一位好萊塢的電影導演嘗試類似的技巧。他坦承這種方法起到了奇效。我指的是傑克·徹托克（Jack Chertock），他是好萊塢的頂級導演之一。

　　當他幾年前來見我時，他當時是MGM影業的短片部門主管。他筋疲力盡，已經嘗試過所有的方法：補品、維他命、藥物。但都沒有太大的幫助。我建議他每天都應該休假。如何做到呢？就是在他的辦公室裡伸展身體，放鬆心情，同時與他的編劇團隊開會。

　　我兩年後再次見到他時，他說：「奇蹟發生了。這就是我自己的醫生所說的。我過去在討論我們的短片想法時，總是緊張地坐在椅子上。現在我在這些會議期間躺在辦公室的沙發上。我感覺比我過去二十年來都要好。每天工作時間比以前多兩個小時，但我很少感到疲倦。」

　　這一切如何適用於你呢？如果你是個速記員，你不能像愛迪生或製片家塞繆爾·戈德溫（Sam Goldwyn）那樣在辦公室打盹；如果你是會計師，你不能在與老闆討論財務報表時躺在沙發上。但是，如果你住在一個小城市，並且回家吃午餐，你可能可以在午餐後休息十分鐘。這就是喬治·馬歇爾將軍過去常

做的事。他覺得他在戰時指導美國軍隊的工作如此繁忙，以至於他必須在中午休息。如果你已經超過五十歲，並且覺得你太忙而無法做到這一點，那麼你應該立即購買你能得到的所有人壽保險。如今，突然舉辦的葬禮的費用高昂；你的配偶可能想要拿你的保險金去與一個年輕人結婚。

如果你無法在中午時分小睡一會，至少可以試著在晚餐前躺下休息一個小時。這比一杯雞尾酒來得便宜；而且，長期來看，它的恢復效果是雞尾酒的5467倍。如果你能在下午五點、六點或七點左右睡上一個小時，你就可以在你的清醒生活中增加一個小時。爲什麼？怎麼做？因爲在晚餐前小睡一個小時，再加上晚上六個小時的睡眠 —— 總共七個小時 —— 對你的好處會比連續八個小時的睡眠來得更大。

如果一個體力勞動者多花時間休息，他反而可以做更多的工作。弗雷德里克・泰勒（Frederick Taylor）在擔任伯利恆鋼鐵公司的科學管理工程師時證明了這一點。他觀察到勞動者每天在貨車上裝載大約12又1/2噸的生鐵，並且在中午就已經筋疲力盡。他對所有涉及的疲勞因素進行了科學研究，並宣稱這些人每天應該裝載的生鐵不是12又1/2噸，而是47噸！他認爲他

們應該做的幾乎是他們正在做的四倍，而且不會感到疲勞。他要證明它！

泰勒選擇了一位名叫施密特的先生，他被要求按照秒錶的時間來工作。站在他身旁的人對他說，手裡拿著一個錶：「現在拿起一個『豬』然後走路……現在坐下來休息……現在走路……現在休息。」

發生了什麼事？施密特每天搬運47噸的「豬鐵」，而其他的男人每人只搬運12又1/2噸。泰勒在伯利恆的這三年裡，施密特幾乎從未停止過這樣的工作節奏。施密特能夠做到這一點，是因為他在疲倦之前就已經休息了。他每小時工作大約26分鐘，休息34分鐘。他休息的時間比工作的時間還要多，然而他的工作量卻是其他人的近四倍！這只是道聽途說嗎？不，你可以在泰勒的名著《科學管理原理》上讀到。

讓我再說一次：

像軍隊的作息一樣——經常休息。像你的心臟一樣行動——在你感到疲倦之前就休息，你將在你的清醒生活中增加一小時。

24

是什麼讓你感到疲倦？
你又可以如何應對？

What Makes You Tired—
and What You Can Do About It

以下是一個令人驚訝且重要的事實：只用心神工作是無法使你感到疲倦的。這聽來似乎很荒謬。但幾年前，科學家試圖找出人類大腦能夠持續工作多久，而不達到「工作能力下降」，這是疲勞的科學定義。

令這些科學家驚訝的是，他們發現當大腦處於活躍狀態時，流經大腦的血液完全不會感到疲勞！如果你在一個勞工正在工作時從他的靜脈中抽取血液，你會發現它充滿了「疲勞毒素」和疲勞產物。

但是，如果你從愛因斯坦的大腦中提取一滴血液，到了一天結束時，它將不會顯示任何疲勞毒素。

就大腦而言，它可以在努力工作八個甚至十二個小時後，「仍然能夠像剛開始時一樣良好且迅速地運作。」大腦是絕對不知疲倦的……那麼，是什麼讓你感到疲倦呢？

精神科醫生宣稱，我們的大部分疲勞源於我們的心理和情感態度。英國最傑出的精神科醫生之一哈德菲爾德，在他的書《力量的心理學》中說：「我們所遭受的疲勞大部分是心理起源的；實際上，純粹物理起源的疲勞是罕見的。」

美國最傑出的精神科醫生之一布里爾博士，甚至更進一步地

宣稱：「對於身體健康的久坐工作者來說，百分之一百的疲勞都是由心理因素引起的，也就是說，是由情緒因素引起的。」

對於久坐的工作者來說，哪些情緒因素會讓他們感到疲憊？是喜悅？還是滿足？不！絕對不是！

無聊，怨恨，感到不被欣賞，感到無用，匆忙，焦慮，擔憂——這些都是情緒因素，使坐著工作的人感到疲憊，容易感冒，降低他的產出，並讓他帶著神經性頭痛回家。

是的，我們會感到疲倦，因為我們的情緒會在身體中產生緊張的緊張感。

大都會人壽保險公司在一份有關疲勞的小冊子中指出：「單是努力工作，」這家大型人壽保險公司說，「很少有導致一場好的睡眠或休息無法治癒的疲勞。……擔憂，緊張和情緒不穩定是疲勞的三大主要原因。……疲勞似乎經常會歸因為身體或精神工作過度，但這三大原因往往才是主要問題……請記住，緊張的肌肉就是正在工作的肌肉。放輕鬆吧！為重要的職責節省能量。」

現在就停下來，就在你所在的地方，給自己做個檢查。當你讀著這行字時，你是不是在對著書皺眉？你的雙眼之間是否感

到疲勞？你是不是輕鬆地坐在椅子上？還是你正在聳起你的肩膀？你的臉部肌肉是不是緊繃著？

除非你的整個身體像一個鬆弛的舊布娃娃一樣軟弱無力，否則此刻你正在產生神經緊張和肌肉緊張。你正在產生神經緊張和神經疲勞！

我們爲何在進行心理工作時產生這些不必要的緊張呢？喬斯林說：「我發現最大的障礙……是幾乎普遍的信念，那就是努力工作需要有努力的感覺，否則就不算做得好。」所以我們在專注時會皺眉頭。我們會聳起肩膀。我們呼喚我們的肌肉做出努力的動作，但這並不能在任何方面幫助我們的大腦進行工作。

這是一個令人驚訝且悲慘的事實：很多人絕不會隨便浪費大筆的錢財，但他們卻持續像個魯莽醉漢一樣浪費和揮霍自己的能量。

對於這種神經性疲勞的答案是什麼？放鬆！放鬆！放鬆！學會在你工作的時候放鬆！簡單嗎？不，你可能需要改變一生的習慣。但這是值得的，因爲它可能會徹底改變你的生活！

威廉‧詹姆斯在他的文章〈放鬆的福音〉中說：「美國人的過度緊張、急躁、氣喘吁吁、強烈和痛苦的表達……不過是種

壞習慣，沒什麼大學問。」緊張是一種習慣。放鬆也是一種習慣。壞習慣可以被打破，好習慣可以被形塑。

您如何放鬆呢？您是從心靈開始，還是從神經開始？其實兩者都不是。您總是可以從肌肉開始放鬆！

讓我們試試看。為了展示如何做，假設我們從你的眼睛開始。閱讀這段文字，當你讀到最後，後退，閉上你的眼睛，並默默地對你的眼睛說，「放鬆。放鬆。停止緊張，停止皺眉。放鬆。放鬆。」慢慢地重複這句話一分鐘……。

你有沒有注意到，幾秒鐘後，眼睛的肌肉開始服從了？你有沒有感覺像是有手擦去了緊張？雖然這看起來難以置信，但你在那一分鐘裡已經嘗試了放鬆藝術的全部關鍵和秘密。你可以對下巴、臉部肌肉、頸部、肩膀、全身做同樣的事情。但最重要的器官是眼睛。芝加哥大學的雅各森博士甚至說，如果你能完全放鬆眼睛的肌肉，你就可以忘記所有的煩惱！眼睛在緩解神經緊張方面如此重要的原因是，它們消耗了身體所有神經能量的四分之一。這也是為什麼有那麼多視力完全正常的人卻遭受「眼睛疲勞」的原因。他們正在「緊繃眼睛」。

著名小說家維琪・鮑姆（Vickie Baum）說，她在小時候遇

到了一位老人，這位老人教給她一生中最重要的一課。她曾經跌倒並割傷了膝蓋，手腕也受傷了。這位老人將她扶起來；他曾是一位馬戲團的小丑；當他幫她拍掉身上的灰塵時，他說：「你受傷的原因是因為你不知道如何放鬆。你必須假裝自己像一隻軟綿綿的襪子，像一隻舊的皺巴巴的襪子。來，我來教你怎麼做。」

那位老人教導鮑姆和其他孩子如何跌倒，如何翻筋斗，以及如何做空翻。他總是堅持說：「把自己想像成一隻舊的皺巴巴的襪子。然後你就必須放鬆！」

您可以在任何奇怪的時刻放鬆，幾乎在您身處的任何地方。只是不要刻意去放鬆。放鬆就是沒有任何緊張和努力。解脫和放鬆吧。首先，想想您的眼睛和臉部肌肉的放鬆，一遍又一遍地說，「放開…放開…放開並放鬆。」感覺能量從您的臉部肌肉流向身體的中心。想像自己像嬰兒一樣自在無念。

那就是偉大的歌劇女高音歌手阿米麗塔・加麗庫契（Amelita Galli-Curci）常做的事。另一位歌手海倫・珍普森（Helen Jepson）告訴我，她曾經看到加麗庫契表演前坐在椅子上，所有的肌肉都放鬆，下巴甚至鬆弛到下垂。這是一種極好的練

習 —— 它防止她在登臺前過於緊張；它防止疲勞。

以下是四個建議，可以幫助你學會放鬆自己：

1. 不拘於特定時刻放鬆。讓你的身體像一隻舊襪子般鬆弛。我在工作時桌上放著一隻舊的，褐紅色的襪子 —— 把它放在那裡，提醒我自己應該要多鬆弛。如果你沒有襪子，一隻貓也可以。你有沒有撿起過在陽光下睡覺的小貓？如果有，那麼牠的兩端就會像濕報紙一樣下垂。即使是印度的瑜伽士也說，如果你想要掌握放鬆的藝術，就去研究貓。我從未見過疲態的貓、神經質的貓，或是受到失眠、煩惱、胃潰瘍困擾的貓。如果你能學會像貓一樣放鬆，你可能就能避免這些災難。

2. 盡可能地在舒適的姿勢下工作。請記住，身體的緊張會導致肩膀疼痛和神經疲勞。

3. 每天檢查自己四五次，問自己：「我是否把工作變得比實際上更困難了？我是否在使用與我正在做的工作無關的肌肉？」這將幫助你養成放鬆的習慣，正如大衛·哈羅德·芬克（David Harold Fink）博士所說，「最瞭解心理學的人知道，習慣在生活中的比例是二比一。」

4. 在一天結束時再次測試自己，問自己：「我有多疲倦？

如果我感到疲倦，那並不是因爲我做了精神工作，而是因爲我做事的方式。」喬斯林說：「我衡量我的成就，不是看我在一天結束時有多疲倦，而是看我有多不疲倦。」他說：「當我在一天結束時感到特別疲倦，或者當煩躁證明我的神經已經疲倦時，我毫無疑問地知道這一天在數量和質量上都是低效的。」如果美國的每一位商人都能學到這一課，我們因高血壓疾病而死亡的比率將在一夜之間下降。我們也將停止把那些被疲勞和被憂慮壓垮的人送進療養院和精神病院。

25

如何避免疲勞——
並保持年輕外貌！

How to Avoid Fatigue—
and Keep Looking Young!

去年秋季某一天，我的同事飛往波士頓參加了世界上最不尋常的醫學課程之一。醫學課程？嗯，是的。

有個小組每週在波士頓診所聚會一次，參加的病人在被接納之前都會接受定期且徹底的醫學檢查。但實際上，這個小組是一個心理診所。雖然它被正式稱爲應用心理學班（前身爲思想控制班，這個名字是由第一位成員提議的），但它的眞正目的是處理因擔憂而生病的人。而這些病人中，許多是受情緒困擾的家庭主婦。

這種爲擔憂者設立的課程是如何開始的呢？嗯，在1930年，約瑟夫・普拉特博士（Dr. Joseph H. Pratt）——順帶一提，他曾是名醫威廉・奧斯勒爵士（Sir William Osier）的學生——他觀察到許多來波士頓診所的門診病人似乎身體完全沒有任何問題；然而，卻又幾乎出現了各種肉體上的症狀。

有一位女士的雙手因「關節炎」而變得嚴重殘廢，完全失去了使用能力。另一位則因「胃癌」的所有劇烈症狀而痛苦不堪。還有人背痛、頭痛，或是長期感到疲憊，或是有種種模糊的疼痛。他們眞的感到了這些疼痛。但最徹底的醫學檢查顯示，這些人在生理上完全沒有任何問題。許多老派的醫生可能

會說，這全都是想像的——「全在心裡」。

　　但是普拉特博士明白，告訴這些病人「回家忘記它」是沒有用的。他知道這些人大多數並不想生病；如果忘記他們的疾病那麼容易，他們自己就會這麼做。那麼，還能做些什麼呢？

　　於是他開設了這個課程——在一片的醫學懷疑者的疑問聲中。這個課程創造了奇蹟！自從開始以來的這些年裡，數千名病人通過參加這個課程而「痊癒」。有些病人已經來了好幾年——他們的出席就像去教堂一樣虔誠。我的助手與一位女士交談，她在九年多的時間裡幾乎沒有錯過一次課程。

　　她說，當她第一次去診所的時候，她深信自己有漂浮腎和某種心臟疾病。她如此擔憂和緊張，以至於她偶爾會失去視力，有時甚至會出現盲眼的情況。然而，今天她充滿信心，心情愉快，身體健康。她看起來只有四十歲左右，但她卻抱著一個正在她膝蓋上睡覺的孫子。她說：「我過去總是為家庭的困擾而煩惱，甚至希望自己能死去。但是在這個診所裡，我學會了擔憂的無用。我學會了停止它。而我現在可以誠實地說，我的生活是寧靜的。」

　　班級裡的醫學顧問蘿絲・希爾費汀（Dr. Rose Hilferding）

表示，她認爲減輕煩惱的最佳方法之一就是「與你信任的人討論你的困擾。我們稱之爲宣洩，」她說。

「當病人來到這裡，他們可以盡情地談論他們的困擾，直到他們從心中釋放出來。獨自沉思煩惱，並將它們深藏心底，會造成巨大的神經壓力。我們都必須分享我們的困擾。我們必須分擔憂慮。我們必須感到世界上有人願意聆聽並能夠理解。」

我的助理就見證了班上一位女士透過傾訴煩惱所獲得的巨大釋放。她有家庭的煩惱，當她剛開始說話時，她就像一個緊繃的彈簧。然後，隨著她不斷地說話，她開始冷靜下來。在談話結束時，她甚至露出了微笑。問題解決了嗎？不，並沒有那麼簡單。引起變化的是與人交談，獲得一些建議和一些人性的同情。真正起作用的是——話語中蘊含的巨大治療價值！

精神分析在某種程度上，是基於言語的治療力量。自佛洛依德的時代以來，分析師就知道，如果病人能夠說話，只是說話，他就能從內心的焦慮中獲得解脫。爲什麼會這樣呢？也許是因爲透過說話，我們對自己的困擾有了更好的理解，得到了更好的視角。沒有人知道完整的答案。

但我們都知道，「傾吐心聲」或「把壓在心頭的事說出來」

幾乎能立即帶來舒緩。

所以下次我們遇到情緒問題時，爲何不找人談談呢？我當然不是說要到處抱怨，讓自己變得討人厭。我們應該找一個我們可以信任的人，並安排一次會面。

也許是一位親戚，醫生，律師，部長，或神父。然後對那個人說：「我需要你的建議，我有個問題，希望你能聽我說出來。你可能能給我建議。你可能看到我自己看不到的角度。但卽使你不能，如果你能坐下來聽我說話，你將給我極大的幫助。」

因此，把事情說出來（talking things out）是波士頓診所課程中使用的主要療法之一。但在這個課程中，我們還學到了一些其他的想法 —— 你可以在家裡實施的事情。

1. 保持一本筆記本或剪貼簿作爲「啓發性」的閱讀。在這本書中，你可以貼上所有對你個人有吸引力並能給你提振的詩歌，短禱告，或引語。然後，當一個雨天的下午使你的精神陷入低谷時，也許你可以在這本書中找到驅散陰霾的秘訣。許多病人保存這種筆記本好幾年。他們說這就像是精神上的「強心針」。

2. 不要過度沉溺於他人的缺點！有一位在課堂上發現自己

變成了一位喜歡責罵、嘮叨，並且臉色憔悴的妻子的女士，被這個問題戛然而止：「如果你的丈夫去世了，你會怎麼辦？」這個想法讓她如此震驚，以至於她立刻坐下來，列出了她丈夫所有的優點。她列出了一份相當長的清單。下次當你覺得你嫁給了一個暴君時，為何不試著做同樣的事情呢？也許在讀過你配偶的美德後，你會發現他或她其實是你想要認識的人！

3. 對人們產生興趣！對與你共度生活的人產生友善且健康的興趣。有一位身體不適的女士，她覺得自己如此「獨特」以至於沒有任何朋友，有人告訴她試著為她接下來遇到的人編一個故事。她在公車上開始為她看到的人編織背景和設定。她試著想像他們的生活曾經是什麼樣子。你馬上發現，她已經與各地的人交談──而今天她是一個快樂、敏銳且迷人的人，也已經治癒了她的「痛苦」。

4. 在今晚就寢前，為明天的工作安排一個時間表。課堂上發現，許多人感到被無休止的工作和必須完成的事情驅使和困擾。他們從未完成他們的工作。他們被時間追趕。為了治療這種匆忙和擔憂的感覺，建議他們每晚為第二天制定一個時間表。結果如何呢？完成的工作更多；疲勞感大大減少；有一種

驕傲和成就感；還有剩餘的時間可以休息和享受。

5. 最後——避免緊張和疲勞。放鬆！放鬆！沒有什麼會比緊張和疲勞更快讓你看起來老去。沒有什麼會對你的新鮮感和外貌造成如此大的破壞！我的助手在波士頓思想控制課堂上坐了一個小時，課主任保羅·約翰生（Paul E. Johnson）教授則在那裡回顧了我們在前一章已經討論過的許多放鬆的原則。在進行了十分鐘的這些放鬆運動後，我的助手也和其他人一起做，她幾乎坐在椅子上睡著了！為什麼這種身體放鬆如此重要呢？因為診所明白——就如其他醫生所知——如果你想要幫助人們解除憂慮的糾結，他們必須要放鬆！

是的，你必須要放鬆！奇怪的是，硬實的地板比彈簧床更適合放鬆。它提供更多的阻力。這也對脊椎有益。

那麼，這裡有一些運動你可以嘗試。試著做一個星期，看看你的外貌和性情有何改變！

A. 當你感到疲倦時，躺平在地板上。盡可能地伸展身體。如果你想的話，可以滾來滾去。每天做兩次。

B. 請閉上你的眼睛。你可以試著說出（就像約翰生教授建

議的）像這樣的話：「太陽正在頭頂上照耀。天空是藍色的，閃閃發光。大自然是寧靜的，掌控著世界──而我，作為大自然的孩子，與宇宙保持著和諧。」或者──更好的是──祈禱！

C. 如果你無法躺下，因為你沒有多餘的時間，那麼你可以坐在椅子上達到幾乎相同的效果。一把硬質、直立的椅子最適合放鬆。像坐著的埃及雕像一樣直立在椅子上，讓你的手休息，掌心向下，放在大腿的頂部。

D. 現在，慢慢地緊縮你的腳趾──然後讓它們放鬆。緊縮你腿部的肌肉──然後讓它們放鬆。慢慢地向上進行，用你身體的所有肌肉，直到你到達脖子。然後讓你的頭重重地滾動，就像它是一個足球。不斷地對你的肌肉說（如在前一章節中），「放鬆……放鬆……。」

E. 用緩慢穩定的呼吸來平靜你的神經。從深處呼吸。印度瑜伽是對的：節奏性的呼吸是緩解神經緊張的最佳方法之一。

F. 想想你臉上的皺紋和皺眉，然後全部都把它們撫平。放鬆你眉間和嘴角兩側感覺到的憂慮皺紋。每天做這個兩次，也許你就不需要去健身俱樂部接受按摩了。也許這些線條會從內而外消失！

26

防止疲勞和擔憂的
四種工作好習慣

Four Good Working Habits
That Will Help Prevent Fatigue and Worry

良好工作習慣之一：

請將您桌上的所有檔案清理乾淨，只留下與當前問題有關的文件。

芝加哥和西北鐵路的總裁羅朗‧威廉士（Roland L. Williams）曾經說過：「一個人的桌子上如果各種事務資料堆積如山，若是清理掉桌子上除了手頭問題以外的所有東西，他會發現他的工作變得更容易，也更準確。我稱這為良好的家政，也是提高效率的第一步。」

如果你參觀華盛頓特區的國會圖書館，你會在天花板上發現五個字 —— 這五個字是詩人波普所寫的：

「秩序是天堂的首要法則。」

秩序應該也是商業的首要法則。但是真的是這樣嗎？不，一般的辦公桌上都堆滿了幾週都沒有人看過的文件。事實上，紐奧良一家報紙的出版商曾經告訴我，他的秘書清理他的一張辦公桌時，竟然找到了一台已經失蹤兩年的打字機！

單是看到桌上堆滿未回覆的郵件、報告和備忘錄，就足以引發混亂、壓力和憂慮。實際上，情況比這更糟。那種「有一百

萬件事要做,卻沒有時間去做」的持續提醒,不僅會讓你感到緊張和疲勞,還可能讓你擔憂到高血壓、心臟病和胃潰瘍的程度。

約翰・斯托克斯博士(Dr. John H. Stokes)是賓夕法尼亞大學醫學研究院教授,在美國醫學協會全國大會上發表了一篇題為〈器官疾病的功能性神經症併發症〉的論文。在那篇論文中,斯托克斯博士在「病人心態中要注意的事項」這個標題下列出了十一種情況。以下是該清單上的第一項:

有「必須做」或「盡義務」的感覺;前方無止盡的事情,這些都是必須要完成的。

但是,如何能夠通過如此基本的程序(如清理您的桌子並做出決定),來幫助您避免這種高壓、這種「必須做」的感覺、這種「必須完成的事情無休止地延伸在前方」的景象呢?著名精神病醫生威廉・薩德勒(Dr. William L. Sadler)講述了一位病人透過這簡單的裝置領悟到訣竅,就避免了神經衰弱。這個人是芝加哥一家大公司的執行長。當他來到薩德勒的診間時,他感到緊張、不安、擔憂。他知道自己即將陷入困境,但他無

法放棄工作。他需要幫助。

「當這個男人正在向我講述他的故事時，」薩德勒醫生說，「我的電話響了。是醫院打來的；而我並沒有將事情擱置，而是當下就做出了決定。如果可能的話，我總是立即解決問題。我剛掛斷電話，電話又響了起來。又是一個緊急的事情，我花了時間來討論。第三次的打擾是我的一位同事來到我的辦公室，尋求關於一位病情危急的病人的建議。當我與他談完後，我轉向我的求診者並開始為讓他等待道歉。但他已經振作起來了。他的臉上掛著完全不同的表情。」

「醫生，不必道歉！」這個男人對薩德勒說。「在過去的十分鐘裡，我想我已經對我自己的問題有了一些頭緒。我要回辦公室去改變我的工作習慣...但在我走之前，你介意我看一下你的書桌嗎？」

薩德勒醫生打開了他書桌的抽屜。全都是空的——除了一些辦公用品。「告訴我，」病人說，「你把未完成的事情放在哪裡？」

「已完成！」薩德勒說。

「那麼，你把未回覆的郵件放在哪裡呢？」

「已回覆！」薩德勒告訴他，「我的規則是從不放下一封信，除非我已經回覆了它。我總是立即向我的秘書口述回覆。」

六週後，這位高管再次邀請薩德勒來到他的辦公室。他變了，他的書桌也變了。他打開書桌的抽屜，證明裡面沒有未完成的業務。「六週前，」這位主管說，「我在兩個不同的辦公室有三張不同的書桌，而且被工作壓得喘不過氣來。我永遠都做不完。和你談話後，我回到這裡，清理了一車的報告和舊檔。現在我在一張桌子上工作，隨時處理事情，並且不再有一堆未完成的事務讓我感到煩躁和擔憂。但最令人驚訝的是，我已經完全康復了。我的健康狀況再也沒有任何問題了！」

美國最高法院前首席大法官查爾斯 · 伊凡斯 · 休斯（Charles Evans Hughes）曾說：「人們並非因過度工作而死，他們因揮霍和擔憂而死。」是的，他們因揮霍自己的精力而死，因為他們似乎永遠無法完成他們擔憂的工作。

良好工作習慣之二：

按照事情的重要性來進行。

　　亨利‧多赫蒂（Henry L. Doherty）是一家全美城市服務公司的創辦人，他曾表示無論他支付多少薪水，有兩種能力他幾乎無法找到。

　　那兩種無價的能力：首先是思考的能力。其次是，按照事情的重要性來行事的能力。

　　從零開始的年輕人拉克曼，在十二年內攀升至白速得公司總裁，他的年薪十萬美元，並且還賺了一百萬美元——這位年輕人宣稱，他的成功很大程度上歸功於他發展了多赫蒂幾乎無法找到的那兩種能力。

　　拉克曼曾說：「我記得自己最早有回憶的年紀，就每天早上五點鐘起床，因為那時候我能夠思考得更清楚——那時候我才能夠更好地思考並規劃我的一天，按照事情的重要性來規劃我要做的事情。」

　　美國最成功的保險銷售員之一貝特格，並未等到早上五點才開始規劃他的一天。他是在前一晚就已經規劃好了——為自己設定一個目標——那就是當天要銷售一定數量的保險。如果他失敗了，那個數量就會被加到下一天——以此類推。

　　我憑著長期的經驗知道，我們並非總能按照事情的重要性來

依序完成，但我也明白，有一種先做重要事情的計劃，總比隨波逐流、臨時應變要好得多。

如果蕭伯納沒有堅持「事情要一件一件來」的原則，他可能當不成作家，甚至可能一輩子都只是一個銀行出納員。他的計劃是每天寫五頁。這個計劃激勵他連續九年每天寫五頁，即使在這九年中他總共只賺了三十美元——大約每天一分錢。

即使是流浪至荒島的魯賓遜也會寫出他每天每個小時要做什麼的時間表。

良好工作習慣之三：

面臨問題時，如果你擁有做出決定所需的資訊，那就立即解決它。不要一直拖延決定。

已故的漢威先生（H. P. Howell）也是我以前的學生，他曾告訴我，當他還是美國鋼鐵公司董事會的成員時，董事會議常常拖得很久——其間討論了許多問題，但很少做出決定。

結果是：董事會的每位成員都必須帶一大堆報告回家研究。

最後，漢威先生說服董事會一次只處理一個問題並做出決

定，絕不拖延——不准推遲。會議的決定可能是要求得到更多的事實；也可能是採取行動或者不採取任何行動。

但在進行到下一個問題之前，每個問題都已經做出了決定。漢威先生告訴我，這麼做的結果顯著且有益：議程已經清空。日程表已經清理乾淨。董事會成員不再需要帶回一疊報告。不再有未解決問題的困擾感。

這是一條好規則，不僅適用於美國鋼鐵公司的董事會，也適用於你我。

良好工作習慣之四：
學習組織、代理和監督。

許多商業人士因為從未學會將責任委派給他人，堅持自己親力親為，結果把自己過早逼向墳墓。細節和混亂讓他們不堪重負。他們被急促、擔憂、焦慮和緊張的感覺驅使。學會委派責任是困難的。我知道。

對我來說，這真的非常困難，痛苦不堪。我也從經驗中知道，將權力委派給錯誤的人可能會引發的災難。但是，儘管委

派權力困難重重，高級管理人員必須這麼做，以避免擔憂、壓力和疲勞。

很多建立大型企業，但不學習組織、委派和監督的高管，常常會在五十多歲或六十出頭的時候因心臟病突然去世——這種心臟病是由壓力和憂慮引起的。想要一個具體的例子嗎？看看那些報紙上的訃告吧。

27

如何驅散產生疲勞、憂慮
和怨恨的無聊

How to Banish the Boredom
That Produces Fatigue, Worry,
and Resentment

疲勞的主要原因之一是無聊。舉例來說，讓我們看看住在你街上的一位行政人員愛麗絲的情況。有一天晚上，愛麗絲回到家裡，疲態盡現。她表現得很疲憊，真的很疲憊。她頭痛。她背痛。她疲憊到想不等晚餐就上床睡覺。在她的母親苦苦哀求後……她坐到了餐桌前。電話響了。男朋友來電！邀請她去跳舞！她的眼睛閃爍著，她的精神飛揚起來。

她急忙跑上樓，換上了她的愛麗絲藍禮服，並跳舞直到淩晨三點；當她終於回到家時，她一點也不覺得疲憊。事實上，她感到如此興奮以至於無法入睡。

愛麗絲在八小時前真的很累嗎？她那時看起來顯得筋疲力盡不是嗎？當然，她是。她因為對工作感到厭倦，也或許對生活感到厭倦而感到疲憊。世上有數百萬個愛麗絲。你可能就是其中之一。

眾所周知，你的情緒態度通常比身體勞累更能產生疲勞。幾年前，約瑟夫・巴馬克（Joseph E. Barmack）博士在期刊《心理學檔案》上發表了一些他的實驗報告，顯示無聊會如何產生疲勞。巴馬克博士讓一群學生進行一系列他知道他們可能對此

沒有太多興趣的測試。結果呢？學生們感到疲倦和困倦，抱怨頭痛和眼睛疲勞，感到煩躁。在某些情況下，甚至他們的胃也感到不適。這全都是「想像」出來的嗎？不是。這些學生的新陳代謝測試顯示，當一個人感到無聊時，身體的血壓和氧氣消耗實際上會降低，而當他開始對工作感到有趣和愉悅時，整個新陳代謝立即加快！

當我們做一些有趣和令人興奮的事情時，我們很少感到疲倦。例如，最近我去了加拿大洛維斯湖附近的加拿大洛維斯山脈度假。

我在一處叫Corral Creek的沿岸花了好幾天的時間釣鱒魚，努力穿越比我頭還高的灌木叢，越過樹幹，掙扎穿過倒下的樹木——然而，走過八小時這種路程後，我並不感到疲憊。為什麼呢？因為我感到興奮，抖擻。

我有一種高度成就感——那天我捕到了六條喉斑鱒魚。但假設我對釣魚感到厭煩，那你認為我會有什麼感覺呢？在七千英尺的高度進行如此劇烈的工作，我會感到筋疲力盡。

即使在像登山這樣的費力活動中，無聊可能比努力工作更讓你感到疲倦。例如，明尼阿波利斯農民和機械師儲蓄銀行的總

裁吉門（S. H. Kingman）先生給了我一個完美的事例。1953年7月，加拿大政府請求加拿大阿爾卑斯山俱樂部提供導遊來訓練威爾斯親王的遊騎兵進行登山訓練。吉門先生是被選擇訓練這些士兵的導遊之一。

他告訴我，他和其他的嚮導們——一群年齡從四十二歲到五十九歲的男士——如何帶領這些年輕的軍人進行長途跋涉，穿越冰川和雪地，並攀爬高達四十英尺的峭壁。在那裡，他們必須利用繩索、微小的駐腳點和不穩定的手把進行攀爬。

他們攀登了加拿大洛磯山脈的麥可峰、副總統峰，以及其他未命名的山峰。經過十五小時的登山後，這些身體狀況極佳的年輕人（他們剛完成了六週的艱苦突擊隊訓練）完全筋疲力盡。

他們的疲勞是由於使用了未經突擊隊訓練鍛鍊的肌肉所導致的嗎？任何經歷過突擊隊訓練的人都會對這樣荒謬的問題嗤之以鼻！不，他們之所以筋疲力盡，是因為他們對爬山感到厭煩。他們累得有許多人在等待吃飯之前就睡著了。但是那些嚮導——那些比士兵年長兩到三倍的人——他們累了嗎？是的，但並未筋疲力盡。嚮導們吃過晚飯後還能熬夜數小時，談論當天的經歷。他們之所以不筋疲力盡，是因為他們對此感興趣。

當哥倫比亞大學的愛德華・桑代克博士（Dr. Edward
Thorndike）進行疲勞實驗時，他通過不斷激發年輕人的興
趣，讓他們幾乎一周都不睡覺。經過深入調查，據報導，桑代
克博士曾說過：「無聊是工作效率降低的唯一眞正原因。」

如果你是一位腦力勞動者，往往並非工作量讓你感到疲
憊。反而，你可能會因爲未完成的工作量而感到疲憊。例如，
回想上週那天你不斷被打斷的一天。沒有回覆的信件。破碎的
約會。這裡那裡都有麻煩。那天所有事情都出錯了。你一事無
成，然而你卻筋疲力盡地回家——並且頭痛欲裂。

第二天在辦公室裡一切順利如意。你完成的工作量比前一
天多了四十倍。然而，你回家時卻像一朵雪白的梔子花一樣清
新。你曾經有過這樣的經歷吧，我也有。

我們應該學到的一課是什麼呢？那就是：我們的疲勞往往不
是由工作引起的，而是由擔憂、挫折和怨恨引起的。

在撰寫這一章節前後，我去看了傑洛姆・柯恩（Jerome
Kern）原創的精彩音樂劇《戲船》（*Show Boat*）的重演。該劇
中「棉花號」的船長安迪在他一段有哲學意味的插曲中說：「幸

運的人是那些能做他們喜歡做的事的人。」這樣的人之所以幸運，是因爲他們有更多的能量，更多的快樂，少了擔憂，也少了疲勞。你的興趣在那裡，你的能量也在那裡。與一個嘮叨的妻子或丈夫一起走十個街區，可能比與一個崇拜你的情人一起走十英里還要累。

那又怎樣呢？你能對此做些什麼？好吧，這裡有一個打字員對此做了些什麼 —— 一個在奧克拉荷馬州塔爾薩的石油公司工作的打字員。她每個月有好幾天都在做一項可說是最無聊的工作：填寫石油租賃的印刷表格，插入數字和統計數據。這項任務無聊到她決定，爲了自保，她得讓此事變得有趣。怎麼做呢？她每天都和自己進行比賽。她計算每天早上填寫的表格數量，然後試圖在下午超越這個記錄。她計算每天的總數，並試圖在第二天超越它。結果呢？她很快就能填寫比她部門中的任何其他打字員更多的這些無聊的印刷表格。那麼，這一切給她帶來了什麼呢？讚美？不……感謝？不……升職？不……加薪？不……。

但這的確有助於防止無聊所引發的疲勞。這的確給了她一種心理刺激。因爲她已經盡力使一份乏味的工作變得有趣，她有

了更多的精力，更多的熱情，並從她的休閒時間中獲得了更多的快樂。

我確定這個故事是眞的，因爲那個女孩剛好是我娶的。

以下是另一位速記員的故事，她發現把工作當作有趣的事來做是值得的。她曾經抗拒她的工作。但現在不再如此。她是來自伊利諾伊州埃爾姆赫斯特的格登（Vallie G. Golden）小姐。以下是她寫給我的故事：

「這辦公室裡有四位速記員，我們每人都被分配從幾位男士那裡接收信件。偶爾我們會在這些任務中陷入困境。有一天，當一位助理部門主管堅持要我重新做一封長信時，我開始反抗。我試圖向他指出，這封信可以在不重新打字的情況下進行修正——他反駁說，如果我不重新做，他會找其他人來做！我眞的氣得要命！但當我開始重新打這封信時，我突然意識到有很多其他人會躍躍欲試，想要做我正在做的工作。此外，我是被支付薪水來做這項工作。

「我開始感覺好多了。我突然下定決心，就像我眞的喜歡這項工作一樣去做——即使我厭惡它。然後我發現了這個重要的

418

事實：如果我就像真的喜歡它一樣去做我的工作，那麼我在某種程度上確實是喜歡它。我也發現當我喜歡我的工作時，我可以工作得更快。所以我現在很少需要加班。這種新的態度讓我獲得了一個好工作者的聲譽。當部門有位主管需要一位私人秘書時，他要求我來做這份工作—因為，他說，我願意做額外的工作而不會顯得不高興！」格登小姐寫道：「改變心態的力量對我來說是一項極其重要的發現。它創造了奇蹟！」

格登小姐運用了哲學家漢斯・費英格（Hans Vaihinger）的神奇「就像」哲學。他教導我們要行動起來「就像」我們真的很快樂 —— 等等。

如果你表現得「就像」真的對你的工作感興趣，那一點點的演戲將會使你的興趣變得真實。它也將有助於減少你的疲勞，你的壓力，和你的憂慮。

幾年前，哈蘭・霍華德（Harlan A. Howard）做出了一個徹底改變他生活的決定。他決定將一份乏味的工作變得有趣 —— 而他的確有一份很乏味的工作：在高中學校餐廳裡洗盤子，擦檯面，並分發霜淇淋，而其他男孩則在玩球或者逗女

孩子玩。哈蘭‧霍華德厭惡他的工作——但既然他必須堅持下去，他就決定研究霜淇淋——它是如何製作的，使用了什麼成分，為什麼有些霜淇淋比其他的好。

他研究透了霜淇淋的化學成分，並在高中化學課程中成為一位專家。他對食品化學如此感興趣，以至於他進入了麻州州立學院，並主修「食品科技」領域。當紐約可可交易所為最佳可可和巧克力用途的論文提供一百美元的獎金時——這個獎金對所有大學生開放——你猜猜誰贏了？……沒錯。

多年前，有一位年輕人對他在工廠裡無聊的工作感到厭倦，他的工作就是站在車床旁，製造螺栓。他的名字叫做山姆。山姆想要辭職，但他擔心找不到其他的工作。既然他必須做這種乏味的工作，山姆決定讓它變得有趣。

所以他與旁邊操作機器的機械師進行了一場比賽。他們其中一人需要在他的機器上修剪粗糙的表面，另一人則需要將螺栓修剪到適當的直徑。他們偶爾會交換負責的機器，看看誰能生產出最多的螺栓。工頭對於山姆的速度和準確性印象深刻，很快就給了他一份更好的工作。這是他連續升職的開始。三十年

後，全名是山繆爾·瓦克蘭（Samuel Vauclain）的山姆——成爲了鮑德溫機車工廠（Baldwin Locomotive）的總裁。但如果他沒有決心讓一份乏味的工作變得有趣，他可能一生都只是一名機械工作員。

至於卡爾滕博恩——這位當世著名的美國廣播新聞分析師——也曾告訴我他是如何讓一份乏味的工作變得有趣。當他22歲時，他在一艘運送牛隻的船上工作，餵食和灌溉牛隻，以此方式橫跨大西洋。在英國進行了一次自行車之旅後，他饑餓且破產地抵達巴黎。他把相機典當了五美元，然後在《紐約先驅報》的巴黎版上刊登了一則廣告，並找到了一份賣立體投影機的工作。我還記得我們過去常常將那些老式立體鏡頭放在眼前，看著兩張完全相同的圖片。當我們看著的時候，一個奇蹟發生了。立體鏡頭中的兩個鏡片將兩張圖片轉換成一個具有第三維度效果的單一場景。我們看到了距離。我們獲得了一種驚人的透視感。

嗯，正如我所說，卡爾滕博恩最初在巴黎挨家挨戶銷售這些機器——可他不會說法語。但他在第一年就賺了五千美元傭

金，並使自己成爲那年法國最高薪的銷售員之一。卡爾滕博恩告訴我，這次經驗對他內在成功品質的培養，與他在哈佛學習的任何一年都有著同等的影響。他很有自信心嗎？他自己告訴我，經過那次經驗後，他覺得他甚至可以將《美國國會記錄》賣給法國家庭主婦。

那次經驗讓他對法國生活有了深入的理解，這在後來他在廣播上解讀歐洲事件時，證明是無價之寶。

他如何在不會說法語的情況下，成功成爲一名銷售專家呢？嗯，他讓他的雇主用完美的法語寫出他的銷售話語，然後他記住了它。

他會按門鈴，一位家庭主婦會來應門，然後卡爾滕伯恩就會開始用一種可笑到極點的可怕口音重複他背誦的銷售講話。他會向這位家庭主婦展示他的圖片，當她問一個問題時，他會聳聳肩並說，「一個美國人……一個美國人。」然後他會脫下他的帽子，並指向他在帽子頂部貼上的一份完美的法語銷售講話的副本。

家庭主婦會笑，他也會笑 —— 並向她展示更多的照片。當卡爾滕博恩告訴我這件事時，他坦承這份工作遠非易事。他告

訴我，只有一種品質讓他撐過來：那就是讓工作變得有趣的決心。每天早上出門前，他都會對著鏡子自我激勵：「卡爾滕博恩，你必須做這件事，否則你就無法生活。既然你必須做——爲何不在做的過程中享受樂趣呢？爲何不想像每次你按門鈴的時候，你就像是站在鎂光燈下的演員，而有觀眾在看你呢？畢竟，你所做的事情就像舞臺上的表演一樣有趣。那麼，爲何不將更多的熱情和熱忱投入其中呢？」

卡爾滕博恩先生告訴我，這些每日的鼓勵談話幫助他將一個他曾經討厭和害怕的任務轉變爲他喜歡且極具盈利性的冒險。

當我問卡爾滕博恩先生是否有任何建議給那些渴望成功的美國年輕人時，他說：「是的，每天早上都要與自己對話。我們經常談論身體要運動的重要性，它能將我們從許多人都處於的半睡眠狀態中喚醒。但我們更需要的是，每天早晨進行一些精神和心理的鍛煉，以激發我們的行動力。每天給自己進行一次鼓舞。」

每天給自己打氣，是不是傻的、膚淺的、幼稚的？不，恰恰相反，這是話語心理學的核心所在。

「我們的生活是我們的思想所塑造的。」這句話在今天仍然如此眞實，就如同哲學家羅馬皇帝奧理略在他的《沉思錄》一書中首次寫下它時一樣：「我們的生活是我們的思想所塑造的。」

透過每天每小時與自己對話，你可以引導自己思考勇氣和快樂，思考力量和平靜。透過與自己談論你必須感恩的事物，你可以充滿你的心靈，讓你的思緒飛翔和歌唱。

透過正確的思考，你可以讓任何工作變得不那麼令人厭惡。你的老闆希望你對你的工作感興趣，這樣他就能賺更多的錢。但讓我們忘記老闆想要的是什麼。只想想對你的工作感興趣將爲你帶來什麼。

提醒自己，這可能會讓你從生活中獲得的快樂翻倍，因爲你大約有一半的清醒時間都在工作，如果你在工作中找不到快樂，那麼你可能永遠都找不到快樂。

不斷提醒自己，對工作的熱情會讓你的心神從煩惱中解脫出來，長遠來看，這可能會帶來晉升和加薪的機會。卽使沒有這些，它也會將疲勞降至最低，並幫助你享受休閒時光。

第7部 精力充沛，神采高昂，遠離疲勞與擔憂的六種方法

28

如何避免爲失眠而煩惱

How to Keep from Worrying
About Insomnia

　　當你無法好好睡覺時，你會感到擔憂嗎？那麼你可能會對這個事實感到興趣：著名的國際律師塞繆爾・安特邁爾（Samuel Untermyer）一生中從未有過一個像樣的夜晚睡眠。

　　當安特邁爾上大學時，他很擔憂自己有兩種疾病——哮喘和失眠。他似乎無法治癒這兩種疾病，所以他決定做下一個最好的事情——利用他的清醒時間。他不再翻來覆去，讓自己陷入煩惱，而是起床學習。結果呢？他在所有的課程中都開始獲得榮譽，並成為紐約市立學院的一位神童。

　　即使在他開始執業律師後，他的失眠症仍然持續。但是，安特邁爾並不擔心。他說：「大自然會照顧我。」確實如此。儘管他的睡眠時間很少，但他的健康狀況仍然保持得很好，他能夠像紐約律師公會的任何年輕律師一樣努力工作。他甚至比他們更努力，因為他在他們睡覺的時候也在工作！

　　二十一歲的安特邁爾每年賺取七萬五千美元；其他年輕的律師們急忙趕到法庭去研究他的方法。在1931年，他因處理一個案子而獲得了當時可能是最高的律師費用：整整一百萬美元——並以現金支付。

　　他仍然有失眠的問題——半夜讀書——然後在早上五點起

床開始口述信件。當大多數人剛開始工作的時候，他的一天工作幾乎已經完成了一半。這個幾乎從未有過一個安穩夜晚的人活到了八十一歲；但如果他對他的失眠煩惱和擔憂，他可能會毀掉他的生活。

我們人生中有三分之一的時間都在睡覺 —— 然而沒有人真正知道睡眠是什麼。我們知道它是一種習慣，也是一種休息的狀態，讓大自然能夠修補我們因為煩憂而疲憊不堪的身心，但我們並不知道每個人需要多少小時的睡眠。我們甚至不知道我們是否真的需要睡覺！

這麼說很奇怪吧？嗯，在第一次世界大戰期間，匈牙利士兵保羅‧克恩（Paul Kern）被子彈射穿了他的大腦前葉。他從傷口中恢復過來，但奇怪的是，他無法入睡。

無論醫生們怎麼做，嘗試了各種鎮靜劑和麻醉劑，甚至催眠；保羅‧克恩都無法入睡，甚至都不感到困倦。

醫生們說他的壽命不會很長。但他卻讓他們大吃一驚。他找到了一份工作，並且在接下來的幾年裡以最佳的健康狀態繼續生活。他會躺下來閉上眼睛休息，但他卻一點也睡不著。他的

病例是一個醫學謎團，這打破了我們許多關於睡眠的信念。

有些人需要的睡眠時間遠超過其他人。指揮家托斯卡尼尼（Toscanini）每晚只需要五個小時的睡眠，但美國前總統柯立芝（Calvin Coolidge）需要的時間則多出一倍以上。柯立芝每二十四小時就要睡十一個小時。換句話說，托斯卡尼尼大約有五分之一的生命在睡眠中度過，而柯立芝則幾乎有一半的生命在睡眠中度過。

對失眠的擔憂，遠比失眠本身更會傷害你。例如，我一位來自新澤西州的學生桑德納（Ira Sandner）就幾乎因為慢性失眠而走向自殺。

「我其實以為我快要瘋了，」桑德納對我說。「問題在於，一開始，我睡得太沉。當鬧鐘響起時，我不會醒來，結果就是我每天早上都遲到上班。我對此感到擔憂——事實上，我的老闆警告我必須準時上班。我知道如果我繼續睡過頭，我會失去我的工作。

「我把這件事告訴了我的朋友們，其中一個建議我在睡覺前專心地看著鬧鐘。這就是失眠的開始！那該死的鬧鐘的滴答滴

答聲成了我的困擾。它讓我整夜無法入睡，翻來覆去！早晨來臨時，我幾乎病倒了。我因爲疲勞和擔憂而生病。

「這種狀況持續了八個星期。我無法用言語來形容我所受的折磨。我確信我正在變得瘋狂。有時候，我會在地板上來回踱步好幾個小時，我眞的考慮過跳出窗戶，結束這一切！

「終於，我去找了一位我一生都認識的醫生。他說：『艾拉，我無法幫助你。沒有人能幫助你，因爲你自己把自己帶入了這種狀況。晚上就去睡覺，如果你無法入睡，就把它全部忘掉。只對自己說：我不在乎我是否能睡著。如果我一直醒著到早上，我也無所謂。』閉上你的眼睛並對自己說，『只要我安靜地躺著，不去擔心它，我反正也能得到休息』。」

桑德納說，「我就這麼做了，」「兩週後，我開始能夠入睡。不到一個月，我每晚能睡八個小時，我的神經也恢復了正常。」

困擾伊拉·桑德納的並非失眠，而是他對此的擔憂。

芝加哥大學的教授納撒尼爾·克萊特曼博士（Dr. Nathaniel Kleitman）在睡眠研究方面的成就超越了所有在世者。作爲

一位睡眠專家，他聲明他從未聽說過有人因失眠而死。

確實，一個人可能會因爲失眠而擔憂，直到他的活力降低，被細菌所侵襲。但是，造成傷害的是擔憂，而不是失眠本身。

克萊特曼博士也表示，那些擔心失眠的人通常實際上睡得比他們自己認爲的要多。那個宣稱「我昨晚一點也沒有睡覺」的人，可能在不自知的情況下已經睡了好幾個小時。

例如，十九世紀最深思熟慮的思想家之一赫伯特・斯賓塞（Herbert Spencer）。他是一位老單身漢，住在寄宿家庭，並且他總是以他的失眠症來煩擾所有人。他甚至在他的耳朵裡塞上「阻塞物」以阻擋噪音並使他的神經平靜下來。有時他會服用鴉片以誘使自己入睡。有一晚，他和牛津大學的一位賽斯教授在酒店共用同一間房間。

隔天早上，斯賓塞宣稱他整晚都沒有睡覺。但實際上，沒有睡覺的是賽斯教授。他被斯賓塞的打鼾聲吵得整晚都無法入睡！

要有一個良好的夜眠，首要的條件是安全感。我們需要感到有一種比我們自己更大的力量會照顧我們，直到早晨。

湯瑪斯・海斯洛普博士（Dr. Thomas Hyslop）在英國醫學協會的一次演講中就強調了這一點。他說：「在我多年的實踐中，我發現最好的催眠劑就是——禱告。我這麼說完全是作為一個醫學家。對於那些習慣於禱告的人來說，禱告的行為必須被視為所有安撫心靈和鎮定神經的方法中最適當和最正常的。」

「讓神去做——然後放手。」

歌手珍妮特・麥唐娜就告訴我，當她感到沮喪、擔憂並且難以入睡時，她總是能通過重複詠誦詩篇二十三篇：「耶和華是我的牧者，我必不致缺乏。他使我躺臥在青草地上，領我在安靜的水邊……」來獲得「安全感」。

但如果你並非虔誠的信徒，那麼就學習透過身體的方式來放鬆。寫了《從神經緊張中釋放》（*Release from Nervous Tension*）一書的芬克博士說，最好的方式就是與你的身體對話。根據芬克博士的說法，文字是所有種類催眠的關鍵；當你持續無法入睡時，那是因為你已經將自己說服成了一種失眠的狀態。解決這個問題的方式就是對自己進行解催眠——你可以對你身體的肌肉說：「放鬆，放鬆——鬆開並放鬆。」我們已經知道，當肌肉緊繃時，心靈和神經無法放鬆——所以如果我們想要入

睡，我們就從肌肉開始。芬克博士建議——而且在實踐中確實有效——我們應該在膝蓋下放一個枕頭以減輕腿部的緊張，並在手臂下塞小枕頭，原因也是一樣。

然後，通過告訴下巴放鬆，眼睛，手臂和腿部，我們終於在我們知道發生了什麼事之前就睡著了。我試過這種方法了——我知道有用。

另外對失眠最好的治療之一就是透過園藝、游泳、網球、高爾夫、滑雪或是純粹體力勞動讓自己身體疲憊。這正是西奧多‧德萊塞（Theodore Dreiser）所做的。

當德萊塞還是一位奮鬥中的年輕作家時，他爲失眠而困擾，於是找了一份在紐約中央鐵路當工人的工作；在一天的鋪軌和鏟石頭之後，他筋疲力盡，幾乎無法保持清醒來吃飯。

如果我們夠累，大自然會迫使我們卽使在走路時也會睡著。舉例來說，當我十三歲的時候，我父親運送了一車的肥豬到密蘇里州的聖喬。由於他得到了兩張免費的鐵路通行證，他帶我一起去了。

在那之前，我從未在一個超過四千人的城鎮生活過。當我抵

達「聖喬」這個六萬人的城市時，我興奮得目瞪口呆。我看到了六層高的大樓，而且——真是太神奇了——我看到了一輛街車。我現在閉上眼睛，仍然可以看到並聽到那輛街車。

在我生命中最驚心動魄、最刺激的一天過後，父親和我搭乘火車回到密蘇里州的雷文伍德。我們在凌晨兩點抵達那裡，然後不得不步行四英里回到農場。而這就是故事的重點：我當時累到在走路時都能夠睡著並做夢。我經常在騎馬時睡著。而我現在還能活著來講述這一切！

當男人們完全筋疲力盡時，他們會直接在戰爭的雷鳴、恐懼和危險中睡去。著名的神經學家福斯特·甘迺迪博士（Dr. Foster Kennedy）告訴我，1918年，當第五英軍在撤退時，他看到有士兵疲態盡現，他們就在原地倒下，陷入了如昏迷般的沉睡。即使他用手指撩開他們的眼皮，他們也不會醒來。

他說他注意到，這些人眼睛的瞳孔無一例外地都向上滾動。甘迺迪博士說：「之後，每當我有睡眠困難時，我就會嘗試將我的眼球滾動到這個位置，我發現在幾秒鐘內我就會開始打哈欠並感到困倦。這是我無法控制的自動反射。」

　　從來沒有人因爲拒絕睡覺而自殺，也永遠不會有。大自然會強迫一個人不顧他所有的意志力去睡覺。大自然會讓我們比缺乏睡眠更長時間的無食物或無水。

　　提到自殺，讓我想起林克博士在他的書《人的再發現》（*The Rediscovery of Man*）中描述的一個案例。林克博士是心理學公司的副總裁，他訪談了許多擔憂和沮喪的人。在此書其中一個章節〈克服恐懼和擔憂〉中，他談到了一個想要自殺的病人。

　　林克知道爭論只會使事情變得更糟，所以他對這個男人說：「如果你無論如何都要自殺，至少你可以以一種英勇的方式去做。跑遍整個街區，直到你累死。」

　　那人還眞照做了，不只一次，而是好幾次，每次在心理上都感到更好，卽使肌肉上並非如此。到了第三晚，他達到了林克博士最初的目的——他身體疲憊到極點（並且身體放鬆）以至於他睡得像一塊木頭。後來他加入了一個運動俱樂部，並開始參加競技運動。不久，他感覺如此良好，以至於他想要永遠活著！

　　所以，爲了避免爲失眠煩惱，這裡有五條規則：

435

1. 如果你無法入睡，就仿效塞安特邁爾的做法。起床工作或閱讀，直到你感到困倦為止。

2. 請記住，沒有人會因為缺乏睡眠而喪命。對於失眠的擔憂通常比缺乏睡眠造成的傷害來得更大。

3. 嘗試禱告──或者像歌手珍妮特‧麥唐娜一樣重複讀詩篇二十三章。

4. 放鬆你的身體。

5. 運動。讓自己身體疲憊到無法保持清醒。

第7部摘要

精力充沛，神采高昂，遠離疲勞與擔憂的六種方法

規則一：在你感到疲倦之前先休息。

規則二：學會在工作中放鬆自己。

規則三：學會在家中放鬆。

規則四：實踐這四種良好的工作習慣：

1）請將您的書桌上與當前問題無關的所有檔清理乾淨。

2）按照事情的重要性來進行。

3）當你面對問題時，如果你擁有做出決定所需的資訊，那麼就在當下做決定

4）學習組織、委派和監督。

規則五：為了避免擔憂和疲勞，請設法投入熱情到你的工作中。

規則六：記住，沒有人會因為缺乏睡眠而喪命。真正傷害人的是對失眠的擔憂，而非失眠本身。

PART EIGHT

"HOW I CONQUERED WORRY"

第8部

「我如何克服擔憂」
——31篇真實的告白

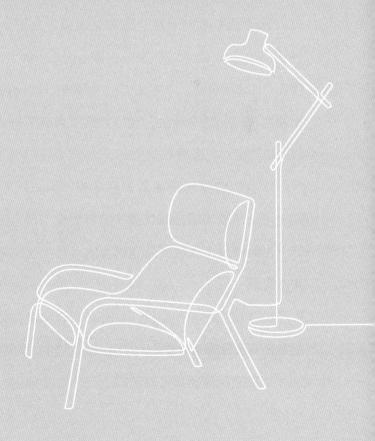

「同時遇上六個大麻煩！」

／布萊伍德（C. I. BLACKWOOD）

在1943年夏天，我感覺世界上一半的煩惱似乎都落在了我的肩上。

四十多年來，我過著正常且無憂無慮的生活，只有作為丈夫、父親和商人所遇到的常見困擾。我通常能輕易地應對這些困擾，但突然間——砰！砰！！砰！！！砰！！！！砰！！！！！砰！！！！！！六大困擾一次全都襲來。我在床上翻來覆去，整夜無法入睡，半怕看到新的一天的來臨，因為我面臨著這六大憂慮：

1. 我的商學院正處於財務危機，因為院裡所有男孩都去打仗了；而且大部分的女孩在戰爭工廠工作，即使沒有受過訓練，也能賺到比我那些受過訓練的畢業生在商業辦公室工作還要多的錢。

2. 我的大兒子在服役，我有著所有父母在兒子遠赴戰場時都會有的那份糾結與憂心。

3. 奧克拉荷馬市已經開始對一大片土地進行徵收，用於建

設機場，而我的家——原本那是我父親的家——就位於這片土地的中心。我知道我只能得到其價值的十分之一，更糟糕的是，我將失去我的家；由於房源短缺，我擔心我是否能找到另一個能夠庇護我六口之家的地方。我甚至擔心我們可能不得不住在帳篷裡。我甚至擔心我們是否能買得起一頂帳篷。

4. 我家附近挖了一條排水渠，使得我物業上的水井開始乾涸。再挖一口新井只會是浪費掉五百美元，因為這塊土地好像已經不太再適合開發。我不得不每天早上用桶子給我的牲畜運水，這樣的情況持續了兩個月，我擔心我可能需要在戰爭的其餘時間裡繼續這樣做。

5. 我住的地方離我就讀的商學院有十英里遠，而我手上只有一台B級汽油卡車：這意味著我不能購買任何新的輪胎，所以我一直擔心當我那輛老福特車的老舊輪胎壞掉時，我該如何上班。

6. 我的大女兒提前一年從高中畢業。她一心想要上大學，但我卻沒有錢供她讀書。我知道這會讓她心碎。

某個下午，我坐在辦公室裡，為我的煩惱而煩惱，我決定將它們全部寫下來，因為似乎沒有人比我更有煩惱。我並不介意

與那些給我有機會解決的煩惱搏鬥，但這些煩惱似乎完全超出了我的控制範圍。我無法做任何事情來解決它們。

於是，我將這份打字好的煩惱清單存檔，隨著月份的推移，我忘記了我曾經寫過它。十八個月後，在轉移我的檔案時，我偶然發現了這份曾經威脅到我健康的六大問題清單。我帶著極大的興趣——和收益讀了它們。我現在看到，它們中沒有一個真的發生。

以下是後續發展：

1. 我發現我對自己的商學院可能需要關停的所有擔憂都是多餘的，因為政府已經開始為訓練退伍軍人的商學院提供資助，我的學校很快就滿員了。

2. 我看到我對兒子在軍中的所有擔憂都是多餘的：他毫髮無傷地度過了戰爭。

3. 我發現我對我的土地被徵用作為機場的所有擔憂都是無用的，因為在離我的農場一英里的地方已經找到了石油，而且為了機場而購買土地的成本已經變得過於昂貴。

4. 我發現我所有關於沒有水井來餵給我的牲畜的擔憂都是無用的，因為一旦我知道我的土地不會被徵收，我就花了必要

的錢來挖一個更深的新井，並找到了源源不絕的水源。

5. 我發現我對輪胎壽命的所有擔憂都是多餘的，因為通過重新補修和謹慎駕駛，那些老輪胎存活了下來。

6. 我發現我對女兒的教育所擔憂的一切都是多餘的，因為就在大學開學前六十天，我幾乎像奇蹟一樣被提供了一份審計工作，這份工作我可以在學校時間之外完成，而這份工作使我能夠按計劃將她送進大學。

我常常聽到人們說，我們所擔憂、煩惱和焦慮的事情，有99%可能從不會發生，但直到我偶然發現我在那個令人沮喪的下午，十八個月前打出的那份擔憂清單，這句老話對我來說才真正有了意義。

我現在感激我曾經徒勞地與那六大恐懼搏鬥。那次經驗教會了我一個我永遠不會忘記的課。它讓我看到了對於那些尚未發生、我們無法控制，甚至可能永遠不會發生的事件過度憂慮的愚蠢和悲劇。

請記住，今天就是你昨天所擔心的明天。問問自己：我怎麼確定我所擔心的事情真的會發生呢？

「我可以在一小時內將自己變成一個大聲疾呼的樂觀主義者」

／羅傑・巴布森（ROGER W. BABSON），著名經濟學家

當我發現自己對現況感到沮喪時，我能在一小時內擺脫憂慮，變成一個滿懷希望的樂觀主義者。

我的做法是這樣。我走進我的圖書館，閉上眼睛，走向只放有歷史書籍的特定書架。眼睛仍然閉著，我伸手去拿一本書，不知道我拿的是普萊斯考特（Prescott）的《墨西哥征服記》（*Conquest of Mexico*）還是蘇埃托尼烏斯（Suetonius）的《十二凱撒列傳》（*Lives of the Twelve Caesars*）。眼睛仍然閉著，我隨機打開一本書。然後我睜開眼睛，閱讀一個小時；我讀得越多，我就越清楚地意識到世界一直在痛苦的掙扎中，文明一直在邊緣搖搖欲墜。

歷史的頁面都充滿了戰爭、飢荒、貧窮、瘟疫，以及人對人的不人道行為的悲慘故事。讀了一個小時的歷史後，我意識到，儘管現在的情況糟糕，但它們不斷地優於過去。

這使我能夠以適當的角度看待、並面對我現在的困擾，同時

也讓我意識到整個世界正在不斷地變得更好。

這裡有一種方法值得一整章來闡述。閱讀歷史吧！試著從萬年的視角來看事情 —— 你會發現，相對於永恆，你的困擾是多麼的微不足道！

「如何擺脫自卑情結」

／艾爾默・湯瑪斯（ELMER THOMAS），前奧克拉荷馬州美國參議員

當我十五歲時，我經常被擔憂、恐懼和自我意識所困擾。我在同齡人中身高極高，瘦得像一根圍欄支架。我身高188公分，體重卻只有53公斤。

儘管我個子高大，但我體弱多病，無法與其他男孩在棒球或跑步等運動中競爭。

他們嘲笑我，叫我「斧頭臉」。我對此既擔憂又敏感，所以害怕見任何人 —— 而我也真的很少見人，因為我們的農舍位於公共道路之外，並被從未被砍伐過的原始森林所包圍，這些樹木好似自世界開始以來就一直存在。

我們住在離公路半英里的地方；常常有一整個禮拜我除了見到我母親、父親和兄弟姐妹以外，不會見到其他人。

如果我讓那些擔憂和恐懼打敗我，我就會在生活中失敗。每一天，每一個小時，我都在煩惱自己這副高大、消瘦、虛弱的身體。我幾乎無法想到其他事情。我的尷尬，我的恐懼，強烈到幾乎無法形容。我的母親知道我有多麼難過。她曾是一名學校教師，所以她對我說：「兒子，你應該接受教育，你應該用你的智慧來謀生，因為你的身體將永遠是你的障礙。」

由於我的父母無法供我上大學，我知道我必須自己開創道路；因此我在一個冬天裡獵捕和捕獲負鼠、臭鼬、水貂和浣熊；春天時我將我的皮毛賣了四美元，然後用這四美元買了兩隻小豬。我餵小豬吃剩飯和玉米，然後在下一個秋天以四十美元的價格將它們賣掉。我用賣兩頭豬所得的收益，去了位於印第安納州丹維爾的中央師範學院。

我每週支付一元四角的飯錢，以及五角的房租。我穿著我母親為我做的棕色襯衫。（顯然，她使用棕色布料是因為它不會顯露污垢。）我穿著一套曾經屬於我父親的衣服。爸爸的衣服和他舊的會議風格鞋子都不適合我 —— 我穿的這雙鞋子兩側有彈

性帶，當你穿上它們時會有伸縮的感覺。

但是那些鞋帶早已經失去了彈性，鞋頂如此鬆散，以至於我走路時鞋子幾乎從我的腳上掉下來。我對於與其他學生交往感到非常尷尬，所以我獨自一人坐在房間裡學習。我一生中最深切的願望就是能夠買到一些合身的商店衣服，我不會為這些衣服感到羞恥。

在那之後不久，發生了四件事情，這些事情幫助我克服了我的擔憂和自卑感。其中一件事給了我勇氣、希望和信心，並徹底改變了我餘下的人生。容我簡要描述這些事件。

首先：僅就讀這所師範學校八週後，我參加了一次考試並獲得了三級教師證書，可以在國家公立學校任教。

確實，這張證書只有六個月的有效期，但它是短暫的證據，證明有人對我有信心——這是我從任何人（除了我的母親）那裡得到的第一個被信任的證據。

其次：在一個名叫快樂谷的地方，一個鄉村學校董事會聘請我以每天兩美元，或每月四十美元的薪水來教書。看來開始有人對我有信心了。

第三：我一拿到第一張支票，就買了一些商店的衣服——

我不會羞於穿上的衣服。如果現在有人給我一百萬美元，那也不會讓我有像第一次只花了幾美元買的商店衣服那樣的興奮。

第四：我人生中真正的轉捩點——我對抗尷尬和自卑的第一次偉大勝利，發生在印第安納州斑布里奇每年舉行的普特南縣博覽會。

我的母親鼓勵我參加在市集上舉行的公開演講比賽。對我來說，這個想法簡直太過奇幻。我甚至沒有勇氣和一個人說話，更不用說一群人了。但是，我母親對我幾乎是有可悲的信心。她為我的未來夢想著偉大的夢想。她在她的兒子身上重過自己的生活。她的信念激勵我參加了這個比賽。

我選擇了一個主題，這也是我在世界上最不合格的談論主題：「美國的美術與博雅教育」。坦白說，當我開始準備這場演講時，我並不知道什麼是博雅教育，但這並不重要，因為我的聽眾也不知道。我將我的華麗演講背熟了，並向樹木和牛隻排練了一百次。

我如此渴望為了母親而表現出色，我一定是帶著情感說話的。無論如何，我獲得了第一名。我對發生的事感到震驚。人群中爆發出一片歡呼聲。那些曾經嘲笑我、取笑我、並稱我為

斧頭臉的男孩們現在拍著我的背說，「我知道你能做到，艾爾默。」我的母親抱著我哭泣。

當我回顧過去，我可以看到，贏得那場演講比賽是我生活的轉折點。當地的報紙在頭版上刊登了一篇關於我的文章，並預言我未來將會有偉大的成就。贏得那場比賽讓我在當地嶄露頭角，給我帶來了威望，而且，更重要的是，它將我的自信心增加了百倍。

我現在才明白，如果當初我沒有贏得那場比賽，我可能永遠不會成為美國參議院的一員，因為它提升了我的視野，擴大了我的視界，讓我意識到我擁有我從未夢想到的潛在能力。然而，最重要的是，這場演講比賽的第一名獎品是在中央師範學院的一年獎學金。

我現在渴望更多的教育。所以，在接下來的幾年裡——從1896年到1900年——我將時間分配在教學和學習之間。為了支付就讀迪堡大學的開銷，我做了服務生，照看爐子，割草，記帳，夏天在麥田和玉米田裡工作，並在公共道路建設工作上運送碎石。

在1896年，當我只有十九歲時，我發表了二十八場演講，呼籲人們投票支持威廉‧詹寧斯‧布賴恩（William Jennings Bryan）競選總統。為布賴恩演講的興奮激起了我進入政界的渴望。因此，當我進入迪堡大學時，我學習了法律和公共演講。

在1899年，我代表大學與位於印第安納波利斯的巴特勒學院進行了一場辯論，主題是「決議美國參議員應由公眾投票選舉」。我贏得了其他的演講比賽，並成為了1900年級大學年鑑《The Mirage》以及大學報紙《The Palladium》的主編。

在得到迪堡的學士學位後，我接受了一位眾議員格里利（Horace Greeley）的建議——只是我沒有去西部。我去了西南部。我去了一個新的地方：奧克拉荷馬。當「基奧瓦，科曼奇和阿帕奇印第安人保留區」開放時，我在那裡置宅並在奧克拉荷馬的勞頓開設了一個律師事務所。

我在奧克拉荷馬州參議院服務了十三年，在眾議院服務了四年，並在五十歲時，我實現了我一生的抱負：我被選為奧克拉荷馬州的美國參議員。自1927年3月4日以來，我一直在該職位上服務。自從奧克拉荷馬和印第安領地於1907年11月16日成為奧克拉荷馬州以來，我一直被民主黨持續榮譽提名——首先

是州參議院，然後是國會，後來是美國參議院。

我講述這個故事，並非為了炫耀我自己短暫的成就，這些成就不可能引起他人的興趣。

我無保留地述說這一切是希望能給那些正如我當年一樣，穿著父親的舊衣舊鞋，鞋子幾乎在走路時掉下來，因為擔憂、害羞和自卑感而痛苦的貧窮男孩，帶來重新振作和自信的勇氣。（編按：有趣的是，艾爾默·湯瑪斯在年輕時因為衣服不合身而感到羞愧，後來卻被選為美國參議院最佳穿著男士。）

「我曾在阿拉的花園裡居住」

／羅納德·維克多·考特尼·鮑德利（R. V. C. BODLEY），英國牛津博多利圖書館創辦人湯瑪斯·鮑德利爵士（Sir Thomas Bodley）後裔，著有《撒哈拉的風》（*Wind in the Sahara*）、《使者》（*The Messenger*）以及其他十四本作品

在1918年，我背離了我所熟知的世界，前往西北非，與撒哈拉沙漠中的阿拉伯人一起生活，那裡是阿拉的花園。我在那裡生活了七年。我學會了講遊牧民族的語言。我穿著他們的衣服，吃他們的食物，並接受了他們的生活方式，這種生活方式在過去的二十個世紀裡變化甚微。我成為了羊群的主人，並在

阿拉伯人的帳篷裡睡在地上。我也對他們的宗教進行了詳細的研究。

事實上，我後來寫了一本關於穆罕默德的書，書名爲《使者》。

我在這些流浪的牧羊人身邊度過的七年，是我生活中最平靜、最滿足的時光。

我已經有豐富而多樣化的經歷：我是在巴黎出生的英國父母之子，並在法國生活了九年。後來我在伊頓公學和桑赫斯特皇家軍事學院接受教育。

然後，我在印度擔任英國軍官六年，期間我打馬球，狩獵，並在喜馬拉雅山脈探險，同時也進行一些軍事活動。我參與了第一次世界大戰，戰爭結束後，我被派往「巴黎和會」擔任助理軍事參贊。我對那裡的所見所聞感到震驚和失望。

在一次世界大戰西線的四年屠殺期間，我曾相信我們是在爲了拯救文明而戰。但在巴黎和會上，我看到了自私的政客們爲第二次世界大戰鋪路——每個國家都在爲自己搶奪一切，製造國家間的對立，並重燃秘密外交的陰謀。

我厭倦了戰爭，厭倦了軍隊，厭倦了社會。在我的職業生

涯中，我第一次度過了無眠之夜，擔心我應該如何安排我的人生。前英國首相勞埃德・喬治（Lloyd George）敦促我投身政治。當我正在考慮接受他的建議時，發生了一件奇怪的事情，這件奇怪的事情塑造並決定了我接下來七年的生活。這一切都源於一次不到兩百秒的對話——與「泰德」勞倫斯，也就是第一次世界大戰中最多彩、最浪漫的人物「阿拉伯的勞倫斯」進行的對話。他曾在沙漠中與阿拉伯人一起生活，他建議我也做同樣的事情。起初，這聽起來很奇特。

然而，我堅決要離開軍隊，我必須做些什麼。民間雇主並不願意僱用像我這樣的人——前正規軍官——尤其是在勞動市場上擠滿了數百萬的失業者時。

所以我按照勞倫斯的建議去做：我去和阿拉伯人一起生活。我很高興我這麼做了。他們教我如何克服擔憂。像所有虔誠的穆斯林一樣，他們是宿命論者。他們相信穆罕默德在古蘭經中寫下的每一個字都是阿拉的神聖啟示。所以當古蘭經說：「上帝創造了你和你的所有行為，」他們就完全接受了。

這就是為什麼他們對生活如此淡然，從不匆忙或在事情出

錯時無必要地發脾氣。他們知道，命中註定的事就是命中註定的；除了上帝，沒有人能改變任何事情。然而，這並不意味著他們在災難面前坐以待斃。為了說明這一點，讓我告訴你我在撒哈拉沙漠生活時經歷的一場熾烈的，燃燒的西洛可風（SIROCCO，從撒哈拉沙漠吹向歐洲南部的熱風）。它咆哮和尖叫了三天三夜。

它如此強烈，如此猛烈，以至於將撒哈拉的沙子吹過數百英里的地中海，灑在法國的羅納河谷上。風如此炙熱，我感覺好像頭髮被燒焦了。我的喉嚨乾渴。我的眼睛燒痛。我的牙齒充滿了砂礫。我感覺好像我站在一個玻璃工廠的爐前。

我幾乎被逼瘋到邊緣，但仍保持理智。然而，阿拉伯人並未抱怨。他們聳聳肩，說：「Mektoub！」……「這是命中註定的。」

但是，暴風雨剛過，他們立即行動起來：他們屠殺了所有的小羊，因為他們知道小羊無論如何都會死；並且，他們希望透過立即屠殺小羊，能夠拯救母羊。小羊被屠殺後，羊群被趕往南方尋找水源。

這一切都是平靜地完成的，沒有擔憂、抱怨或對他們的損失

感到悲痛。部落首領說：「情況還不算太糟。我們可能已經失去了一切。但感謝上帝，我們還有四成的羊可以重新開始。」

我記得另一次，我們正在穿越沙漠的時候，輪胎突然爆了。司機忘了預修備用輪胎。所以我們只剩下三個輪胎。我焦急不安，興奮地問阿拉伯人我們該怎麼辦。他們提醒我，興奮並不能解決問題，只會讓人更熱。他們說，輪胎爆炸是阿拉的旨意，我們無法改變。於是我們繼續前進，車子在輪緣上慢慢爬行。不久，車子突然熄火停了下來。我們的汽油用完了！

酋長只是淡淡地說：「Mektoub！」然後，大家並沒有因為司機沒有加足夠的汽油而對他大喊大叫，反而保持冷靜，我們一邊唱歌一邊步行到達我們的目的地。

我在阿拉伯度過的七年使我深信，美國和歐洲的神經質者、瘋子和酒鬼，都是我們所謂的文明社會中匆忙與困擾生活的產物。

只要我住在撒哈拉，我就沒有任何煩惱。在阿拉的花園裡，我找到了那種許多人以緊張和絕望的心情尋找的寧靜滿足和身體健康。

許多人對宿命輕蔑一笑。或許他們是對的，誰知道呢？但我們每個人都必須能夠看到，我們的命運往往是爲我們而設的。

例如，如果我在1919年炎熱的八月中午過三分鐘沒有和阿拉伯的勞倫斯交談，從那時起流逝的所有年份都會完全不同。回顧我的一生，我可以看到它如何一次又一次地被我無法控制的事件塑造和雕琢。阿拉伯人稱之爲mektoub，kismet——阿拉的意志。你可以隨便叫它什麼。它對你有奇怪的影響。我只知道今天——離開撒哈拉沙漠十七年後——我仍然保持那種從阿拉伯人那裡學到的對於無可避免的事情的快樂接受。這種哲學比千百種鎮定劑更能安撫我的神經。

當猛烈的熾熱風吹過我們的生活時——我們無法阻止它們——讓我們也接受這無可避免的事實（可回頭參照第3部第9章）。然後忙碌起來，撿起那些破碎的片段吧！

「我用過五種方法驅除憂慮」

／威廉·萊昂·菲爾普斯（WILLIAM LYON PHELPS）教授

（我有幸在菲爾普斯過世前的某個下午與他共度，他是耶魯大學的教授。以下是他用來驅除憂慮的五種方法——這些都是基於我在那次訪談中所做的筆記。——作者）

1. 當我二十四歲時，有陣子我的眼睛突然變得非常疲勞。讀書三四分鐘後，我的眼睛就感覺像是被針刺滿了；即使我不讀書，它們也非常敏感，乃至我無法面對窗戶。我向紐哈芬和紐約最好的眼科醫生諮詢。似乎沒有什麼能幫助我。

下午四點過後，我就簡單地坐在房間最黑暗的角落裡，等待著睡覺的時間。我感到恐慌。我害怕我可能要放棄我作為一名教師的職業，然後去西部找一份伐木工的工作。然後，發生了一件奇怪的事情，這顯示了心靈對身體疾病的神奇效果。在那個不快樂的冬天，我的眼睛狀況最糟糕的時候，我接受了一個邀請去給一群大學生演講。

大廳的照明來自天花板上懸掛的巨大煤氣燈環。這些燈光強

烈地刺痛了我的眼睛，以至於我坐在講臺上時，不得不低頭看地板。然而，在我三十分鐘的演講中，我完全沒有感到任何疼痛，我可以直接看著這些燈光，而不需要眨眼。然後，當集會結束時，我的眼睛又再次感到疼痛。

當時我想，如果我能將我的思緒堅定地集中在某件事情上，不僅僅是三十分鐘，而是一整個星期，我可能就能痊癒。因為顯然，這是一種精神興奮戰勝身體疾病的辦法。

我後來在跨海旅行時有過類似的經歷。我有一次嚴重的腰痛發作，以至於我無法行走。每當我試圖站直身體時，我都會遭受極度的疼痛。在那種狀況下，我被邀請在船上進行一場演講。

當我開始說話的那一刻，所有的疼痛和僵硬都離開了我的身體；我站得筆直，活動起來靈活自如，並講了一個小時的話。當演講結束時，我輕鬆地走回了我的寢室。有那麼一瞬間，我以為我痊癒了。但這種治療只是暫時的。腰痛又重新發作了。

這些經驗向我展示了心態的重要性。它們教導我享受生活的重要性。因此，我現在每天都像是我第一次看到的那一天，也像是我最後一次看到的那一天一樣活著。我對生活的每日冒險感到興奮，而處於興奮狀態的人不會過度擔憂。我熱愛我作為

教師的日常工作。

我寫了一本書，名爲《教學的興奮》。對我來說，教學一直不僅僅是一種藝術或職業。這是一種熱情。我熱愛教學，就像畫家熱愛繪畫，或者歌手熱愛唱歌一樣。每天早晨在我起床之前，我都會熱切地期待著我的第一組學生。我一直認爲，生活中成功的主要原因之一就是熱情。

2. 我發現我可以透過閱讀一本引人入勝的書來驅走心中的煩憂。當我五十九歲時，我經歷了一段漫長的神經衰弱期。在那段期間，我開始閱讀大衛·威森（David Alec Wilson）的巨著《卡萊爾的生活》（*Life of Carlyle*）。這本書在我康復過程中起了很大的作用，因爲我在閱讀它的時候如此沉浸其中，以至於我忘記了我的沮喪。

3. 有一次，當我深陷沉重的憂鬱時，我強迫自己幾乎每個小時都保持身體活躍。每天早上，我會打五到六場激烈的網球比賽，然後洗個澡，吃午餐，並在每個下午打十八洞的高爾夫球。在星期五的夜晚，我會跳舞直到淩晨一點。我非常相信大量的流汗有益。我發現憂鬱和擔憂隨著汗水從我的體系中流出。

4. 我很久以前就學會避免在匆忙、趕著做事和在緊張的狀

態下工作的愚蠢行為。我一直試圖應用威爾伯・克羅斯（Wilbur Cross）的哲學。當他擔任康涅狄格州州長時，他對我說：「有時候，當我有太多事情一次要做的時候，我會坐下來放鬆一個小時，抽我的煙斗，什麼也不做。」

5. 我也學到，耐心和時間有解決我們困擾的方式。當我為某事擔憂時，我試著以正確的角度看待我的困擾。我對自己說：「兩個月後，我將不再為這次的不幸擔憂，那為什麼現在要擔憂呢？為何不現在就擁有我兩個月後將會有的態度呢？」

總結來說，以下是菲爾普斯教授消除擔憂的五種方式：

1. 充滿熱情和活力地生活：「我把每一天都當作是我見過的第一天，也是我將要見到的最後一天。」

2. 閱讀一本有趣的書：「當我經歷了一次長時間的神經崩潰……我開始閱讀……《卡萊爾的生活》……並且變得如此沉迷於閱讀它，以至於我忘記了我的沮喪。」

3. 玩遊戲：「當我深陷絕望之中時，我強迫自己幾乎每個小時都要保持身體活躍。」

4. 工作中保持放鬆：「我早已學會避免在匆忙、趕著做事和

在緊張狀態下工作的愚蠢行為。」

5.「我試著以正確的角度看待我的困擾。我對自己說，『兩個月後，我將不再為這次的不幸擔憂，那為什麼現在要擔心呢？為什麼不現在就擁有我兩個月後的態度呢』？」

「昨天我站直了。今天我也能挺住。」

／多蘿西・迪克斯（DOROTHY DIX），新聞工作者

我曾經歷過貧窮與疾病的深淵。當人們問我是什麼讓我能夠在我們所有人都會遇到的困難中堅持下去，我總是回答：「昨天我站直了。我今天就可以挺住。而我不會讓自己去想明天可能會發生什麼。」

我曾經經歷過貧困、奮鬥、焦慮和絕望。我一直都得超越自己的極限去工作。

當我回顧我的一生，我將其視為一個戰場，滿佈著死去的夢想、破碎的希望和粉碎的幻想的殘骸——一場我總是在極不利條件下奮戰的戰役，這使我留下了疤痕，被打傷，被殘害，並在我年紀尚輕的時候就變老。

然而，我並不自憐；對過去和消逝的悲傷無淚可流；對那些被免於我所經歷的一切的女人並無嫉妒之心。因為我活過人生。而她們僅是存在。我已將生命之杯喝到了最後一滴。她們只是啜飲其上的泡沫。我知道她們永遠不會知道的事情。我看到她們看不見的事物。

只有那些眼淚洗淨眼眸的女性，才能獲得廣闊的視野，使她們成為全世界的小姐妹。

在艱難的人生大學中，我學到了一種哲學，這是任何過著安逸生活的女性都無法獲得的。我學會了把握每一天，而不是因為擔心明天而自找麻煩。正是人生景象的黑暗威脅，使我們變得膽小。

我放下了那種恐懼，因為經驗告訴我，當我如此害怕的時刻來臨時，我將會得到應對它的力量和智慧。小小的煩惱已經不再有能力影響我了。

當你看到你整個幸福的建築崩塌並在你周圍化為廢墟時，你再也不會在意僕人忘記在指碗下放小巾，或廚師濺出湯來。

我已經學會不對人們抱持過高的期待，因此即使朋友對我不夠真誠，或是熟人背後說我壞話，我仍能從中找到快樂。最重

要的是，我已經養成了一種幽默感，因為有太多事情讓我若不哭就得笑。

當一個女人能夠以幽默的方式面對困難，而不是陷入歇斯底里，再也沒有什麼能夠傷害她了。我不後悔我所經歷的艱辛，因為透過這些經歷，我觸摸到了生活的每一個角落。而這一切都是值得我付出的代價。

（──迪克斯也透過本書一開始的章節裡「活在日緊密隔間」以克服擔憂。）

「我沒預期能活到看見黎明」

／潘尼（J. C. PENNEY）

（在1902年的4月14日，一位年輕人帶著五百美元的現金和百萬美元的決心，在懷俄明州的凱默爾開設了一家乾貨店。這是一個只有一千人的小礦業鎮，位於由路易士和克拉克探險隊開闢的舊有加蓋馬車道上。

那位年輕男子和他的妻子住在商店上方的半層閣樓裡，他們

用一個大的空百貨箱子作爲桌子，較小的箱子作爲椅子。年輕的妻子將她的嬰兒包在毯子裡，讓它在櫃檯下睡覺，而她則站在旁邊，幫助她的丈夫招待客人。

今天，全球最大的乾貨連鎖店就以那位男士的名字命名：J.C. Penney商店 —— 遍佈美國各州的超過一千六百家店鋪。我最近與潘尼先生共進晚餐，以下是他向我講述了他生活中最劇烈震盪的時刻。）

多年前，我經歷了一次極爲艱難的經驗。我憂心忡忡，絕望不已。我的憂慮與 J. C. Penney 公司無關。公司那時業務穩健，蓬勃發展；但我個人在1929年的經濟崩潰之前做過一些不明智的承諾。就像那時許多人一樣，我被怪罪要爲一些無法處理的情勢負起責任。我被憂慮所擾、無法入睡，並且得了一種稱爲「帶狀皰疹」的極疼痛疾病 —— 紅色皮疹在我的皮膚爆發。

我找了一位醫生諮詢 —— 一位我在密蘇里州漢密爾頓的高中時期就認識的人：埃爾默·埃格爾斯頓醫生（Dr. Elmer Eggleston），他是密西根州巴特爾克里克的凱洛格療養院醫生。埃格爾斯頓醫生讓我上床休息，並警告我我病得很重。他

爲我開出了嚴格的治療方案。但是沒有任何幫助。我每天都變得更虛弱。我精神和身體都崩潰了，充滿了絕望，甚至看不到一絲希望。我沒有活下去的理由。

我感到我在這個世界上已經沒有朋友，甚至我的家人也背叛了我。有一個晚上，艾格爾斯頓醫生給我服用了鎮定劑，但藥效很快就消失了，我醒來時深深地確信這將是我生命的最後一個夜晚。我起床寫了告別信給我的妻子和兒子，說我不期待能活到黎明。

當我隔天早上醒來時，我驚訝地發現我還活著。下樓時，我聽到在一個小禮拜堂裡有人在唱歌，那裡每天早上都會進行宗教活動。我仍然記得他們正在唱的詩歌：「上帝會照顧你。」走進禮拜堂，我帶著疲憊的心聆聽著歌聲，聖經課文的朗讀以及禱告。突然間 —— 發生了一些事情。

我無法解釋這種感覺，我只能稱之爲奇蹟。我感覺好像瞬間從黑暗的地牢被提升到溫暖、明亮的陽光中。我感覺好像從地獄被運送到天堂。我感受到了我從未有過的上帝的力量。那時我意識到，我所有的困擾都是我自己造成的。我知道，上帝用他的愛在那裡幫助我。

從那天起至今，我的生活沒有任何煩惱。我現在七十一歲，我生命中最戲劇化且光榮的二十分鐘，就是我在那個早晨在教堂裡度過的時光：「上帝會照顧你的。」

——潘尼學會了幾乎立即克服擔憂，因為他找到了唯一完美的解決方法。

「我去健身房打沙包，或者到戶外遠足」

／艾迪・伊根（EDDIE EAGAN）上校，紐約律師，牛津大學羅德獎學金學人，
紐約州運動委員會前主席，奧運會世界輕重量級拳擊冠軍

當我發現自己很擔憂並在心理上像埃及的駱駝轉動水車一樣無休止地打轉時，一場良好的身體運動能幫助我驅散那些「憂鬱」。這可能是跑步或在鄉村長途跋涉，或者可能是在健身房打半小時的沙包或打壁球。無論是哪種，體育運動都能清理我的內心視野。

在週末，我會進行許多體育活動，例如在高爾夫球場跑步，打一場板球賽，或者在阿迪朗達克山脈進行滑雪週末。當我身

體疲憊時，我的心智可以從法律問題中得到休息，所以當我回到這些問題時，我的心智有了新的熱情和力量。

在我工作的紐約，我常常有機會在耶魯俱樂部的健身房度過一個小時。當一個人在打壁球或滑雪時，他根本無暇擔心。他忙得沒時間去擔心。

大大小小的困擾就像是心靈上的高山，但隨著新的思維和行動的迅速展開，它們很快就會變成微不足道的小土丘。

我發現對抗憂慮的最佳解藥就是運動。當你擔憂時，多使用你的肌肉，少用你的大腦，你會對結果感到驚訝。對我來說就是這樣──當運動開始，憂慮就會消失。

「我曾是維吉尼亞理工學院的『憂鬱沉船』」

／吉姆・伯德索（JIM BIRDSALL）

十七年前，當我在維吉尼亞布萊克斯堡的軍事學院就讀時，我被稱為「維吉尼亞理工的憂鬱沉船」。我擔憂得太厲害了，以至於我經常生病。

實際上，我經常生病，以至於學院的診所隨時都爲我保留了一張固定的床。當護士看到我來了，她會跑過來給我打一針。我擔心所有的事情。有時候，我甚至忘記了我在擔心什麼。我擔心因爲我的成績低落，我會被學院開除。我沒有通過物理和其他科目的考試。

我知道我必須保持平均成績在75-84之間。我擔心我的健康，擔心我劇烈的急性消化不良發作，擔心我的失眠。我擔心財務問題。我感到難過，因爲我無法經常給我的女朋友買糖果或帶她去跳舞。我擔心她會嫁給其他的學員。我日夜爲十幾個無形的問題而焦慮不安。

在絕望之下，我向維吉尼亞理工及州立大學的商業管理教授杜克．貝爾德（Duke Baird）教授傾訴了我的困擾。

與貝爾德教授共度的那十五分鐘，對我的健康和快樂的貢獻，超越了我在大學四年的所有時間。他說：「吉姆，你應該坐下來面對事實。

如果你將一半的時間和精力投入解決問題，而不是擔憂它們，你就不會有任何煩惱。擔憂只是你學會的一種惡劣習慣。

他給了我三條規則來打破擔憂的習慣：

規則一：明確找出你所擔心的問題是什麼。

規則二：找出問題的原因。

規則三：立即採取建設性的行動來解決問題。

在那次談話之後，我進行了一些建設性的規劃。我不再因為未能通過物理考試而擔憂，而是問自己為什麼我會失敗。我知道這並不是因為我笨，因為我是《維吉尼亞理工工程師》的主編。

我認為我之所以在此上失敗，是因為我對這門學科沒有興趣。作為一名工業工程師，我無法看到它如何能在我的工作中幫助我，所以我並未全力以赴。但現在，我改變了我的態度。

我對自己說：「如果大學的師長要求我在獲得學位之前通過物理考試，我又有什麼資格質疑他們的智慧呢？」

所以我又註冊重修物理。這次我通過了，因為我不再浪費時間埋怨和擔心它有多難，而是努力學習。

我也解決了我的財務憂慮，透過接一些額外的工作（比如在大學舞會上賣果汁），還有向父親借錢，畢業後很快就還清貸款了。

我透過向我擔心可能會嫁給其他學員的女孩求婚，解決了我的愛情煩惱。她現在是吉姆·伯德索的太太。

回顧過去，我現在能夠明白，我的問題其實是一種困惑，使我不願意找出我擔憂的原因並以現實的態度面對它們。

——吉姆·伯德索學會不再擔憂，因為他分析了自己的困擾。實際上，他使用的正是在第4章「如何分析並解決擔憂的問題」中描述的原則。

「我一直依照這句話生活」
／約瑟夫·希佐博士（DR. JOSEPH R. SIZOO SIZOO），美國最古老的神學院 新布倫瑞克神學院

多年前，在一個充滿不確定性和幻滅的日子裡，當我整個生活似乎被超出我控制範圍的力量所淹沒，有一個早晨我隨意地打開了我的新約聖經，我的眼睛落在了這句話上，「派遣我來的與我同在——父從未讓我獨自一人。」從那個時刻起，我的生活從未再像以前那樣。自那之後，對我來說，一切都變得

永遠不同。我想，沒有一天過去，我沒有對自己重複這句話。這些年來，許多人來找我尋求諮詢，我總是用這句話來給他們力量。自從我眼睛看到這句話的那一刻起，我就依照這句話來生活。我與它同行，並在其中找到了我的平靜和力量。對我來說，這就是宗教的精髓。它位於使生活值得活的一切事物的最底層。

這是我生命中的黃金箴言。

「我觸底並倖存了下來」

／由泰德・埃里克森（TED ERICKSEN）

我曾經是一個慘不忍睹的「憂慮狂」。但現在不再是了。1942年的夏天，我經歷了一件事，從此讓我終生擺脫了擔憂。我希望這種狀態能一直持續下去。這次經歷使我覺得其他所有的困擾相比之下都顯得微不足道。

多年來，我一直想在阿拉斯加的一艘商業捕魚船上度過一個夏天，所以在1942年，我在阿拉斯加科迪亞克登上了一艘三十二英尺的鮭魚拖網船。在這種大小的船上，只有三個船員：負

責監督的船長，協助船長的二號人員，以及通常是來自斯堪的納維亞的勞工。我就是那個斯堪的納維亞人。

由於鮭魚拖網必須隨著潮汐進行，我常常在二十四小時中工作二十小時。我一次可以維持這樣的工作進度一個星期。我做的都是別人不想做的事情。我清洗船隻。我收拾裝備。我在一個小木屋裡的小型木燒爐上烹飪，那裡的熱氣和引擎的煙霧幾乎讓我感到不適。我洗碗。我修理船隻。

我從我們的船上將鮭魚投入一艘小船，然後將魚運到罐頭工廠。我的雙腳在橡膠靴子裡總是濕濕的。我的靴子經常裝滿水，但我沒有時間去倒它們。但與我主要的工作相比，這些都只是小事，那就是拉所謂的「軟木線」。這個操作就是將你的腳放在船的船尾，然後拉入軟木塞和網的網狀物。至少，這是你應該做的。但是，實際上，網子太重了，當我試圖拉它時，它一點也不動。真正發生的是，當我試圖拉起塞子線時，我實際上是把船拉了過來。我用自己的力量把它拉過來，因為網子還在原地。我這樣做了好幾個星期。這幾乎把我累垮了。我全身都痛得厲害，痛了好幾個月。

當我終於有機會休息時，我睡在堆疊在物資儲藏櫃上的潮

濕、凸凹不平的床墊上。我會將床墊上的一個凸起放在我背部最痛的部位下，然後像被藥物麻醉一樣睡著。我被徹底的疲憊所麻醉。

我現在很高興我曾經忍受過那些日子的疼痛和疲憊，因為這幫助我停止了擔憂。現在每當我面臨問題時，我不再擔憂，而是對自己說，「埃里克森，這可能和拉開塞線一樣糟糕嗎？」埃里克森總是回答，「不，沒有什麼能比那還糟糕！」所以我振作起來，並鼓起勇氣去面對它。我認為偶爾必須忍受痛苦的經歷是一件好事。知道自己已經觸底並且存活下來是好的。這使我們遇到的日常問題相比之下顯得容易許多。

「我曾經是世界上最大的笨蛋之一」

/柏西・惠廷（PERCY H. WHITING），《五大銷售法則》（*The Five Great Rules of Selling*）**作者**

我已經死過比任何其他人都多次，死於更多不同的疾病，無論是活著的、死了的還是半死不活的。

　　我並非那種一般的「疑病症」（hypochondriac）患者。我的父親擁有一家藥店，我幾乎是在那裡長大的。我每天都會與醫生和護士交談，所以我知道的疾病名稱和症狀比一般的門外漢還要多，還要嚴重。我不是一般的疑病症患者——我有症狀的！我可以爲一種疾病擔憂一兩個小時，然後幾乎有所有一個患有該疾病的人會有的症狀。

　　我記得有一次，在我居住的馬薩諸塞州大巴靈頓鎮，遭遇了一場相當嚴重的白喉疫情。在我父親的藥店裡，我每天都賣藥給被感染家庭的人們。然後我所擔心的厄運降臨了：我自己得了白喉。我確定我得了白喉。我上床躺下，並擔憂自己出現了標準的症狀。我叫了醫生來。

　　他打量了我一番，然後說：「對，柏西，你得了。」這讓我心裡輕鬆了下來。只要我確定得了什麼病，我就從不害怕——於是我翻身就睡了。隔天早上，我完全恢復了健康。

　　多年來，我專攻罕見且奇特的疾病，因此獲得了大量的關注和同情——我曾多次因破傷風和狂犬病而「死亡」。後來，我又開始專注於常見的疾病——專攻癌症和肺結核。

我現在可以對此笑談，但那時候真的很悲慘。我真的並實實在在地擔心了好幾年，覺得我就像是在墳墓邊緣行走。當春天該買一套新衣服的時候，我會問自己：「我知道我不可能活到穿破這套衣服，我應該浪費錢嗎？」

然而，我很高興地報告後續發展：過去十年，我甚至沒有死過一次。

我是如何「停止死亡」的呢？透過自我嘲諷來擺脫我那荒謬的想像。每次我感到那些可怕的症狀即將來臨時，我都會嘲笑自己並說：「看看，柏西，你已經連續二十年從一種又一種致命的疾病中『死亡』，然而你今天的健康狀況卻是一流的。最近，一家保險公司甚至接受了你的更多保險申請。柏西，是時候了，你是否該站在一旁，對自己這個愁眉苦臉的傻瓜大笑一番呢？」我很快就發現，我無法在同一時間擔憂自己並嘲笑自己。所以，我從那時起就一直在嘲笑自己。

這個觀點的重點是：不要過於嚴肅看待自己。試著對一些你覺得荒謬的擔憂開懷大笑，看看你是否能夠將它們笑出存在的可能。

「我一直努力保持補給線暢通」

／金・奧崔（GENE AUTRY），全球最知名且最受喜愛的歌唱牛仔

　　我認爲大部分的煩惱都與家庭問題和金錢有關。我很幸運地娶了一位來自奧克拉荷馬小鎮的女孩，她的背景與我相同，也喜歡我喜歡的事物。我們都試著遵循黃金法則（對待他人要像對待自己一樣去考慮），因此我們的家庭問題保持在最小。

　　我也透過兩件事情來將我的財務煩憂降到最低。首先，我一直秉持著絕對百分之百誠實的原則。當我借錢時，我會償還每一分錢。沒有什麼比不誠實更讓人擔心的了。其次，當我開始新的冒險時，我總是留有一手。軍事專家說，打仗的第一原則是保持補給線暢通。我認爲這個原則對個人的戰鬥幾乎和對軍事戰鬥一樣適用。例如，當我還是個在德克薩斯和奧克拉荷馬的小男孩時，我見證了一些眞正的貧窮，當時這國家幾乎被乾旱所摧毀。

　　我們有時候爲了生活而努力掙扎。我們家貧窮到我父親需要駕駛一輛有蓋的馬車，帶著一串馬兒穿越全國，換馬來維持生計。我希望有比這更穩定的生活，所以我找到了一份在鐵路站

工作的工作，並在空閒時間學習電報收發術。後來，我在弗利斯科鐵路公司（Frisco Railway）找到了一份擔任臨時備援聯絡員的工作。

於是我被派遣到這裡、那裡和各處，以幫助那些生病、度假或工作過多無法應付的車站站務。那份工作每月支付150美元。後來，當我開始努力提升自己時，我總是認為那份鐵路工作意味著經濟的安全。所以我總是保持「回去做那份工作的路線」暢通。

因為那是我的補給線，除非我已經穩固地建立在一個新的且更好的位置，否則我絕不會與它斷絕聯繫。

例如，回到1928年，當我在奧克拉荷馬州為弗利斯科鐵路公司擔任聯絡員時，一個陌生人在一個晚上漂泊進來發送電報。他聽到我彈吉他和唱牛仔歌曲，並告訴我我很好 —— 告訴我我應該去紐約並在舞臺或廣播上找到一份工作。

自然地，我感到受寵若驚；當我看到他在電報上簽的名字時，我幾乎無法呼吸：威爾·羅傑斯。

但我沒有急著馬上衝去紐約，仔細考慮了九個月後，最終我

得出結論，去紐約轉一圈吧，我沒有什麼可損失的，卻有可能獲得很多。我還有一張鐵路通行證，可以免費旅行。

我可以坐在座位上睡覺，也可以帶些三明治和水果作為我的餐點。

所以我就去了。當我抵達紐約時，我在一間傢俱齊全的房間裡住了下來，每週五美元，我在自助餐廳用餐，並在街頭漫步了十週——但我卻一無所獲。如果我沒有工作可以回去，我可能會擔心得生病。畢竟我已經在鐵路公司工作了五年。這意味著我已有資深員工的待遇；但要保住這份資歷，就不能休假超過九十天。此時，我已經在紐約待了七十天，得趕緊用我的鐵路通行證回到奧克拉荷馬，開始再次工作以保護我的補給線。我又工作了幾個月，存了一些錢，然後再次回到紐約嘗試。這次我有了突破。

有一天，我在一間錄音室等待面試的時候，我彈著吉他，對女接待員唱了一首歌：「Jeannine，我夢見紫丁香的時光。」當我在唱這首歌的時候，寫這首歌的人——希爾克勞特（Nat Schildkraut）——剛好走進了辦公室。自然地，他很高興聽到有人在唱他的歌。於是他給了我一張介紹信，並把我送到

了勝利（Victor）唱片公司。我錄了一張唱片。但我表現不太好——太僵硬了，也太在意自己的成績。

所以我接受了勝利唱片的建議：我白天在鐵路公司工作，晚上在一個廣播節目中唱牛仔歌。我喜歡這種安排。這意味著我保持了補給線的暢通——所以我沒有任何擔憂。

我在一家KVOO電台唱了九個月的歌。在那段時間裡，我還和公司同事隆恩（Jimmy Long）一起寫了一首名為《那我銀髮的爸爸》的歌。這首歌大受歡迎。美國錄音公司的負責人夏特利（Arthur Sattherly）還請我錄了一次這曲歌。

我以每份五十美元的價格錄製了一些其他的音樂，最終在芝加哥的WLS電台找到了一份唱牛仔歌的工作。薪水是每週四十美元。

在那裡唱了四年後，我的薪水提高到每週九十美元，而且我每晚在劇院進行個人表演還能賺取另外三百美元。

然後在1934年，我得到了一個頗有前景的機會。有個「正派電影聯盟」（The League of Decency）成立，目的是為了淨化當前電影主題內容。因此，好萊塢的製片人決定來拍攝牛仔電影；但他們想要一種新型的牛仔——一個能唱歌的牛仔。正

好那位美國錄音公司的老闆也是製作公司共和國工作室（Republic Pictures）的股東之一。

「如果你們想要一個會唱歌的牛仔，」他對他的同事們說，「我們有一個正在爲我們錄製唱片的傢伙。」這就是我進入電影界的源頭。我開始以每週一百美元的薪水拍攝唱歌牛仔的電影。我對於我是否能在電影界成功有嚴重的疑慮，但我並不擔心。我知道我總是可以回到我之前的工作。

後來我在電影業的發展超過了我最瘋狂的期待。我現在每年的薪水達到十萬美元，再加上我所有作品的一半分潤。然而，我明白這種好事不會永遠持續。但我並不擔心。我知道無論發生什麼事情——卽使我失去了我所有的錢——我總是可以回到奧克拉荷馬州，爲弗利斯科鐵路公司工作。我已經保護好我的補給線。

「我在印度聽到了一個聲音」

／埃利·斯坦利·瓊斯（E. STANLEY JONES），美國最活躍的演講者之一，也是他那一代最著名的傳教士

我已經投入了生命中的四十年在印度的傳教工作中。起初，我發現很難忍受那裡可怕的熱度，還有巨大任務的精神壓力。八年後，我就因用腦疲勞和神經衰弱深深受苦，不僅一次崩潰了。我被命令回美國休假一年。

在返回美國的船上，某個星期天早晨我再次倒下，船上的醫生讓我在餘下的旅程中都躺在床上休息。

在美國休息了一年後，我開始返回印度，但在途中停下來在馬尼拉的大學生中舉行福音佈道會。面對這些佈道會的壓力，我又數次崩潰。醫生警告我，如果我回到印度，我將會死亡。

不顧他們的警告，我仍然繼續前往印度，但我帶著一種越來越濃的陰霾。當我抵達孟買時，我已經筋疲力盡，直接前往山區休息了好幾個月。然後我回到平原繼續我的工作。但這無濟於事。我崩潰了，被迫再次返回山區長時間休息。再次我下山到平原，我再次驚訝且痛心地發現我仍無法承受。

我在精神上、神經上和身體上都感到極度疲憊。我已經完全耗盡了所有的力量。我擔心我會在餘生中變成一個殘廢。

如果我沒有從某處得到幫助，我意識到我將不得不放棄我的傳教士生涯，回去美國在農場工作以嘗試恢復我的健康。那是我最黑暗的時刻之一。當時，我正在印度的勒克瑙（Lucknow）一地主辦一系列的活動。

當我在一個晚上祈禱時，發生了一件完全改變我生活的事情 —— 那時我並沒有特別想到自己的情況 —— 有個聲音似乎在說：「你自己準備好接受我召喚你的工作了嗎？」

我回答說：「不，主啊，我已經無能為力了。我已經用盡了所有的資源。」

那個聲音回答我，「如果你願意把那件事交給我，不再為此擔憂，我會替你處理的。」

我迅速地回答，「主啊，我就在這裡定下這筆交易。」

一種偉大的平靜滲透進我的心中，充滿了我整個的存在。我知道一切已經完成！豐盛的生命已經佔據了我。那晚我平靜地走回家，我感到如此興奮，幾乎感覺不到腳下的路。每一寸都

是神聖的土地。在那之後的幾天裡，我幾乎感覺不到自己的身體。接下來度過了日復一日，從早工作到深夜，當我躺下準備睡覺時，我不禁在想，我爲什麼要睡覺呢？因爲我一點也不覺得累。我似乎被生活、和平和休息所佔據 —— 被基督佔據自己。

問題來了，我是否該說出這件事。我對此感到畏縮，但我覺得我應該 —— 並且我也確實做了。之後，我就在所有人面前拚搏每一日。從那時起，我最努力的二十多年歲月已經過去，但舊病從未復發。我從未有過如此健康的身體。但這不僅僅是身體的感受而已。我似乎爲身體、心靈和精神找到了新的生命。經歷那次經驗後，我的生活在一個永久更高的層次上運作。而我所做的只是接受它！

自從那之後許多年來，我已經遊歷了全世界，經常一天講三次課，並且找到時間和力量寫下《印度路上的基督》（*Christ of the Indian Road*）以及其他十一本書。然而，在所有這些中，我從未錯過，甚至遲到過任何一個約會。曾經困擾我的憂慮早已消失，現在，63歲的我充滿了活力，並且樂於爲他人服務和享受生活的喜悅。我想，我所經歷的身心轉變，或許可以從心理學的角度逐一剖析並解釋。但這並不重要。生活更遠大於這

些過程。

但我知道一件事：三十一年前的那個夜晚，在勒克瑙，我的人生徹底地被改變和提升。當我處於最脆弱和沮喪的深淵，一個聲音對我說：「如果你願意把那個交給我，不再擔心，我會照顧它。」我回答說：「主啊，我就在這裡定下這個交易。」

「當警長走進我家前門時」

／荷馬・克羅伊（HOMER CROY）

我一生中最痛苦的時刻發生在1933年的那一天，警長走進我家前門，而我從後門離開。我失去了我在長島福里斯特希爾斯的家，那裡是我孩子出生的地方，也是我和我的家人居住了十八年的地方。

我從未想過這種事情會發生在我身上。十二年前，我以為我已經坐上了世界的頂端。我以高價將我的小說《水塔西側》（*West of the Water Tower*）的電影版權賣給了好萊塢。我和家人在國外生活了兩年。我們在瑞士度過夏天，在法國的里維耶拉度過冬天——就像那些無所事事的富人一樣。

我在巴黎度過了六個月，並寫了另一本名爲《他們必須看見巴黎》的小說。威爾・羅傑斯出現在了電影版中。這是他的第一部有聲電影。我收到了誘人的邀請，希望我能留在好萊塢，爲名演員威爾・羅傑斯的幾部電影寫劇本。但我沒有。我回到了紐約。然後，我的麻煩開始了！

我慢慢地意識到，我有著從未開發的巨大潛能。我開始視自己爲一位精明的商人。有人告訴我，約翰・雅各・阿斯特（John Jacob Astor）在紐約的空地上投資賺了數百萬。阿斯特誰？不就是一個帶著口音的移民小販嗎？如果他能做到，我爲什麼不能？……我將要變得富有！我還開始閱讀一些遊艇雜誌。

那時我擁有無知的勇氣。其實我對於買賣房地產的瞭解，就如同愛斯基摩人對於油氣爐的認識。至於我要如何獲得資金，開始我那驚人的財務操作生涯呢？很簡單：我抵押了我的房子，並購買了森林丘那處一些最好的建築地。我打算持有這塊土地，直到它達到一個驚人的價格，然後賣掉它，過上奢華的生活——就憑我這個從未賣過一塊像洋娃娃手帕那麼大的房地產的人。

我替那些只爲微薄薪水而在辦公室辛苦工作的人感到同情。

我告訴自己，上帝並未賦予每個人點燃財務天才的神聖火花。

突然間，「大蕭條」像堪薩斯州的龍捲風一樣席捲而來，像龍捲風撼動雞舍一樣，將我震撼得體無完膚。

我不得不每月投入220美元到那個好地方。哎，這些月份來得多麼快啊！此外，我還得繼續支付我們現在抵押的房子的付款，並找到足夠的食物。我很擔心。我試著為雜誌寫些幽默的東西。我的幽默嘗試聽起來就像是耶利米的悲歌！我無法賣出任何東西。我寫的小說都失敗了。我用完了錢。我沒有任何東西可以借錢，除了我的打字機和我牙齒裡的金牙。

牛奶公司停止送貨到我家。煤氣公司關掉了煤氣。我們不得不買了一個那種在廣告上看到的小型戶外爐子；它有一個汽油氣缸；你需要手動給它打氣，然後它會噴出一道像生氣的鵝一樣的火焰。

我們的煤炭用完了；公司對我們提起訴訟。我們唯一的暖源就是壁爐。我會在夜裡出去撿拾富人們正在建造的新房子的木板和剩餘物……我，原本也是要成為這些富人中的一員的。

我擔心得無法入睡。我常常在半夜醒來，然後走上好幾個小

時，只爲了讓自己筋疲力盡能夠入睡。

我不僅失去了我買下的空地，也耗盡我傾注在其中的所有心血。

銀行封鎖了我家這個貸款抵押品，讓我和我的家人流落街頭。

我們設法再籌到了一些錢，租了一間小公寓。我們在1933年的最後一天搬進去。我坐在一個包裝箱上四處看看。我母親的一句老話回蕩在耳邊：「打翻的牛奶，哭也沒用。」

但這不是牛奶。這是我心頭的血！

在我坐了一會兒之後，我對自己說：「好吧，我已經到了谷底，並且我忍受了。現在除了向上，別無他處可去。」

我開始思考抵押貸款沒有從我身上奪走的美好事物。我仍然擁有健康和朋友。我將重新開始。我不會爲過去感到悲傷。我會每天對自己重複我常聽母親說的關於「爲過去的事情哭泣就像是爲打翻的牛奶而哭」的話。

我將原本用於擔憂的精力投入到我的工作中。漸漸地，我的情況開始改善。現在我幾乎感到感激，我必須經歷所有那些痛苦；它給了我力量，堅韌和自信。我現在知道什麼是觸底。

我知道它不會殺死你。我知道我們可以承受的比我們想像的要多。當小小的煩惱、焦慮和不確定性試圖現在打擾我時，我會提醒自己那時曾坐在包裝箱上並說：「我已經到了谷底，並且我忍受了。現在除了向上，別無他處可去。」來驅散它們。

這裡的原則是什麼？別試圖鋸木屑！接受無可避免的事實！如果你不能再往下，你可以試著往上走。

「我遇過的最強對手就是擔憂」

／傑克・鄧蒲賽（JACK DEMPSEY），名拳擊手

在我的拳擊生涯中，我發現那位「擔憂老人」幾乎比我所對抗的重量級拳擊手還要強大。我意識到我必須學會停止擔憂，否則憂慮會耗盡我的活力並破壞我的成功。

所以，我逐漸為自己制定出一套系統應對。以下是我所做的一些事情：

1. 為了在拳擊場上保持我的勇氣，我會在比賽中對自己進行鼓舞。例如，當我在與菲爾波（Luis Ángel Firpo，當時另

一位名拳擊手）對戰時，我一直不斷地對自己說，「沒有什麼能阻止我。他不會傷害我。我不會感覺到他的揮擊。我不會受傷。「無論發生什麼，我都會繼續前進。」我對自己這樣說話，並保持積極的思考，這對我幫助很大。這甚至讓我的心思夠專注到沒有感覺被擊中。在我的職業生涯中，嘴唇曾被打破，眼睛曾被割傷，肋骨曾被打裂──但菲爾波把我打出了擂台繩索，我落到一位記者的打字機上，把它砸壞了。但是我從未感覺到菲爾波的任何一次打擊。我真正感受到的只有一次：那是萊斯特‧約翰遜（Lester Johnson）打斷我三根肋骨的夜晚。那一拳並沒有讓我感到疼痛，但卻影響了我的呼吸。我可以誠實地說，我在拳擊場上所受的其他任何一擊，我都未曾感到疼痛。

2. 另一件我會做的事是不停提醒自己：擔心是多餘的。大部分的擔心都是在比賽前，當我正在訓練的時候產生的。我常常整夜躺在床上，翻來覆去地擔心，無法入睡。我會擔心，害怕我可能會在比賽第一回合就摔斷手，扭傷腳踝，或者眼睛被劃傷得很嚴重，以至於我無法協調我的拳擊。當我讓自己陷入這種緊張狀態時，我會起床，看著鏡子，並對自己進行一番深

刻的自我對話。

我會對自己說：「你眞是個傻瓜，爲了一些還沒發生，可能永遠都不會發生的事情而煩惱。生命短暫，我只有幾年的生命可以活，所以我必須享受生活。」我不斷地對自己說，「除了我的健康，沒有什麼是重要的。除了我的健康，沒有什麼是重要的。」我不斷提醒自己，失眠和擔憂會破壞我的健康。我發現，當我一遍又一遍地對自己說這些話，夜復一夜，年復一年，它們終於滲透到我心底，我可以將我的煩惱像水一樣輕輕掃去。

3. 我做的第三件事——也是最好的事——就是祈禱！當我爲一場比賽進行訓練時，我總是每天祈禱好幾次。當我在拳擊場上時，我總是在每一輪的鈴聲響起之前祈禱。這幫助我充滿勇氣和信心地戰鬥。我從未沒祈禱就上床睡覺；我也從未在生活中未先感謝上帝就吃飯……我的禱告得到回應了嗎？數千次了！

「我祈求上帝讓我遠離孤兒院」

／凱瑟琳・哈爾特（KATHLEEN HALTER）

當我還是個小孩時，我的生活充滿了恐懼。我的母親有心臟病。日復一日，我看著她昏倒在地。我們都擔心她會死去，我相信所有母親去世的小女孩都會被送到位於我們居住的密蘇里州沃倫頓小鎮的中央衛斯理孤兒院。我害怕想到要被送去那裡，當我六歲時，我不斷地祈禱：「親愛的上帝，請讓我的媽媽活到我不需要去孤兒院的年紀。」

二十年後，我的弟弟梅納遭遇了嚴重的傷害，並且痛苦不堪，直到兩年後去世。他無法自己進食，也無法在床上翻身。為了緩解他的痛苦，我必須每三小時給他注射一次嗎啡，無論白天還是夜晚。我這樣做了兩年。當時，我在密蘇里州沃倫頓的中央衛斯理學院教授音樂。

當鄰居們聽到我弟弟痛苦的尖叫聲，他們會打電話給在大學的我，我會立刻離開音樂課，趕快回家給我弟弟再打一次嗎啡。每晚上床睡覺時，我都會設定鬧鐘三小時後響起，以確保我能起床照顧我弟弟。我記得在冬天的夜晚，我會把一瓶牛奶

放在窗外，讓它凍結成我喜歡吃的霜淇淋。

當鬧鐘響起時，窗外的那支霜淇淋給了我額外的動力去起床。

在所有這些困境中，我做了兩件事情，讓我不陷入自憐、擔憂和怨恨，讓我的生活變得更加愉快。

首先，我每天忙於教授音樂，從早到晚可能要花上十二到十四個小時，因此我幾乎沒有時間去想我的困難；而當我快陷入想自憐的時刻，我就會一遍又一遍地對自己說，「現在聽著，只要你能走路、自己吃飯，並且沒有受到劇烈的疼痛，你就應該是世界上最快樂的人。無論發生什麼事，只要你還活著，就永遠不要忘記這一點！永遠！永遠！」

其次，我決心全力以赴，培養一種無意識且持續的感恩態度，感謝我所擁有的一切。每天早晨醒來，我會感謝上帝讓我能夠下床，走到餐桌前自己吃早餐。我堅決地實踐，儘管我有困難，我仍將成為密蘇里州沃倫頓市最快樂的人。也許我並未達成這個目標，但我確實成功地讓自己成為家鄉最感恩的年輕女性——而且我可能比我的同伴們少擔憂許多。

這位來自密蘇里州的音樂老師應用了本書中描述的兩個原則：她讓自己忙到沒時間擔憂，並且她感謝自己已擁用的。這種技巧可能對你也有所幫助。

「我的胃像堪薩斯的旋風一樣翻騰」

／卡梅隆・希普（CAMERON SHIPP）

我在加州華納兄弟影業公關部門工作了好幾年，期間非常快樂。我是一名單位內職員和特稿撰述。我為報紙和雜誌撰寫關於華納兄弟明星的故事。

突然間，我升職了，被任命為助理公關主任。實際上，由於管理政策有所變動，我被賦予了一個令人印象深刻的頭銜：管理特助。

這讓我擁有了一個巨大的辦公室，裡面有一個私人冰箱、兩個秘書，以及完全掌控著七十五名作家、編輯和廣播主持的權力。這讓我印象深刻。我立刻去買了一套新西裝，試圖以莊重的口吻說話。

我建立了檔案系統，以權威的方式做出決策，並且吃著快速

的午餐。

我深信華納兄弟的整個公關政策已經落在我的肩上。我察覺到像貝蒂・戴維斯、奧利維亞・德哈維蘭、詹姆斯・卡格尼、愛德華・G等著名人的私人和公共生活。

羅賓森，艾洛・弗林，亨弗萊・鮑嘉，安・謝里丹，亞歷克西斯・史密斯，以及艾倫・海爾則完全在我掌控之中。

這樣不到一個月，我意識到自己患有胃潰瘍。很可能是癌症。

當時，我最主要的重點工作是擔任影視公關協會戰爭活動委員會的主席。我喜歡做這份工作，喜歡在會議上與朋友們見面。但這些聚會變成了令人害怕的事情。每次會議結束後，我都會感到非常不舒服。

我常常在回家的路上不得不停下車，整理好自己才能繼續開車。似乎有太多事情要做，卻又時間不夠。每一件都至關重要，而我卻感到自己力不從心。

完全坦白地說——這是我一生中最痛苦的疾病。我內臟總是像被緊握的拳頭壓迫。我體重下降，無法入睡。疼痛是持續不斷的。

　　所以我去見了一位內科醫學的知名專家。一位廣告人推薦他給我。他說這位醫生有許多的病人都是從事廣告業的。

　　這位醫生只簡短地與我交談，僅足以讓我告訴他我哪裡疼痛以及我從事什麼工作。他對我的工作似乎比對我的疾病更感興趣，但我很快就放心了：接下來的兩週，他每天都對我進行所有我們都知道名字的檢查。我被探查、研究、X光照射，並進行了螢光鏡檢查。最後，我依指示去聽取他的診斷結果。

　　「希普先生，」他說著，並向後靠，「我們已經進行了這些詳盡的檢查。雖然我在第一次快速檢查後就知道你並未患有胃潰瘍，但這些檢查絕對是必要的。

　　「但我知道，因為你是這種人，你做的是你這種工作，你不會相信我，除非我讓你看到。讓我來給你看看證據。」

　　所以他給我看了圖表和X光片，並解釋了它們。他告訴我我沒有潰瘍。

　　「現在」，醫生說，「這些檢查會花你不少錢，但對你來說是值得的。這是我開給你的處方：不要擔憂。

　　「現在」——他在我開始抗議時打斷了我——「現在，我明

白你無法立即遵從處方，所以我會給你一個助力。這裡有一些藥丸。它們含有顛茄（belladonna）。你可以隨意服用。當你用完這些後，回來我會再給你更多。它們不會傷害你。但它們總是會讓你放鬆。

「但請記住，你並不需要他們。你所需要做的只是停止擔憂。如果你再開始擔心，你就得再回來這裡，我將再次向你收取高額的費用。你覺得如何？」

我希望我能報告那天的醫囑立即發揮了作用，我立即停止了擔憂。但我沒有。我服用了幾週的藥，每當我感到擔憂即將來臨時。它們起作用了。我立刻感到好多了

但我覺得吃這些藥丸很傻。我身材高大，幾乎和亞伯拉罕·林肯一樣高，體重近90公斤。然而，我卻在吃小小的白色藥丸來放鬆自己。當我的朋友問我爲什麼要吃藥時，我羞於說出真相。漸漸地，我開始嘲笑自己。我對自己說：「看看自己，卡梅隆·希普，你這是在做傻事。

「你過於認眞看待自己和你的小小事業。貝蒂·戴維斯、詹姆斯·卡格尼和愛德華·G·羅賓森在你開始處理他們的公關活動之前就已經世界聞名；而如果你今晚突然去世，華納兄弟

和他們的明星們也能夠照常運作。看看艾森豪威爾、馬歇爾將軍、麥克亞瑟、吉米‧杜立德和金將軍——他們在沒有服用藥丸的情況下運行著戰爭。然而，你卻無法在不服用小白藥丸以防止你的胃像堪薩斯的旋風一樣翻騰的情況下，擔任電影公關協會主席。」

我開始對於能夠不依賴藥物而感到自豪。

過了一會兒，我將藥丸丟進了下水道，並且每晚都及時回家在晚餐前小睡一會，逐漸開始過上正常的生活。我從未再去見過那位醫生。

但我欠他的遠遠超過當時看似高昂的費用。他教我自嘲。但我認為他真正高明的地方在於，他沒有嘲笑我，也沒有告訴我我沒有什麼好擔心的。他認真對待我。他保住了我的面子。他在一個小盒子裡給了我一條出路。但他當時就知道，就像我現在知道的一樣，治療的關鍵並不在那些可笑的小藥丸裡——治療的關鍵在於我心態的改變。

這個故事的寓意是，對現在正在服用藥丸的許多人，或許讀了第7部並放鬆心情會更好！

「我透過觀察妻子洗碗學會了如何停止擔憂」

／威廉・伍德（WILLIAM WOOD）牧師

幾年前，我因胃部疼痛而痛苦不堪。我每晚都會醒來兩三次，因爲這些劇烈的疼痛而無法入睡。我曾經看著父親因胃癌去世，我擔心我也得了胃癌，或者至少是胃潰瘍。因此，我去了診所做檢查。一位著名的胃部專家用螢光鏡檢查了我，並對我的胃部進行了Ｘ光檢查。他給我藥物讓我睡覺，並向我保證我沒有胃潰瘍或癌症。他說，我的疼痛是由情緒壓力引起的。

既然我是一位牧師，他的第一個問題就是：「你的教會董事會裡有沒有一位老古板？」

他告訴我一件我早已知道的事：我試圖做太多事情。除了每個星期天的講道，以及承擔教會各種活動的重擔外，我還是紅十字會的主席，基督教青年會的總裁。我每週還主持兩到三次的葬禮，以及許多其他的活動。

我一直在持續的壓力下工作。我從未能夠放鬆。我總是緊張、匆忙且神經高度緊張。我到了一個點，我擔心所有的事情。我一直活在持續的煩亂中。我痛苦到樂於接受醫生的建

議。我每週都會把星期一休假，並開始減除各種責任和活動。

有一天，當我在清理書桌的時候，我突然有了一個證明非常有幫助的想法。我正在查看一堆舊的講道筆記和其他現在已經過去的事情的備忘錄。我一個接一個地將它們揉成一團，然後扔進垃圾桶。突然，我停下來對自己說：「你為什麼不像處理這些筆記一樣處理你的擔憂呢？為何不將你對昨日問題的煩惱揉成一團，然後扔進垃圾桶呢？」這個想法立刻給了我靈感──讓我感到肩頭的重擔被卸下。從那天起，我便訂下了一條規則，將所有我無法再做任何事情的問題都扔進垃圾桶。

然後，有一天，當我在擦拭碗盤時，我又有了另一個想法。我的妻子在洗碗時唱歌，我對自己說，「看，你的妻子多麼快樂。我們已經結婚十八年了，她一直在洗碗。假設當我們結婚時，她已經預見到在那十八年的時間裡，她將要洗多少碗盤。那堆髒碗盤會比一個穀倉還要大。光是想到這個，任何女性都會感到震驚。」

於是我對自己說：「我妻子不介意洗碗的原因是因為她一次只洗一天的碗。」我看到了我的困擾所在。我試圖一次洗完今

天的碗，昨天的碗，甚至還有那些還沒有弄髒的碗。」

我看到了自己的行為有多愚蠢。我每個星期日的早晨都站在講壇上，告訴其他人該如何生活，然而我自己卻過著緊張、擔憂、匆忙的生活。我對自己感到羞愧。

煩惱不再困擾我。不再有胃痛。不再有失眠。我現在將昨日的焦慮揉成一團丟進垃圾桶，我也停止了試圖提前洗明日的髒碗碟。

您還記得這本書前面引述過的一句話嗎？「把明天的重擔，加上昨天的，在今天就要承受，即使最堅強的人也會動搖。」……為什麼你還要嘗試這麼做呢？

「我找到了生活的答案」

／戴休斯（DEL HUGHES）

在1943年，我因為三根肋骨骨折和肺部穿孔，被送到了新墨西哥州阿爾伯克基的一家退伍軍人醫院。這是在夏威夷群島的一次海軍陸戰隊登陸演習中發生的事故。

我正準備從攻灘駁船跳下到海灘上，就在這時，一個大浪滾滾而來，把駁船抬起，讓我失去平衡，並把我摔落沙灘。我摔得如此之重，以至於我其中一根斷裂的肋骨刺穿了我的右肺。

在住院三個月後，我經歷了一生中最大的震撼。醫生告訴我，我完全沒有任何進展。經過一番深思熟慮，我發現擔憂正阻礙我康復。

我曾經過著非常充實的生活，但在這三個月裡，我整天躺在床上，無所事事，只能思考。我越想，就越擔心：擔心自己是否能夠重新融入這個世界。

我擔心我是否會一輩子留下殘疾，以及我是否能夠結婚並過上正常的生活。

我催促我的醫生將我轉到下一個病房，那裡被稱為「鄉村俱樂部」，因為病人幾乎可以做他們想做的任何事情。

在這個「鄉村俱樂部」病房裡，我對橋牌遊戲產生了興趣。我花了六個星期學習這個遊戲，與其他的夥伴們一起玩橋牌，並閱讀橋牌書籍。六個星期後，我幾乎每個晚上都在玩橋牌，直到我在醫院的住院期結束。

我也對油畫產生了興趣，每天下午三點到五點我都在一位導

師的指導下學習這門藝術。我的一些畫作非常出色，你幾乎可以看出它們是畫些什麼！

我也嘗試過手工製作肥皂和木雕，並閱讀了許多相關的書籍，我發現這非常有趣。我讓自己忙得沒有時間去擔心我的身體狀況。我甚至找到時間閱讀由紅十字會給我的心理學書籍。三個月後，整個醫療團隊來找我，祝賀我「取得了驚人的進步」。那是我自出生以來聽到的最甜蜜的話。我想高興地大叫。

我想要表達的觀點是：當我無事可做，只能躺在床上擔憂我的未來時，我一點進步也沒有。我的擔憂毒害了我的身體。即使是斷裂的肋骨也不會癒合。但是，當我開始透過打橋牌、繪製油畫和雕刻木頭來分散我對自己的注意力時，醫生宣佈我有了「驚人的進步」。

我現在過著正常、健康的生活，我的肺部狀況跟你一樣良好。

記得蕭伯納說過什麼嗎？「痛苦的秘密在於有閒暇去擔心你是否快樂。」保持活躍，保持忙碌！

「時間會解決許多事情」

／小路易士・蒙塔特（LOUIS T. MONTANT, JR）

憂慮使我失去了人生中十年的光陰。那十年本應是任何年輕人生活中最豐富、最有成果的年華──從十八歲到二十八歲。

我現在明白，那些失去年月只能怪我自己。

我對所有事情都感到擔憂：我的工作、我的健康、我的家庭，以及我自己的自卑感。我曾經如此害怕，以至於我會避開我認識的人而過馬路。當我在街上遇到朋友時，我常常會假裝沒有注意到他，因為我害怕被冷落。

我對於與陌生人見面感到如此恐懼──在他們面前我總是驚恐不安──以至於在短短兩週的時間裡，我因為沒有勇氣告訴那三位潛在雇主我能做什麼，而錯失了三個不同的工作機會。

然後在八年前的某一天，我在一個下午就戰勝了憂慮──從那時起，我很少再擔憂。那個下午，我身處一間比我面對過的困難還要多的人的辦公室裡，有個我所認識的最快樂的人之一。

他在1929年賺了一筆錢，然後又全部輸光。他在1933年又

賺了一筆，然後又全部輸掉；1939 年又賺了一筆，然後又全部虧掉。他經歷過破產，被敵人和債主追趕。那些足以讓一些人崩潰，甚至走上自殺道路的困難，對他來說就像水滑過鴨背一樣毫無痕跡。

八年前的那一天，當我坐在他的辦公室裡，我羨慕他，希望上帝能讓我像他一樣。

在我們聊天的時候，他把早上收到的一封信扔給我，並說：「讀讀看。」

這是一封充滿憤怒的信，提出了幾個令人尷尬的問題。如果我收到這樣的信，我肯定會感到非常困擾。我問他，「比爾，你打算如何回答這封信？」

「嗯，」比爾說，「我告訴你一個小秘密。下次你真有什麼事情很 擔心的時候，拿一支鉛筆和一張紙，坐下來詳細寫出你所擔心的事情。然後把那張紙放在你書桌的右下角抽屜裡。等上幾個星期，然後再看看它。如果你寫下的內容在你閱讀時仍讓你擔憂，那就把那張紙放回你右手邊下面的抽屜裡。讓它在那裡再待兩個星期。它在那裡會很安全。不會有任何事情發

生。但與此同時，讓你擔憂的問題可能會有很大的變化。我發現，只要我有耐心，那些試圖騷擾我的擔憂往往會像被刺破的氣球一樣瓦解。」

那點建議對我產生了深遠的影響。多年來，我一直遵循著比爾的建議，結果，我幾乎不再爲任何事情擔憂。

時間能解決許多事情。時間也可能解決你今天所擔憂的事。

「別試著說話或動一下手指！」

／約瑟夫・萊恩（JOSEPH L. RYAN）

幾年前，我曾是一起訴訟案件的證人，這件事給我帶來了巨大的精神壓力和擔憂。案件結束後，當我坐火車回家的時候，突然間我身體劇烈地崩潰了。心臟問題。我幾乎無法呼吸。

當我回到家時，醫生給我打了一針。我並沒有躺在床上──我只能走到客廳的沙發上。當我恢復意識時，我看到教區神父已經在那裡給我做臨終的赦免！

我看見家人臉上震驚的悲痛。我知道我的命運已經註定。後

來，我才知道醫生已經讓我的妻子做好準備，認爲我可能在三十分鐘內就會去世。我的心臟非常虛弱，我被警告不要試圖說話或者動一下手指。

我從不是什麼聖人，但我學到一件事——不與上帝爭辯。所以我閉上眼睛說，「願神的旨意成就……如果現在必須來臨，那就讓神的旨意成就。」

當我一放下那個念頭，我似乎整個人都放鬆了下來。我的恐懼消失了，我靜靜地問自己，現在最壞的情況會是什麼。嗯，最壞的情況似乎是抽筋可能回來，帶來劇烈的疼痛——然後一切都會結束。我將去見我的造物主，很快就會得到安寧。

我躺在那張沙發上等了一個小時，但疼痛並未再次來襲。最後，我開始問自己，如果我現在不死，我將如何安排我的人生。我決定我將竭盡全力恢復我的健康。我將停止讓壓力和憂慮折磨自己，並重建我的體力。

那是四年前的事了。我已經恢復了我的體力，恢復的程度之好，連我的醫生都對我心電圖上的改善感到驚訝。我不再擔憂。我對生活有了新的熱情。但我可以誠實地說，如果我沒有面對最壞的情況——即將來臨的死亡，然後試圖改善它，我相

信我今天不會在這裡。如果我沒有接受最壞的情況，我相信我會因爲自己的恐懼和恐慌而死去。

萊恩先生今日之所以能活著，是因爲他運用了魔法公式中描述的原則——面對可能發生的最壞情況。

「我是一個偉大的解除者」

／奧德韋·蒂德（ORDWAY TEAD）

擔憂是一種我早已破除的習慣。我相信，我不再經常擔憂主要歸功於三件事。

首先：我太忙了，無暇沉溺於自我毀滅的焦慮。我有三項主要活動——每一項本身都應該是一份全職工作。我在哥倫比亞大學對大群體進行講座。我也是紐約市高等教育委員會的主席。我還負責哈珀兄弟出版公司的經濟和社會類書籍部門。這三項任務的迫切需求讓我沒有時間去煩惱、憂慮和鑽牛角尖。

第二：我是一位出色的解除者（dismisser）。當我從一項任務轉向另一項任務時，我會把之前思考的所有問題都拋諸

腦後。我發現從一種活動轉向另一種活動既刺激又令人耳目一新。這讓我得到休息。它清理了我的思緒。

第三：我必須訓練自己，當我結束辦公時，將所有這些問題從我的腦海中消除，因為它們總是在持續中。每一個問題都有一套未解決的問題需要我關注。如果我每晚都把這些問題帶回家，並為此擔憂，我將會破壞我的健康；此外，我還會破壞所有應對它們的能力。

奧德韋・蒂德是四大良好工作習慣的大師。你還記得它們是什麼嗎？（請參見第7部分第26章）。

「如果我沒有停止擔憂，
可能早就躺在墳墓裡了」

／康尼・麥克（CONNIE MACK），棒球界的偉大老球星

我已經在職業棒球界待了超過六十三年。1880年代初我首次以先發球員登場，但我根本沒有薪水。我們在空地上打球，不時會踩到鐵罐和被丟棄的馬項圈。當比賽結束時，我們會傳

遞帽子給觀眾募款。對我來說，這收入相當微薄，尤其是我是寡母和年幼的兄弟姐妹的主要經濟支柱。有時候，棒球隊還必須舉辦草莓晚餐或蛤蜊烤肉活動才能繼續維持。

我曾有很多理由去擔憂。我是唯一一位連續七年排在最後一名球隊的總教練。我也是唯一一位在八年內輸掉八百場比賽的總教練。在一連串的失敗之後，我擔憂到幾乎無法吃飯或睡覺。但是，二十五年前我停止了擔憂，我真誠地相信，如果當時我沒有停止擔憂，我可能早已經在墳墓裡了。

當我回顧我漫長的一生（我出生於林肯擔任總統的時期），我相信我能夠通過做以下這些事情來克服擔憂：

1. 我看到擔憂是多麼的徒勞無益。我看到它讓我一事無成，並威脅到要毀掉我的事業。

2. 我看到這會損害我的健康。

3. 我忙著計劃和努力贏得未來的比賽，以至於沒有時間為已經輸掉的比賽而擔心。

4. 我最終訂下了一條規則，那就是在比賽結束後的二十四小時內，絕不對球員的錯誤提出批評。原本，我會和球員一起換裝。如果球隊輸了，我發現自己無法克制不去批評球員，並

509

且會因他們的失敗而與他們激烈爭辯。我發現這只會增加我的煩惱。在其他人面前批評一位球員並不能讓他願意合作，反而會讓他心生怨氣。因此，由於我無法確定我能否在敗局後立即控制自己和我的言語，我訂下了一條規則，那就是在敗局後我絕不會立即見球員。我會等到第二天才和他們討論敗局。到那時，我已經冷靜下來，錯誤也不再那麼突出，我可以平靜地討論事情，而且球員們也不會生氣並試圖為自己辯護。

5. 我嘗試透過讚美來激勵球員，而不是透過找錯來打擊他們。我嘗試對每個人都說些好話。

6. 當我疲倦時，我發現自己會更加擔心；所以我每晚都會在床上呆上十個小時，而且每天下午我都會小睡一會兒。即使是五分鐘的小睡也能幫助很多。

7. 我相信，透過持續保持活動，我已經避免了煩惱並延長了我的壽命。我現在八十五歲，但我不會退休，除非我開始重複講述一樣的故事。當我開始這樣做時，我就知道我正在變老。

康尼·麥克從未讀過任何關於「如何停止擔憂」的書籍，所以他自己制定了規則。你為何不列出過去對你有幫助的規則，

並在這裡寫下來呢？

我發現有助於克服擔憂的方法：

1 _____

2 _____

3 _____

4 _____

「透過改變工作與心態，
我成功擺脫了胃潰瘍和煩惱」

／阿登・夏普（ARDEN W. SHARPE），來自威斯康辛州的綠灣

五年前，我憂心忡忡，情緒低落，身體狀況欠佳。醫生告訴我，我患有胃潰瘍。他們讓我開始節食。我喝牛奶，吃雞蛋，直到我對它們感到厭惡。但我並未康復。有一天，我讀到一篇關於癌症的文章。我想像我有文章上說的所有症狀。於是我不再擔心——因爲我感到恐慌。這使得我的胃潰瘍像火一樣燃燒起來。最後的打擊來了，當我24歲時，軍隊因我身體不適而拒絕我！當我應該處於身體最佳狀態時，我顯然已經是一個身體

殘廢的人。

我已經走到了盡頭。我看不到一絲希望。在絕望中,我試圖分析我是如何陷入這種可怕的狀況的。慢慢地,真相開始曙光初現。兩年前,我在擔任銷售員的工作中快樂且健康;但戰時的短缺迫使我放棄銷售工作,並在工廠找了一份工作。

我厭惡工廠的工作,更糟糕的是,我與一群我遇過的最擅長負面思考的人群交往。他們對所有事情都充滿了苦澀。沒有任何事情是對的。他們不斷地譴責這份工作,詛咒著薪水、工作時間、老闆,以及所有的事情。我意識到我不知不覺地吸收了他們的報復性態度。

我慢慢地開始意識到,我的胃潰瘍可能是由我自己的消極思想和苦澀情緒引起的。然後,我決定回到我喜歡的工作 —— 銷售;並與那些擁有積極、建設性思想的人交往。這個決定可能拯救了我的生命。我刻意地尋找那些具有進步思想的朋友和商業夥伴 —— 快樂、樂觀、無憂無慮且沒有潰瘍的人。

我一改變情緒,我的胃就跟著變了。在短時間內,我忘記了我曾經有過胃潰瘍。我很快就發現,你可以從他人身上感染到健康、快樂和成功,就像你可以從他人身上感染到憂慮、苦

澀和失敗一樣。這是我學到的最重要的一課。我早該學會這一點。我聽過它，也讀過它數十次。但我必須用最難的方式來學習它。

現在我明白耶穌所說的：「人如其心，即如其人。」的意思了。

「綠燈」是我現在的人生信號

/約瑟夫・科特（JOSEPH M. COTTER）

從我還是個小男孩，再經過青少年邁向成年的初期階段，及至到我的成年生活中，我一直是個「專業的擔憂者」。我的擔憂多而繁雜。有些是真實的；大部分的則是想像出來的。

在罕見的情況下，我會發現自己沒有任何事情需要擔憂——然後我會擔心我可能忽視了什麼。

於是，兩年前，我開始了一種新的生活方式。這需要我對自己的缺點——和極少的優點——進行自我分析，對自己進行一次「深入且無畏的道德檢視」。這清楚地揭示了引起所有這些憂慮的原因。

事實是，我無法只爲今天而活。我對昨天的錯誤感到煩躁，對未來感到恐懼。

我一再被告知「今天就是我昨天所擔憂的明天。」但對我來說，這並不適用。我被建議按照二十四小時的節奏生活。我被告知，今天是我唯一可以掌控的一天，我應該充分利用每天的機會。

有人告訴我，如果我這樣做，我將會忙得沒有時間去擔心任何其他的日子 —— 過去或未來。這個建議很有邏輯，但不知爲何，我發現將這些該死的想法付諸實行對我來說很困難。

然後就像從黑暗中射出的一槍，我找到了答案 —— 你猜我在哪裡找到的？就在1945年5月31日晚上七點的西北鐵路月臺上。那對我來說是個重要的時刻。這就是爲什麼我記得如此清楚。

我們正在帶一些朋友去搭火車。他們要搭乘「洛杉磯之城」這趟直達列車，結束假期回家。那時戰爭仍在進行中 —— 那一年的人潮特別多。我沒有和我的妻子一起上車，而是漫步到火車的前方。我站在那裡，看著那台閃亮的大火車頭，凝視了一會兒。

此刻，我向軌道下方望去，看到一個巨大的信號標。一盞琥珀色的燈正在閃爍。這盞燈立刻變成了明亮的綠色。就在那一刻，工程師開始敲響鐘聲；我聽到熟悉的「一切就緒！」然後，在幾秒鐘內，那輛巨大的直線電車開始離開車站，開始了它的2300英里的旅程。

我的腦海開始轉動。有些事情試圖對我有所啓示。我正在經歷一個奇蹟。突然間，我恍然大悟。那位工程師給了我一直在尋找的答案。他只憑著一盞綠燈就開始了那漫長的旅程。如果我處在他的位置，我會希望看到整個旅程的所有綠燈。

當然，這是不可能的，然而這正是我試圖用我的生活去做的事情——坐在車站裡，無處可去，因爲我過於努力地去看我前方的路。

我的思緒不斷湧現。那位工程師並不擔心他可能在數英里外遇到的困難。可能會有一些延遲，一些減速，但這不就是他們有信號系統的原因嗎？琥珀燈——降低速度，輕鬆應對。紅燈——前方有眞正的危險——就停下。這就是使火車旅行安全的原因。一個良好的信號系統。

我問自己，爲什麽我生活中沒有一個好的信號系統。我的答

案是——我其實有。這是上帝賜予我的。由他控制，所以必定萬無一失。我開始尋找綠燈。我可以在哪裡找到呢？嗯，如果綠燈是上帝創造的，爲什麼不問問他呢？我就這麼做了。

現在，我每天早上祈禱，就能爲那一天獲得綠燈。偶爾，我也會遇到黃燈，讓我放慢腳步。有時候，我會遇到紅燈，讓我在崩潰之前停下來。

自從兩年前那天我有了這個發現，我就再也不用擔心了。在這兩年中，我已經看到了超過七百個綠燈，而且在不用擔心下一個燈號會是什麼顏色的情況下，生活的旅程變得更加輕鬆。無論下一個燈號可能是什麼顏色，我都會知道該怎麼做。

約翰・洛克菲勒如何「借時間」
又活了四十五年

老約翰・洛克菲勒（John D. Rockefeller, Sr.）在三十三歲時就累積了他的第一筆百萬財富。四十三歲時，他已經建立了世界上最大型的壟斷企業——偉大的標準石油公司。但他在五十三歲時在哪裡呢？憂慮在五十三歲時找上了他。

憂慮和高壓的生活方式已經摧毀了他的健康。在五十三歲時，他「看起來像個木乃伊」，他的一位傳記作家約翰‧溫克勒（John K. Winkler）如是說。

五十三歲的洛克菲勒遭受了難以解釋的消化系統疾病的襲擊，這使他的頭髮全部脫落，甚至連睫毛和僅剩的一絲眉毛也不例外。溫克勒說：「他的病情如此嚴重，以至於有一段時間，洛克菲勒都曾經……被迫以人乳為生。」根據醫生的說法，他患有禿頂，這種病症通常源於極度的神經壓力。他的光禿禿的頭頂看起來如此驚人，以至於他不得不戴頭巾。後來，他花了每頂500美元的價格製作了假髮，並且在他的餘生中都戴著這些銀色的假髮。

洛克菲勒原本擁有鐵打的身體。他在農場長大，曾有過強壯的肩膀，挺直的姿態，以及有力而迅速的步伐。

然而，當大多數男人正值壯年的五十三歲時——他就已肩膀下垂，走路時步履蹣跚。正如他的另一位傳記作家約翰‧弗林（John T. Flynn）所說：「當他照鏡子時，他看到的是一個老人。」

不停的工作、無盡的憂慮、連續不斷的辱罵人，無眠的夜

晚，以及缺乏運動和休息，都已經讓他付出了代價；這些事加總起來已經擊倒他。他現在是世界上最富有的人；然而他必須過著一種連乞丐都會蔑視的飲食生活。當時他的收入是每週一百萬美元——但每週兩美元可能就足以支付他能吃的所有食物的費用。

特製乳製品和幾塊餅乾是醫生唯一允許他吃的。他的皮膚失去了顏色，看起來就像緊緊拉在骨頭上的舊羊皮紙。如果不是最好的醫療照護，他可能在五十三歲時就會去世。

這是怎麼發生的？憂慮。震驚。高壓和高張力的生活。他真的把自己「逼」到了墳墓的邊緣。

二十三歲的洛克菲勒就已在堅定地追求他的目標，根據認識他的人的說法，「除了聽到好的交易消息，他的臉上沒有一絲輕鬆的表情。」當他獲得大利潤時，他會跳一段小小的戰舞——把帽子扔在地板上，然後跳起舞來。但是如果他賠錢了，他就會生病！他曾經通過大湖區運送了價值40,000美元的穀物。沒有保險，因為保險費用太高：要價150美元。那天晚上，伊利湖上狂風大作。

洛克菲勒對於可能失去他的貨物感到擔憂，以至於當他的合夥人喬治·加德納（George Gardner）早上到達辦公室時，他發現洛克菲勒正在那裡踱步。

「快點，」他顫抖地說。「看看我們現在是否還能投保，如果還不算太晚的話！」加德納急忙趕往城區上方辦理保險；但當他回到辦公室時，他發現洛克菲勒的神經狀態更糟。

在此期間，一份電報已經到達：貨物已經安全地從風暴中抵達。他現在比以前更病態，因為他們「浪費了」150美元！實際上，他對此感到如此難過，以至於他不得不回家並上床休息。想想這多貴呀！

當時，他的公司每年的總業務額達到50萬美元——然而他卻因為150美元的事情操勞到生病，不得不上床休息！

他沒有時間玩樂，沒有時間休閒，除了賺錢和教導主日學，他沒有時間做其他事情。當他的合夥人加德納與其他三個人一起以2,000美元的價格購買了一艘二手遊艇時，洛克菲勒很是吃驚，並拒絕上船去。一個星期六的下午，加德納發現他在辦公室工作，並懇求他：「來吧，約翰，我們去航行吧。這對你有好處。忘記生意。有點樂趣。」洛克菲勒瞪著眼睛說，「喬治·加

德納，」他警告，「你是我認識的最揮霍的人。你正在損害你在銀行的信用——也損害了我的信用。你要知道，你可能會毀了我們的生意。不，我不會去你的遊艇——我甚至不想看到它！」然後他整個星期六下午都待在辦公室裡工作。

他也缺乏幽默感、缺乏長遠觀點，一直都是洛克菲勒在他的商業生涯中的特點。多年後，他說：「我每晚枕頭都會提醒自己，我的成功可能只是暫時的。」

數百萬的財富在他的掌控之下，他每晚躺在枕頭上都會擔心失去他的財富。難怪他的健康因爲擔憂而崩潰。他沒有時間去玩耍或休閒，從未去過劇院，從未玩過牌，也從未參加過派對。正如當時一位參議員馬克·漢納（Mark Hanna）所說，這個人對錢瘋狂到了極點。「在其他所有方面都是理智的，但對錢卻瘋狂。」

洛克菲勒曾對他在俄亥俄州克利夫蘭的一位鄰居坦白，他「希望被人愛」，然而他卻如此冷漠和多疑，以至於很少有人甚至喜歡他。另一位同時代大企業家摩根曾經對與他做生意感到反感。他嗤之以鼻地說：「我不喜歡這個人。」

「我不想和他有任何的交往。」洛克菲勒的親兄弟對他的厭

惡程度到了將自己孩子的遺體從家族墓地中移走的地步。「我的血脈中的任何人，」他說，「絕不會安息在約翰・D・洛克菲勒控制的土地上。」洛克菲勒的員工和合作夥伴對他敬畏如神，而最諷刺的是：他也害怕他們──害怕他們會在辦公室外面談話並「洩露秘密」。他對人性的信任如此之少，以至於有一次，當他與一位獨立的煉油商簽訂了一份爲期十年的合同時，他讓那個人承諾不告訴任何人，甚至他的妻子！「閉嘴並經營你的業務」──這就是他的座右銘。

然後，在他的繁榮巔峰時期，金錢如同熱黃熔岩從維蘇威火山邊瀉下般湧入他的金庫，他的私人世界卻崩潰了。一堆書籍和文章譴責標準石油公司的強盜貴族戰爭！──揭露了這家公司與鐵路業的秘密回扣，以及對所有競爭對手的無情壓榨。

在賓夕法尼亞的油田裡，洛克菲勒是地球上最被憎恨的人。他被他壓垮的人們以假人形式公開示眾。他們中的許多人渴望將繩子繫在他枯萎的脖子上，並將他吊在一棵酸蘋果樹的樹枝上。充滿火與硫磺的信件湧入他的辦公室──這些信件威脅他的生命。他雇用了保鑣來防止敵人殺害他。他試圖忽視這股仇恨的颶風。

他曾經嘲諷地說過：「你可以踢我，虐待我，只要你讓我按照自己的方式做事。」但他發現他畢竟是人。他無法承受恨意和擔憂。他的健康開始崩潰。他對這個新的敵人——疾病——感到困惑和迷惘，這種疾病是從他的內心攻擊他的。起初，「他對自己偶爾的不適保持秘密」，試圖將疾病從他的腦海中趕出去。但失眠、消化不良和頭髮的流失——所有這些都是擔憂和崩潰的身體症狀——是無法否認的。

最後，他的醫生告訴他一個令人震驚的事實。他可以在兩者中選擇：他的金錢與憂慮——或者他的生命。他們警告他：他必須選擇退休或死亡。他選擇了退休。但在他退休之前，憂慮、貪婪、恐懼已經摧毀了他的健康。當美國最著名的女性傳記作家艾達·塔貝爾（Ida Tarbell）看到他時，她感到震驚。她寫道：「他的臉上寫滿了可怕的歲月。他是我見過的最老的男人。」老？其實，當時的洛克菲勒比麥克亞瑟將軍在他重新奪回菲律賓時還要年輕幾歲！但他的身體狀況如此糟糕，以至於艾達·塔貝爾對他感到憐憫。

當時，她正在撰寫一本強悍的調查報導書籍，譴責標準石油及其所代表的一切；她絕對沒有理由去喜歡這位建立了這隻

「章魚」企業體的男人。然而，她說當她看到洛克菲勒在教導一堂主日學課程，並專注地審視著周圍所有人的臉龐時——「我有一種我未曾預期、且時間緊迫的感覺。我為他感到遺憾。我知道，沒有什麼東西比恐懼更可怕。」

當醫生們承諾要挽救洛克菲勒的生命時，他們給了他三條規則——後來他對這三條規則一絲不苟的遵守，直至他的生命結束。以下是這三條規則：

1. 避免擔憂。無論在任何情況下，都不要為任何事情擔憂。
2. 放鬆心情，並在戶外進行大量的輕度運動。
3. 注意飲食。總是在還有一點點飢餓感的時候就停止進食。

洛克菲勒遵守了那些規則；而這些規則可能拯救了他的生命。他退休了。他學會了打高爾夫。他開始從事園藝。他與鄰居閒聊。他玩遊戲。他唱歌。

但他也做了其他事情。溫克勒說：「在折磨的日子和失眠的夜晚中，洛克菲勒有時間反思。」他開始會為其他人考慮。他停止了一度只想著自己能賺多少錢的想法，並開始思考那些錢能在人類的幸福中買到多少。

　　簡而言之，洛克菲勒現在開始將他的百萬財富捐出！有時這並不容易。當他向教堂提供金錢時，全美各地的講壇都以「髒錢！」的呼喊回應。但他仍然繼續捐贈。他得知密西根湖畔一所小學院因抵押貸款而面臨被查封，而該學院正在挨餓。

　　他挺身而出，投入數百萬美元於該學院，並將其建設成現今世界聞名的芝加哥大學。他試圖幫助黑人。他向像塔斯基吉學院這樣的黑人大學捐款，這些學校需要資金來繼續喬治・華盛頓・卡佛的工作。他幫助對抗鉤蟲病。鉤蟲權威查爾斯・斯泰爾斯博士（Dr. Charles W. Stiles）曾說：「五十美分的藥物就能治癒這種肆虐南方的疾病，但誰會出這五十美分呢？」洛克菲勒做到了。他花了數百萬美元來對抗鉤蟲，消滅了南方最大的禍害。然後他又更進一步，他創立了一個偉大的國際基金會——洛克菲勒基金會，該基金會的目標是在全世界範圍內對抗疾病和無知。

　　我對這件事充滿感慨，因為我可能將我的生命歸功於洛克菲勒基金會。我記得很清楚，1932年我在中國大陸時，霍亂正在北京肆虐。中國的農民如同蒼蠅般死去；然而在這種恐怖中，我們能夠去洛克菲勒醫學院接種疫苗，保護我們免於瘟疫的侵

害。無論是中國人還是外國人，我們都能做到這一點。那就是我首次理解洛克菲勒的百萬財富對世界所做的貢獻的時刻。

在歷史上，從未有過任何事物能與洛克菲勒基金會相提並論。它是獨一無二的。洛克菲勒知道，世界各地有許多由有遠見的人們發起的優秀運動。研究正在進行；學院正在創立；醫生們正在努力對抗疾病──但往往這些高尚的工作因為缺乏資金而不得不結束。他決定幫助這些人類的先驅者──不是「接管他們」，而是給他們一些錢，幫助他們自助。今天，你和我可以感謝洛克菲勒為我們帶來了青黴素的奇蹟，以及他的資金幫助資助的其他許多發現。你可以感謝他，因為你的孩子不再死於脊髓膜炎，這是一種曾經使四分之三的人喪命的疾病。你還可以感謝他，因為我們在對抗瘧疾、結核病、流感、白喉以及其他仍然困擾世界的許多疾病方面取得的部分進展。

那麼洛克菲勒呢？當他捐出他的錢時，他是否獲得了內心的平靜？是的，他最終感到滿足。「如果公眾在1900年之後認為他對標準石油的攻擊感到憂慮，」歷史學家艾倫·內文斯（Allan Nevins）說，「那麼公眾就大錯特錯了。」

洛克菲勒過得非常快樂。他的變化如此之大，以至於他完全不再擔憂。實際上，即使在被迫接受他職業生涯中最大的挫敗時，他也拒絕再失去任何一個晚上的好眠！當他一手建立的龐大企業標準石油被命令支付「歷史上最重的罰款」時，敗局就此產生。根據美國政府的說法，標準石油是一個壟斷企業，直接違反了反壟斷法。這場法律戰鬥持續了五年。

全美國最優秀的法律專家們在一場史上最長的法庭戰爭中不斷地奮戰，然而，標準石油公司最終敗訴了。

當該案法官藍迪斯（Kenesaw Mountain Landis）做出裁決時，辯護律師們擔心老洛克菲勒會對此感到非常難過。但他們並不知道他已經變了很多。

那天晚上，其中一位律師打電話給洛克菲勒。他以盡可能溫和的方式討論了這個決定，然後憂心忡忡地說：「我希望你不會因為這個決定而感到困擾，洛克菲勒先生。我希望你能有個好夢！」

那麼老約翰怎麼反應呢？嘿，他直接在電話那頭回答，「別擔心，我打算好好睡一覺。你也別為此煩惱。晚安！」

——那個曾經因為損失150美元而躺在床上的男人花了很長

時間才克服擔憂。他在五十三歲時「快要死了」，但他活到了九十八歲！

「我正在慢慢自殺，因為我不知道如何放鬆」

／保羅‧桑普森（PAUL SAMPSON）

　　直到六個月前，我一直在高速中急促地過日子。我總是緊張不安，從未放鬆過。每晚下班回家，我都因為神經疲勞而感到擔憂和疲憊。為什麼呢？因為從來沒有人對我說過，「保羅，你這樣會累垮自己的。你為何不放慢腳步呢？你為何不放鬆一下呢？」

　　早晨我會趕緊地起床，快速吃早餐，快速刮鬍子，快速穿衣，然後像是害怕如果我不死命握住方向盤，它就會飛出窗外一樣開車去上班。我工作也很快，匆匆回家，晚上我甚至試圖快速入睡。

　　我當時的狀態糟糕到去底特律找了一位著名的神經科專家。他告訴我要放鬆。他告訴我要時時刻刻想著放鬆——無論我在工作、開車、吃飯，還是試圖入睡的時候。他告訴我，我正在

慢慢自殺，因為我不知道如何放鬆。

從那時起，我就開始練習放鬆。當我晚上上床時，我不會嘗試去睡著，直到我有意識地放鬆我的身體和呼吸。現在我早上醒來時都會感到休息充足——這是很大的改善，因為我以前早上醒來時總是感到疲倦和緊張。現在我吃飯和開車時也會放鬆。當然，我開車時是警覺的，但我現在是用我的頭腦而不是我的神經來開車。我放鬆的最重要的地方是在我的工作中。

每天我都會停下手邊的一切，檢視自己是否完全放鬆。現在，當電話響起時，我不再像以前那樣急忙接起，好像有人要搶我前頭；當有人和我說話時，我就像睡著的嬰兒一樣放鬆。

結果呢？我的生活變得更加愉快和享受；我完全擺脫了神經性疲勞和神經性擔憂。

「一個真正的奇蹟發生在我身上」

／約翰・伯格夫人（MRS. JOHN BURGER）

憂慮已經完全打敗了我。我的心思如此混亂和困擾，以至於我無法在生活中看到任何快樂。我的神經緊張到我無法在夜晚

睡眠，也無法在白天放鬆。我三個年幼的孩子被分散在親戚家中生活。我丈夫剛從軍隊服役回來，正在另一個城市努力建立自己的律師事務所。我感受到了戰後重建時期所有的不安全感和不確定性。

我的狀態正威脅到我丈夫的事業，我孩子們天生擁有的快樂及正常的家庭生活，我也威脅到自己的生命。我的丈夫找不到住房，唯一的解決方案就是建房。一切都取決於我能否康復。

我越是意識到這一點，我嘗試的越努力，我對失敗的恐懼就越大。然後，我開始害怕爲任何責任做計劃。我覺得我再也不能信任自己。我覺得我是一個徹底的失敗者。

當一切都變得最黑暗，似乎沒有任何助力的時候，我的母親爲我做了一件我永遠不會忘記或停止感激的事。她讓我驚醒，開始起身反抗。她責備我放棄，失去了對我的神經和心智的控制。她激勵我從床上起來，爲我所有的一切而戰。她說我在向情勢屈服，只知害怕它而不是面對它，只想逃避生活而不是活著。

所以，從那天起，我開始奮戰。就在那個週末，我告訴我的父母他們可以回家了，因爲我要接手帶孩子；而我做到了當時

看似不可能的事情。我獨自照顧我的兩個年幼的孩子。我睡得很好，我開始吃得更好，我的精神也開始恢復。一週後，當他們再次回來看我時，他們發現我在熨衣服時唱歌。

我有一種幸福感，因為我已經開始了一場戰鬥，而且我正在贏。我永遠不會忘記這個教訓……如果遇到看似無法克服的情況，就面對它！開始戰鬥！不要放棄！

從那時起，我強迫自己工作，並沉浸在工作中。最後，我把孩子們聚集在一起，與丈夫一起搬到了我們的新家。我下定決心，要變得足夠健康，成為一個堅強、快樂的母親，為我可愛的家人。

我開始全神貫注於我們家的計劃，我的孩子的計劃，我的丈夫的計劃，所有事情的計劃——除了我自己。因為我變得太忙，無暇顧及自己。而就在那時，真正的奇蹟發生了。

我變得越來越堅強，能夠帶著健康的喜悅醒來，對新的一天充滿計劃的喜悅，對生活的喜悅。雖然在那之後，我偶爾還是會有憂鬱的日子，特別是當我感到疲倦的時候，我會告訴自己在那些日子裡不要思考或試圖與自己用理智對話——而這些日子逐漸變得越來越少，最終消失了。

現在，一年過去了，我有一個非常快樂且成功的丈夫，一個美麗的家，我可以在這裡每天工作十六個小時，還有三個健康快樂的孩子——對我自己來說，我擁有內心的平靜！

班傑明・富蘭克林如何征服憂慮

以下是富蘭克林寫給摯友約瑟夫・普利斯特利（Joseph Priestley）的一封信。後者被邀請成為謝爾本伯爵的圖書館員，並向富蘭克林尋求建議。在信中，富蘭克林陳述了他解決問題減少擔憂的方法。

倫敦，1772年9月19日

敬重的普利斯特利：

在您如此重視且向我尋求建議的事務中，由於缺乏足夠的前提，我無法告訴您該如何決定，但如果您願意，我可以告訴您可以如何做。當這些困難情況出現時，主要的難處在於，當我們在考慮它們時，所有贊成和反對的理由並未同時出現在我們的腦海中；但有時候一組理由會出現，而其他時候另一組理由會出現，第一組理由則被遺忘。因此，我們會有各種不同的目的或傾向交替出現，以及困擾我們的不確定性。

爲了克服這個問題，我的方法是用一條線將一張紙分成兩半；一欄寫贊成，寫另一欄寫反對。然後，在三四天的考慮過程中，我在兩欄下寫出我在不同時間出現的支持或反對該措施的不同動機簡短提示。

當我把它們放在一個圖表中時，我努力估計它們各自的權重。當我發現兩個（每邊一個）看起來相等時，我就把它們都刪除掉。 如果我發現一個贊成的理由等於兩個反對的理由，我就會剔除這三個理由。

如果我認爲有兩個理由反對等於有三個理由贊成，我就剔除這五個理由；就這樣，我終於找到平衡所在了；如果經過一兩天的進一步考慮，兩邊都沒有出現任何重要的新情勢，我就會做出相應的決定。雖然決定理由的份量不能用這種代數方式精確衡量，但當每一個理由都這樣被單獨和更多比較性考慮時，整體圖像就擺在我面前，我想我可以更好地判斷，並且不太會採取魯莽的行動；事實上，我從這種等式中發現了很大的好處，這種等式可以被稱爲道德或謹慎代數（moral or prudential algebra）。

衷心希望您能做出最好的決定，我永遠是您親愛的朋友……。

班傑明‧富蘭克林

「我擔憂到連續十八天都沒有吃過一口固體食物」

／凱瑟琳‧芳摩（KATHRYNE HOLCOMBE FARMER）

三個月前，我擔憂得連續四天四夜無法入睡；而且我整整十八天沒有吃過一口固體食物。即使是食物的氣味也會讓我劇烈地感到不適。我無法找到適當的詞語來形容我所經歷的精神痛苦。

我在想，地獄裡是否有比我所經歷的更糟糕的折磨。我感覺我快要瘋了，或者死去。我知道我不可能繼續這樣的生活。

我的人生轉捩點是那天我收到各位眼前這本書的預印本時。過去的三個月，我幾乎與這本書共同生活，研究每一頁，拚命尋找一種新的生活方式。

這對我的心態和情緒穩定性帶來的變化幾乎令人難以置信。

我現在能夠承受每一天過去的戰鬥。

我現在明白，過去的我之所以會感到半瘋狂，並非因爲今天的問題，而是因爲對昨天發生的事情的苦澀和焦慮，或是對明天可能發生的事情的恐懼。

但現在，每當我發現自己開始擔憂任何事情時，我會立卽停下來，並開始應用我從這本書中學到的一些原則。如果我因爲今天必須完成的事情而感到緊張，我會立卽行動，把它做完，並從我的腦海中把它排除出去。

當我面對那些曾經讓我快要發瘋的問題時，我現在會平靜地嘗試應用第1部第2章所概述的三個步驟。首先，我會問自己可能會發生的最壞情況是什麼。其次，我嘗試在心理上接受它。第三，我專注於問題，看看我如何改善我已經願意接受的最壞情況 —— 如果我必須的話。

當我發現自己在擔憂一件我無法改變且不願接受的事情時，我會立刻停下來，並重複這個小禱告：

願上帝賜予我平靜，去接受我無法改變的事物，賜予我勇氣，去改變我能改變的事物，並賜予我智慧，去分辨兩者的差異。

　　自從讀了這本書後，我真的體驗到了一種全新而光輝的生活方式。我不再因焦慮而破壞我的健康和幸福。現在我每晚可以睡上九個小時。我享受我的食物。一層面紗已經從我身上揭開。一扇大門已經打開了。

　　我現在能夠看到並享受著環繞著我的世界之美。我感謝上帝賜予我生命，並讓我有幸生活在如此美好的世界中。

　　我建議您也可以仔細閱讀這本書；將它放在床頭；劃出與您的問題相關的部分。研究它，利用它。因為這不是一本普通意義上的「閱讀書」，而是作為一本「指南書」——從此引領您走向新生活！

國家圖書館出版品預行編目（CIP）資料

人際關係大師卡內基經典. II：如何停止擔憂，重啟生活？ / 戴爾・卡內基
（Dale Carnegie）著；鄭鵬譯. -- 初版. -- 新北市：大寫出版：大雁出版基地
發行, 2024.03
536面；14.8x20.9公分. --（使用的書In Action!；HA0109）
譯自：How to Stop Worrying and Start Living
ISBN 978-626-7293-45-4（平裝）

1.CST: 成功法　2.CST: 生活指導　3.CST: 人際關係

177.2　　　　　　　　　　　　　　　　　113000700

經典人際關係作家戴爾卡內基 **II**

如何停止憂慮，開創人生？

HOW TO STOP WORRYING AND START LIVING

■ **戴爾・卡內基 Dale Carnegie 著**

書系｜使用的書In Action!　書號 HA0109

著　　　者　戴爾・卡內基（Dale Carnegie）
譯　　　者　鄭鵬
美 術 設 計　郭嘉敏
特 約 編 輯　許瀞予
行 銷 企 畫　廖倚萱
業 務 發 行　王綬晨、邱紹溢、劉文雅
總　編　輯　鄭俊平
發　行　人　蘇拾平

出　　　版　大寫出版
發　　　行　大雁出版基地 www.andbooks.com.tw
　　　　　　地址：新北市新店區北新路三段207-3號5樓
　　　　　　電話：(02)8913-1005 傳真：(02)8913-1056
　　　　　　劃撥帳號：19983379　戶名：大雁文化事業股份有限公司

一 版 一 刷　2024年3月
定　　　價　750元